电子商务类专业
创新型人才培养系列教材

微课版
★
第 2 版

网络营销

郭黎 王庆春 / 主编　　**赵云栋 赵苗 张瑞珏** / 副主编

厦门网中网软件有限公司 / 组编

人 民 邮 电 出 版 社
北 京

图书在版编目（CIP）数据

网络营销：微课版 / 郭黎，王庆春主编. -- 2版
. -- 北京：人民邮电出版社，2023.3（2023.7 重印）
电子商务类专业创新型人才培养系列教材
ISBN 978-7-115-60374-6

Ⅰ. ①网… Ⅱ. ①郭… ②王… Ⅲ. ①网络营销—教
材 Ⅳ. ①F713.365.2

中国版本图书馆CIP数据核字(2022)第203639号

内 容 提 要

随着网络消费群体规模的扩大和人们消费习惯的变化，网络营销逐渐成为市场营销的主流方式之一。本书以网络营销实践应用为写作导向，从网络营销的概念、策略出发，介绍了网络营销基础、网络营销市场分析与调研、网络广告、微博营销、微信营销、短视频与直播营销、其他网络营销、网络舆情管理，以及网络营销创业实践等内容，以帮助网络营销人员更好地利用各种渠道开展营销活动、运营产品、获得竞争优势，并实现网络营销变现。

本书可作为应用型本科院校和高等职业院校网络营销课程的教材，也可作为从事网络营销相关工作的人员的参考书。

◆ 主　　编　郭　黎　王庆春
　　副 主 编　赵云栋　赵　苗　张瑞珏
　　责任编辑　刘　尉
　　责任印制　王　郁　彭志环
◆ 人民邮电出版社出版发行　　　北京市丰台区成寿寺路 11 号
　　邮编　100164　电子邮件　315@ptpress.com.cn
　　网址　https://www.ptpress.com.cn
　　山东华立印务有限公司印刷
◆ 开本：787×1092　1/16
　　印张：15.5　　　　　　　　　2023 年 3 月第 2 版
　　字数：385 千字　　　　　　　2023 年 7 月山东第 2 次印刷

定价：59.80 元

读者服务热线：(010)81055256　印装质量热线：(010)81055316
反盗版热线：(010)81055315
广告经营许可证：京东市监广登字 20170147 号

前言

FOREWORD

为了适应应用型本科和高等职业院校网络营销和电子商务等专业的网络营销课程的需要，编者于2019年编写了《网络营销（微课版）》，该书自出版以来，深受广大院校教育工作者的喜爱，并受到了广大读者的好评。但随着网络营销行业的发展，以及高校教育教学需求的变化，《网络营销（微课版）》的部分内容已不再适合教学，为此，编者对该书进行了改版，推出了《网络营销（微课版 第2版）》，在保留原版优点的基础上更新了知识点，增加了更具实操性的内容，以便培育精准对接市场需求的全面型网络营销人才。总的来说，此次改版主要集中在以下3个方面。

（1）更新知识点。基于当前网络营销的发展和岗位需求变化，本书不仅对原版内容进行优化、更正错误，还更新了陈旧的知识点。例如，删除了电子邮件营销、二维码营销的内容，增加了短视频与直播营销、网络舆情管理、网络营销创业实践等内容。

（2）增加实操性内容。当前的市场趋势要求网络营销人员具备较强的实操技能。为帮助读者更好地顺应市场需求，更好地就业、创业，此次改版删除了大量冗余的理论知识，增加了更具实操性的内容，不仅在正文穿插了实际操作内容，还在每章末尾设计了实训及课后练习。

（3）贴合立德树人要求。本书将党的二十大精神与网络营销的实际工作结合起来，立足岗位需求，以社会主义核心价值观为引领，注重立德树人，培养读者自信自强、守正创新、踔厉奋发、勇毅前行的精神，强化读者的社会责任意识和奉献意识，从而全面提高人才自主培养质量，着力造就拔尖创新人才。

本书内容

本书共9章，分为3个部分，每部分的具体内容如下。

第1部分（第1章～第2章）：主要讲解网络营销基础，帮助读者了解网络营销的内容、职能、实现方式、策略，以及网络营销市场分析与调研，帮助读者做好开展网络营销的准备工作。

第2部分（第3章～第8章）：主要讲解网络广告、微博营销、微信营销、短视频与直播营销等常用网络营销方式和其他网络营销方式，以及网络舆情管理，帮助读者更好地开展网络营销活动。

第3部分（第9章）：主要讲解网络营销与创业、网络营销创业模式探索、网络营销创业案例分析，引导读者通过合理的途径进行创业实践，并对如何成功创业进行思考。

本书特色

作为网络营销的学习教材，本书具有以下特点。

（1）思路清晰，知识全面。本书从网络营销的基础知识出发，通过合理的知识结构布局，全面讲述了网络营销的各项内容，循序渐进、层层深入，帮助读者全面了解网络营销的特点、方法、策略、实际操作等。

（2）案例丰富。本书每章均以案例导入的方式引导读者学习，并在介绍相关知识的过程中穿插对应的示例。示例以文字或图片的形式进行展示，具有较强的可读性和参考性，可以帮助读者快速理解与掌握相关内容，提升对知识的理解与掌握能力。

（3）实操性强。本书注重网络营销的实操性，不仅在讲解理论知识的同时穿插了实际操作内容，还设置了实训以及课后练习，以帮助读者巩固学习的知识和技能。

（4）经验提升。本书提供了"专家指导"小栏目，用于补充与书中所讲内容相关的经验、技巧与提示，以帮助读者更好地理解和吸收知识，并在每章章末设置了"拓展延伸"板块，以扩展读者的知识面。

在本书的编写过程中，编者参考了与网络营销相关的资料，在此向这些资料的作者致以诚挚的谢意。

本书由武汉软件工程职业学院郭黎和昆明冶金高等专科学校王庆春任主编，云南旅游职业学院赵云栋、武汉软件工程职业学院赵苗和昆明冶金高等专科学校张瑞珏任副主编。由于编者水平有限，书中难免存在不足之处，欢迎广大读者、专家批评指正。

编　者

2023年1月

目录
CONTENTS

第1章

网络营销基础

　　网络营销是伴随互联网的普及、电子商务的深入应用而逐渐兴起的，它以计算机网络技术和数字媒体技术为依托，在如今的企业整体营销中占有非常大的比重。各种搜索工具、电商平台、社交工具、移动智能设备的快速发展，为网络营销提供了广阔的发展空间，也为未来的营销方式发展提供了更多方向，带来了更多可能。在开展网络营销活动前，营销人员需要具备一定的网络营销基础。

学习目标

- 了解网络营销的概念。
- 熟悉网络营销的内容、职能及实现方式。
- 掌握网络营销策略的实施内容。

素养目标

- 树立正确的学习观和成才观，树立正确的商业伦理观，激发创新能力。
- 具备职业道德，维护良好的网络营销环境，给广大用户提供更好的服务。

案例导入

饿了么"改名营销"，助力品牌升级

近几年，饿了么频繁更换品牌口号，从"叫外卖，上饿了么"到"饿了，就要饿了么""饿不饿，都上饿了么"，再到"饿了么，不只饿了么"。品牌口号改变的背后，是饿了么品牌定位的调整。然而，用户对饿了么品牌口号的变更并没有太大的感触，对饿了么的品牌认知依旧是外卖平台。

想要用户重新树立对饿了么的品牌认知，饿了么需要做出有足够冲击力的改变。为此，"饿了么改了一万个名字"的营销活动应运而生：线上，饿了么发布了"饿了么改了一万个名字"话题，并推出同名视频广告、宣传海报（见图1-1），通过一系列问题呼应"饿了么改了一万个名字"这一主题，非常有感染力，如下雨了么、喂猫了么、脱发了么……；线下，饿了么推出地铁站平面广告（见图1-2），醒目的"××了么"的句式，吸引了不少人驻足拍照，进一步增加了话题热度，增加了品牌的曝光量。同时，饿了么还为上海上万名"蓝骑士"定制了印有"××了么"的服装，助力本次营销活动。

"饿了么改了一万个名字"营销活动一经推出便引发热议，成功重塑了用户对饿了么的品牌认知——"饿了么，不只饿了么"。这一活动也成为2020年关注度较高的品牌营销事件之一。

图1-1　饿了么"改名营销"宣传海报　　　　图1-2　饿了么"改名营销"地铁站平面广告

【思考】

（1）饿了么"改名营销"为什么会被广大用户接受？

（2）从本案例可以看出，网络营销和传统营销有何区别和联系？

1.1 网络营销概述

自出现起，网络营销就对市场环境、营销观念和营销策略产生了巨大的影响。基于互联网的网络营销，不仅拓展了传统营销的方式和渠道，而且改善了企业营销环境，对增强企业核心竞争力、实现企业经营目标具有重要意义。

课堂讨论

你对近几年哪些企业的网络营销事件印象深刻，请举一个例子并从中分析网络营销的特点及其给企业带来的效益。

1.1.1 网络营销的概念

网络营销是企业营销的重要组成部分，是为实现企业整体营销目标所进行的以互联网为平台开展各种营销活动的一种新型市场营销方式。

总体来讲，凡是以互联网为主要平台开展的各种营销活动，都可称为网络营销。但需要注意以下3点。

- **网络营销不等同于网络销售**。网络销售是网络营销发展到一定阶段的产物，网络营销本身不等同于网络销售。一方面，网络营销的目的不仅仅是促进产品销售，很多情况下还表现为提升品牌价值、加强企业与用户之间的沟通、拓展企业对外的信息发布渠道和改善用户服务等。另一方面，网络销售也不仅依靠互联网，往往还需要采取许多传统的销售方式，如通过传统媒体进行广告宣传、发布新闻和印发宣传册等。

- **网络营销不等于电子商务**。电子商务主要是指电子化交易，是利用互联网进行各种商务活动的总和。电子商务强调的是交易方式和交易过程的各个环节。网络营销本身并不是一个完整的商业交易过程，而是为促成电子化交易提供支持的方式，是电子商务中的一个重要环节。此外，无论是传统企业还是互联网企业，都可以开展网络营销。

- **网络营销是手段而不是目的**。网络营销具有明确的目的，但网络营销本身不是目的。网络营销是企业综合利用各种网络营销方法、工具、条件来更加有效地实现经营目标的手段。

网络营销的互动性强、传播速度快、宣传范围广、持续时间长，能够有效降低企业运营成本，但会让用户缺乏信任感。因此，要想让网络营销取得成功，取信于人是关键。

1.1.2 网络营销的内容

网络营销是企业借助互联网开展的各种营销活动的总和，所涉及的内容十分广泛。具体来说，网络营销的内容主要包括以下几个方面。

1. 网络营销环境分析

企业营销活动是在复杂的社会环境中进行的，环境的变化既可以给企业带来市场机会，也可能对企业构成某种威胁。因此，网络营销环境分析是制定网络营销战略和策略的前提。

2．消费者分析

电子商务的快速发展推动了网络消费的发展。与传统市场相比，消费者在网络市场的购物过程中占据了更主动的地位，拥有更丰富的权利。因此，开展网络营销必须分析消费者网络消费的特点、消费规律，充分了解消费者的购买行为。

3．网络市场调查

企业开展网络营销活动不是盲目、随意的，一般会提前进行周密的网络市场调查。只有通过周密的网络市场调查，企业才能根据获得的信息，制定符合市场需求的营销决策。网络市场调查的重点是充分利用互联网的特点，提高调查效率，以求在海量的网络资源中快速获取有用的信息。

4．制定网络营销战略

网络营销战略是指企业以用户需求为导向，对企业营销目标及实现目标的方案、措施做出的总体且长远的谋划。为实现营销目标，企业需要制定相应的网络营销战略。

5．制定网络营销策略

企业开展网络营销，在战略层面进行长远谋划后，还需要围绕网络营销战略制定相应的网络营销策略。网络营销策略是指企业根据自身在市场中所处的地位采取的营销策略组合，包括产品策略、价格策略、渠道策略、促销策略等。

6．网络营销管理

网络技术的发展为企业开展网络营销创造了有利条件，企业要取得网络营销的预期效果，需要管理好网络营销的各个环节。企业虽然仍可采用传统营销管理的一些理念和方法，但在开展网络营销活动过程中，难免会遇到传统营销方法无法解决的新问题，如网络产品质量问题、用户隐私保护问题和信息安全问题等。因此，网络营销管理很有必要。

1.1.3　网络营销的职能

网络营销具有很强的实践性，能够实现企业的多种营销目的，网络营销的职能有企业品牌推广、网站推广、信息发布等。

1．企业品牌推广

网络营销的重要任务之一就是在互联网上建立并推广企业的品牌。通过网络营销，知名企业的线下品牌形象可以在网上得以展示，普通企业可以快速树立品牌形象、提高企业知名度。在一定程度上，网络营销赋予企业品牌的价值会高于企业通过网络获得的直接收益。

2．网站推广

获得访问量是网络营销的基础。对于中小企业而言，由于经营资源有限，因此宣传机会较少，这时便可以通过网站推广提升名气。而对于大型企业而言，网站推广也是提高知名度、塑造品牌形象的重要途径之一。

3. 信息发布

网络营销的基本思想就是通过各种网络营销方法，将企业营销信息以高效的手段传递给目标消费者、合作伙伴和公众等群体，因此信息发布就成了网络营销的主要职能之一。互联网是一个开放的信息平台，在网络营销的过程中发布信息后，企业可以主动跟踪用户反馈情况，及时获得回复，也可以与用户进行互动。

4. 拓展销售渠道

互联网使营销信息的传播冲破了资金、语言、地域等的限制。一个具备网上交易功能的企业网站本身就是一个网上交易场所，是企业销售渠道在网上的延伸。网上销售渠道也不限于企业网站，还包括建立在电子商务平台上的网上商店，以及与其他电子商务网站建立不同形式的合作等。

5. 促进销售

市场营销的目的之一是促进销售，网络营销也不例外，网络营销方法大都直接或间接具有促进销售的效果。事实上，网络营销并不限于促进网上销售，很多情况下，也能促进线下销售。

6. 加强客户服务

从形式最简单的常见问题解答（Frequently Asked Questions，FAQ）到各种即时信息服务，互联网为网络营销的客户服务提供了便利。在线客户服务具有成本低、效率高的优点，在提高客户服务水平方面具有重要作用，同时也直接影响网络营销的实际效果。

7. 维护客户关系

维护客户关系对开发客户的长期价值至关重要。良好的客户关系有利于企业增强和保持竞争力，而网络营销为维护客户关系、提高客户满意度和客户忠诚度提供了更为有效的手段。

8. 网上调研

通过在线调查表或者电子邮件等工具，企业可以完成网上调研。相对于传统调研，网上调研具有高效率、低成本等特点。网上调研不仅为制定网络营销策略提供支持，还是整个市场研究活动的辅助手段之一，合理利用网上调研手段对制定市场营销策略具有重要意义。网上调研与网络营销的其他职能具有同等地位，既可以依靠其他职能的支持而开展，又可以独立进行；反过来，网上调研的结果也可以为实现其他职能提供支持。

1.1.4 网络营销的实现方式

网络营销是适应网络技术发展和网络时代社会变革的新生事物，是随着互联网进入商业应用时代而产生的新的营销方式。

伴随着互联网的快速发展，企业与互联网融合得更加紧密，越来越多的企业对网络营销的认知有了明显提高，并不断加大在网络营销中的投入，进而推动网络营销实现方式的更新。根据采用的营销工具、平台的不同，常见的网络营销实现方式有以下几种。

- **网络广告**。网络广告是指通过网站、互联网应用程序等互联网媒介，以文字、图片、音频、视频等形式发布的广告。网络广告的表现形式多样、计费方式灵活，且具有实时与互动性强、易统计和可评估等优点，是推广企业的有利方式。

- **微博营销**。微博营销是基于粉丝基础进行的营销。对于企业而言，微博上的每一个活跃粉丝都可能是潜在营销对象。要想使微博营销取得良好的效果，一方面要拥有大量的粉丝，另一方面要拥有有效的粉丝流量。如果粉丝只关注微博，而不参与信息传播、交流互动，那么营销效果将大打折扣。

- **微信营销**。微信作为主流的社交平台之一，拥有大量的用户，是企业进行营销的理想选择。微信营销的常用方法是微信个人号营销和微信公众号营销等。无论采用哪种微信营销方法，企业都应注重输出有价值的营销内容和维护用户关系。

- **短视频营销**。在移动互联网碎片化阅读的环境下，视频成为消费主流，而快速、简洁的视频成为热门的内容体裁，并形成了短视频这种内容形式。企业可以借助短视频营销，向目标用户传播有价值的内容，吸引用户了解企业品牌和产品，促进销售。

- **直播营销**。直播营销是以直播平台为载体而开展的营销，其应用场景包括直播电商、企业发布会、企业日常记录、企业访谈、企业广告植入等。一般来说，直播营销活动可以分为直播开场、直播过程、直播结尾。

除了上述几种方式之外，网络营销的实现方式还包括搜索引擎营销（Search Engine Marketing，SEM）、基于位置服务（Location Based Service，LBS）营销、应用程序（Application，App）营销、大数据营销、社群营销、软文营销等。另外，根据采用的营销思维，还可通过话题营销、事件营销、粉丝营销等实施网络营销活动。

1.1.5　网络营销与传统营销的融合

虽然网络营销为传统营销带来了巨大的影响，其本身也有着巨大的优势，但这并不代表网络营销可以完全取代传统营销。网络营销与传统营销是互相依赖、互相补充和互相配合的关系，二者充分整合并逐渐融合，才是未来市场营销的发展方向。

鉴于传统营销与网络营销的特点，企业在进行营销时，应该根据自身经营目标和细分市场，整合网络营销和传统营销策略，以低营销成本实现良好的营销效果。传统营销与网络营销的融合，就是将网络营销作为企业营销的一部分，用网络营销的优点来弥补传统营销固有的不足，完善营销策略，实现以用户为中心的传播统一性和双向沟通，进而实现企业的营销目标。

职业素养

网络营销为创新创业提供了广阔的平台和发展空间。因此，营销人员应该树立起正确的学习观和成才观，树立正确的商业伦理观，激发创新活力。

1.2　网络营销策略

由于市场形势的复杂多变，网络营销发展出了多种策略，4P营销策略便是其中一种。该策略由美国市场营销学者杰尔姆·麦卡锡（Jerome McCarthy）提出，其中的4P分别是产品

（Product）、价格（Price）、渠道（Place）、促销（Promotion）。制订市场营销计划时，企业需要围绕用户需求这一核心从以下4个方面进行考虑。

- **产品**。为用户提供所需产品或服务，要考虑产品的效用、质量、外观、样式、品牌、包装和规格等方面。
- **价格**。为产品或服务制定用户愿意支付的价格，包括基本价格、折扣价格等。
- **渠道**。渠道指产品或服务转移所经过的路径，由参与产品或服务转移活动以使产品或服务便于使用或消费的所有组织构成。各方应减少产品流通的中间环节，促进渠道扁平化，实现厂家、商家和消费者三方共赢。
- **促销**。促销是企业为促进产品销售而进行的各种推销活动，如加强广告宣传力度，派出销售人员直接向中间商或用户兜售产品等。

在现实的商业活动中，可以通过考虑产品、价格、渠道和促销4个要素制订企业的营销计划。

课堂讨论

你认为4P营销策略的核心策略是什么？很多时候，产品销量低时，加大广告推广力度是否本末倒置？

1.2.1 产品策略

产品策略是指企业制定经营战略时，明确企业提供什么样的产品和服务以满足用户需求的策略。原则上讲，多数产品都可以在网上营销，但为了取得更佳的营销效果，选择合适的产品有助于更好地开展网络营销。刚进入电子商务领域的企业，可以从以下角度选择网络营销的产品。

- 选择具有持续性或后续性消费特征的产品（如零食、生活用品等）。
- 选择单价相对较低的产品，以降低压货风险。
- 选择体积小、质量轻的产品，便于物流运输。
- 选择分享性强的产品（如美妆护肤类产品等），有利于产品信息的传播。
- 选择正规厂家生产的产品。
- 选择利润率较高的产品，这样更适合网络分级代理销售。

专家指导

营销人员不一定要去了解产品是如何生产和制造出来的，重点是要了解产品的功能、使用群体，然后挖掘产品卖点和价值等。如果营销人员不熟悉产品的细节，那么营销将很难达到预期的效果。如果营销人员不知道产品的功能，就无法与用户顺利地沟通，写作营销文案时也无从下手。

■ 1.2.2　价格策略

价格策略是指企业通过对用户需求的估量和成本分析，选择的能吸引用户、实现市场营销目标的策略。在互联网时代，价格是公开透明的，用户可以同时知晓某种产品的多个甚至全部厂家的价格。企业要想在价格上取胜，就需要重视价格策略，以不同的产品定价吸引用户。常见的网络营销定价策略如下。

1. 免费定价策略

免费定价策略是市场营销中常用的定价策略，是指企业的产品或服务以零价格的形式提供给用户使用的定价方式。采用免费定价策略的企业一般都利用零价格的产品或服务占领市场，从其他渠道获取收益，为未来企业在市场中的发展打下基础。一般来说，免费定价策略适合复制成本几乎为零的数字化产品和无形产品。例如，奇虎360将旗下360安全卫士、360杀毒软件等系列安全产品免费提供给互联网用户，以吸引用户使用，在此基础上推出增值服务以获取利润；又如，淘宝网在发展初期让商家免费入驻，以免费定价策略吸引商家，培养商家的使用习惯，通过为商家提供营销工具等增值服务获取利润。

"免费"一直以来都是吸引用户的有效方式。免费定价策略如果运用得当，就可以成为企业的营销利器。

2. 渗透定价策略

渗透定价策略是指在产品刚进入市场时，制定较低的价格，以吸引大量用户，便于迅速占领市场，抑制竞争者进入该市场的定价策略。采用渗透定价策略的好处较多：一是市场需求对价格较敏感，低价会刺激市场需求迅速增长；二是企业的生产成本和经营费用会随着市场份额和销量的增加而下降；三是微利可阻止竞争者的进入，可增强企业的市场竞争能力。渗透定价策略一般适用于如日常生活用品等购买率高、周转快的产品，或用于推广网站。

3. 撇脂定价策略

撇脂定价策略是指在产品刚进入市场时，把产品价格定得很高，以便在短期内获取较多利润的定价策略。采用撇脂定价策略的好处主要有3个方面：一是市场有足够多的购买者，即使把价格定得很高，市场需求也不会大量减少；二是高价使市场需求减少，但不会抵消高价所带来的利益；三是在高价情况下，可以保持独家经营的状态。撇脂定价策略一般适用于周转慢、销售与储运成本较高的特殊产品、耐用品等。

4. 满意定价策略

满意定价策略是介于撇脂定价策略和渗透定价策略之间的定价策略，是指企业为新产品制定适中的、合理的价格，所定价格比撇脂定价策略中所定价格低，比渗透定价策略中所定价格高，一般适用于需求弹性适中、销量稳定增长的新产品。采用满意定价策略，既能对用户产生一定的吸引力，也可以防止过低的定价为企业带来损失，达到企业和用户双方都满意的效果。

5. 竞争导向定价策略

竞争导向定价策略是指企业根据竞品的定价来制定或调整自己产品定价的策略，此策略有助于企业保持相对价格优势。采用这种价格策略，企业除了要重视竞品的定价外，还必须随时关注用户的需求变化。

6. 特有产品特殊价格策略

当某种产品足够独特（如创意独特的新产品或有特殊收藏价值的产品），市场对该产品有很特殊的需求时，企业不用过多地考虑其他竞争者，只需制定合理的价格。

7. 使用定价策略

使用定价策略是指企业根据用户的使用次数进行定价，用户不需要完全购买产品的一种定价策略。使用定价策略比较适合虚拟产品，如计算机软件、音乐、电影、电子出版物和游戏等。这种定价策略下，用户只需根据使用次数付费，节省了完全购买产品、安装产品、处置产品等方面的开销。对于企业而言，使用这种定价策略有助于吸引用户使用产品，扩大市场份额。

8. 定制定价策略

定制定价策略是企业在能实行定制生产的基础上，利用网络技术和辅助设计软件，帮助用户自行设计能满足其需求的个性化产品并制定产品价格的一种定价策略。例如，用户通过网络平台向提供服装定制生产的企业提交个性化服装设计，由企业根据用户指定的服装材料、尺寸等来制作服装，每件服装的定价由用户自行选择的材料、尺寸等来决定。

9. 差别定价策略

差别定价策略是指企业根据用户、销售区域等方面的差异，对同一种产品或服务设置不同的价格，以达到获取较多利润的目的的定价策略。例如，同一种产品以较低的价格销售给VIP，并为其提供一对一的售后服务，而其他普通会员则无法享受这种优惠和待遇。

10. 品牌定价策略

在网络营销中，定价除了考虑产品的成本和质量外，有时还需要考虑品牌。品牌是影响产品定价的重要因素，如果品牌形象良好，那么企业就可以制定自己认为合理的价格。例如，某知名品牌采用"优质高价"的策略，既增加了盈利，又让用户在心理上获得极大的满足。

专家指导

> 网络营销中，产品价格的制定要受诸多因素的影响和制约，因此，企业要想制定合理的网络营销价格，需要注意以下几个方面的事项。首先，企业要通过调研活动获取并分析用户的需求；其次，企业要对产品的成本进行评估；再次，企业要分析市场中同类产品与替代品的价格策略，为企业选择定价策略提供依据；最后，企业在初步确定网络营销价格后，需要根据用户的反馈调整定价。

1.2.3 渠道策略

网络营销渠道是指借助互联网将产品从生产者手中转移到用户手中所经历的通道或路径。完善的网络营销渠道应具备订货功能、支付功能和配送功能。

在传统营销渠道中，中间商处于重要地位。但互联网的发展和商业应用改变了营销渠道的结构，简化了传统营销渠道的诸多环节，形成了两类主要的网络营销渠道：网络直接营销渠道和网络间接营销渠道。

1. 网络直接营销渠道

网络直接营销渠道又称网络直销，是指开展网络营销的企业直接通过网络将产品销售给用户的模式。这种模式下，企业可以通过自建电子商务网站或在电子商务网站开设直营网店，进行产品销售，用户可以通过网络站点直接订货。此外，企业可与金融机构合作提供网上结算货款服务，解决资金流问题；与物流快递企业合作提供货物运输、配送服务，或自建高效物流体系。网络直接营销渠道的建立，让生产者和用户可以直接沟通，让用户对产品的意见和建议可以直达企业，便于企业改进产品质量和提高服务水平。

同时，网络直接营销渠道省去了中间交易环节，能够大大降低企业运营成本，从而使企业降低产品售价。但网络直接营销渠道的建立对企业自身的运营能力要求较高。

2. 网络间接营销渠道

网络间接营销渠道是指企业通过网络中间商将产品销售给用户的模式。这种模式下，企业常以授权、代理的形式，让其他企业或个人在网上销售本企业产品。通过建立网络间接营销渠道，企业可以利用网络中间商的强大分销能力迅速覆盖市场并提高产品销量。

基于互联网的网络间接营销渠道与传统间接分销渠道有很大不同：传统间接分销渠道可能存在多个中间商（如一级批发商、二级批发商、零售商）；而网络间接营销渠道只需要一个中间商，从而大幅度提高了销售效率，降低了渠道建设成本。但网络间接营销渠道容易使企业受制于中间商，市场信息反馈不如网络直接营销渠道通畅，并且中间商的存在会提高产品售价，使得产品缺乏价格竞争优势。

1.2.4 促销策略

网络促销是网络营销活动中极为重要的一项内容。网络促销即利用互联网来组织促销活动，以促使用户购买和使用产品或服务。根据网络营销活动的特征和产品服务的不同，常见的网络促销策略有以下几种。

1. 红包促销

红包促销虽然不再新颖，但是依然是非常有效的促销手段。在网络营销中，红包一般可以抵扣现金，能够快速集聚人气，并推动用户下单。常见的红包促销形式有注册或登录送红包、购买产品参与领红包、分享活动页面给好友领红包、二维码扫一扫关注领红包、签到领红包、口令红包等。红包促销虽然是一种快捷高效的促销方式，但红包不能随意发放，要配合一定的营销活动使用，如周年庆促销活动等，并且红包的面值要有一定的吸引力，红包的数量应当有一定限制。图1-3所示为京东在"6·18"电商活动期间开展的登录领红包促销活动。

图1-3 京东在"6·18"电商活动期间开展的登录领红包促销活动

2. 折扣促销

折扣促销是网络营销中普遍的一种促销手段。企业开展折扣促销，使网上销售的产品的价格低于商场、超市等传统购物场所的价格，以此来激发用户的购物热情。一般折扣幅度越大，越能促使用户做出购买决定。折扣促销的形式主要包括直接降价策略、满额/满量折扣等。

- **直接降价策略**。因为网上销售产品的价格是透明的，所以降价后折扣力度很直观，对用户有较大的吸引力，用户会通过衡量折扣力度判断是否做出购买决策。大幅度降价适合在节假日促销活动中采用，如果平时直接大幅度降价，会导致产品价格恢复后很难继续销售，也容易引起行业内的恶性价格竞争，有损品牌形象。

- **满额/满量折扣**。满额/满量折扣的表现形式多样，其是一种很常见的折扣促销形式。满额折扣即满多少减多少。例如，购买金额满300元减30元，购买金额满1 000元返100元现金。满量折扣即达到一定数量可享受一定折扣。例如，购买3件衣服可享7.5折优惠；购买2件衣服可享8折优惠；购买3件衣服（原价168/件），可享第1件108元、第2件58元、第3件10元的优惠。折扣力度的大小是影响用户是否做出购买决策的重要因素。图1-4所示为满额折扣促销；图1-5所示为满量折扣促销。

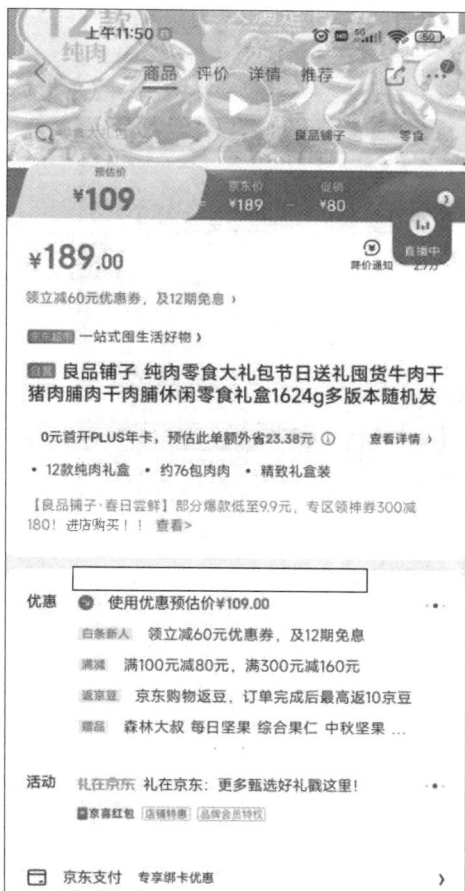

图1-4 满额折扣促销

图1-5 满量折扣促销

3．抽奖促销

抽奖促销是利用抽奖的形式销售产品或服务的促销手段，可用于产品或服务销售、庆典活动、产品推广活动等场景。抽奖促销应注意：网上抽奖活动流程要简洁，便于用户参加，流程较复杂或难度较大的抽奖活动会减弱用户参与活动的兴趣；奖品应具有一定的价值，否则对用户没有太大吸引力；为保证抽奖的真实性，应及时通过各种渠道向参加者公告活动进度和结果。

4．积分促销

积分促销的操作简单。企业一般会设置价值较高的奖品，用户通过多次购买或多次参加某项活动来增加积分以获得奖品，或者将积分直接用于购物时抵扣现金。积分促销在一定程度上可以增加用户购物和参加某项活动的次数，提高用户的忠诚度等。例如，很多网店采取积分制，用户只要在网店购物就会积分，积分达到一定值即可兑换优惠券等。

5．赠品促销

一般情况下，在推出新产品、更新产品、开辟新市场情况下利用赠品促销可以达到比较好的促销效果。赠品促销主要有两种表现形式：一种是满额送，即购买金额达到一定额度时送赠品；另一种是满量送，即达到一定购买数量时送赠品。有时赠品不止一个，也可能有多个。赠品既可以是本产品也可以是互补产品，如购买手机赠送手机壳、蓝牙耳机等。总之，赠品对用户而言应该具备实用性，这样才可以取得更好的促销效果。图1-6所示为满额送赠品促销，图1-7所示为满量送赠品促销。

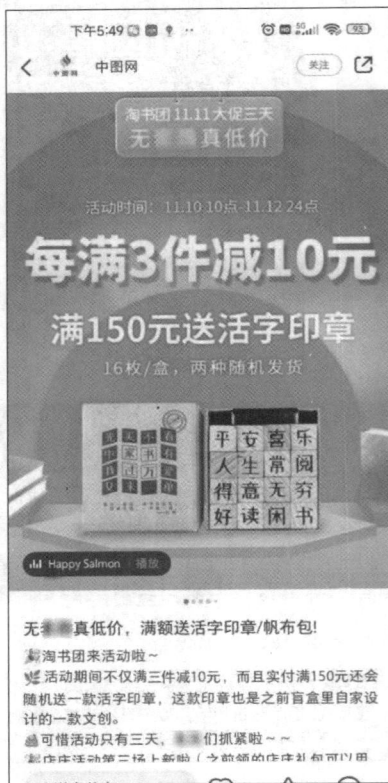

图1-6　满额送赠品促销

图1-7　满量送赠品促销

6. 联合促销

联合促销是指由不同企业或品牌联合进行的促销活动。例如，图1-8所示为喜马拉雅与京东联合促销活动，图1-9所示为品牌联合促销活动。联合促销的费用由各方分摊，降低了各方的促销成本，同时联合促销的产品或服务可以起到一定的优势互补、提升各自价值等效应。

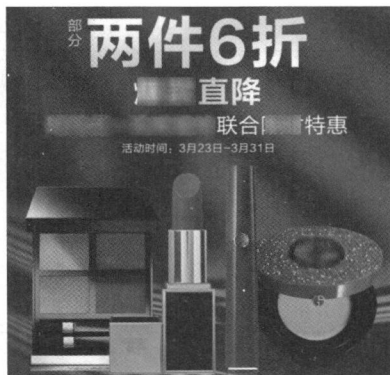

图1-8 喜马拉雅与京东联合促销活动 　　图1-9 品牌联合促销活动

职业素养

营销人员应遵守职业道德，只有立足本职、精通业务，按章办事、不谋私利，文明礼貌、诚实守信，才能更好地维护良好的网络营销环境，给广大用户提供更好的服务，推动社会健康、稳定发展。

本章实训——通过网购分析企业的网络营销策略

【实训背景】

小周是网络营销专业的新生，为了更好地理解网络营销策略的相关知识及实施情况，准备在电商平台中搜索产品，通过货比三家的形式，对比同类产品的功能、价值、产品价格、配送服务质量、支付方式、促销力度等，以此了解企业的网络营销策略，分析促使自己做出购买决策的原因。

【实训要求】

本实训的具体要求如下。

（1）在电子商务网站完成一次购物。

（2）分析和总结企业的网络营销策略。

【实施过程】

（1）打开京东App（也可选择其他电子商务网站，如天猫、唯品会、小米商城等），搜索自己所需的产品。

（2）在搜索结果中点击产品链接，打开产品详情页，浏览产品规格、价格、促销力度等信息。

（3）比对多家产品后，支付货款，完成购买。

（4）结合产品购买过程，分析和总结企业的网络营销策略，将结果填至表1-1中。同时，思考促使自己做出购买决策的原因，即思考企业的网络营销策略是什么。

表1-1 企业网络营销策略分析

分析项目	内容说明
产品策略	
价格策略	
渠道策略	
促销策略	

拓展延伸

网络营销需要有明确的目标，从而便于企业开展网络营销活动。为了实现预期的目标，营销人员通常需要进行网络营销策划，规划网络营销的实施过程。

1. 如何确定网络营销目标

网络营销目标是指确定开展网络营销后预期达到的效果，只有确定了目标，才能及时评价企业的网络营销活动。企业在开展网络营销时可根据自身的特点，设定不同的网络营销目标。一般来说，网络营销目标有不同的类型。

- **销售型目标**。即以促进销售为目标。为此，企业须拓宽销售网络，借助网络的特性为用户提供便捷的网络销售点。
- **服务型目标**。即以为用户提供网上服务为目标。网络服务人员可以为用户提供咨询和售后服务。
- **品牌型目标**。即以在网上建立企业的品牌形象为目标。企业为实现该目标，可加强与用户的直接联系和沟通，提高用户的品牌忠诚度，为企业的后续发展打下基础。
- **提升型目标**。即旨在通过网络营销，降低营销费用，提高营销效率，促进营销管理和提升企业竞争力。

- **混合型目标**。即同时树立多个目标，如某电商平台设立网上书店并将其作为主要网上销售点，同时建立著名网站品牌，并利用各种网络营销方式和手段提升企业竞争力，力图实现销售型、品牌型和提升型目标。

2. 如何进行网络营销策划

网络营销策划是指企业在特定的网络营销环境和条件下，为达到一定的营销目标而进行的策略思考和方案规划的过程。它的目的是编制一个行之有效的且符合企业发展情况的网络营销方案来指导网络营销的顺利开展并获得成功，也就是说，网络营销策划直接用于指导企业的网络营销实践。

网络营销策划涉及多项工作。营销人员进行网络营销策划时应该着眼全局，统筹安排。网络营销策划主要包括以下几个步骤。

- **明确网络营销策划目标**。网络营销策划的第一步是明确网络营销策划目标。网络营销策划方案的编制将以网络营销策划目标为指导，如果目标表述不清楚，那么整个策划也就无从谈起。网络营销策划目标应当具体化、数字化，如"利润比上年增长15%"等。
- **收集和分析信息**。信息是网络营销策划的基础，通过网络收集高质量、有价值的信息（如竞争对手的网络营销现状、潜在用户群的特征），并进行整理分析是网络营销策划成功的前提。因此，网络营销策划过程中应该做好信息收集、分析及反馈的工作，这样才能正确评估完成企业营销目标的可能性和现实性，并编制行之有效的网络营销策划方案。
- **编制网络营销策划方案**。编制网络营销策划方案是网络营销策划的重要步骤，方案是企业实施网络营销的行动纲领。事实上，编制网络营销策划方案贯穿网络营销策划的全过程，当企业提出营销目标及面临的问题后，营销人员就需要开始构思方法和策略，然后通过信息收集、分析，编制详细的网络营销策划方案。
- **实施及评估网络营销策划方案**。网络营销策划方案推出后一定要贯彻到位。同时，营销人员应在方案实施后，运用特定的标准及方法对方案实施效果进行检测和评估，适时调整策划方案，以有效指导企业的网络营销活动，从而达到良好的效果。

📖 课后练习 ●●●●●

江小白创立于2012年，是重庆江小白酒业有限公司旗下的高粱酒品牌。在江小白进入我国白酒市场时，白酒市场已经趋于饱和，茅台、五粮液、泸州老窖等品牌依靠各种营销策略占据了大部分市场份额，新兴的白酒品牌发展空间很小。在这样的情况下，江小白将目标用户群体定位为年轻人群体。大多数年轻人认为，白酒通常意味着口味重、度数高，因而不敢轻易尝试。江小白为此推出了一个解决方案——酿造年轻人更容易接受的度数低、口味丰富的白酒，其特点是入口顺滑、刺激性小。同时，江小白的品牌定位非常清晰，将"我是江小白，生活很简单"的品牌主张贯穿始终，虽然看似普通，但恰恰能打动年轻人的心，如图1-10所示。

图1-10　江小白的品牌主张

　　江小白能够取得成功，除了清晰的目标用户定位、产品定位和品牌定位，其网络营销实施也非常成功。下面请你通过互联网和其他渠道收集江小白的相关资料及网络营销活动信息，分析其发展过程中采用了哪些网络营销方式，并举例说明，将结果填写至表1-2。

表1-2　江小白网络营销分析

营销方式	内容说明

第2章 网络营销市场分析与调研

对网络营销市场进行分析和调研是制定网络营销策略的前提。在社会化媒体网络时代，网络营销受到诸多因素的影响，从判断和预测网络营销环境变化，到采集和分析市场大数据，每一个环节都直接影响着最终的营销效果。因此，企业如果想要制定有效的网络营销策略，就需要重视市场分析与调研，尽量完善每个营销环节，以达到理想的营销效果。

学习目标

- 了解网络营销的宏观环境和微观环境。
- 掌握分析网络消费者的内容。
- 掌握网络市场调研的对象、步骤和方法。

素养目标

- 拓宽视野，了解并遵守法律法规，帮助企业树立正面形象。
- 自觉维护他人隐私，不歧视、不侮辱他人。

案例导入

一加进军海外市场，彰显民族品牌自信

一加是成立时间较短、在海外成长速度较快的中国手机品牌之一。在品牌成立之初，一加便着手搭建海外团队，大力拓展国际市场。海外某知名媒体对一加的海外网络营销进行分析，认为一加的成功主要得益于三大因素：一是性价比高，价格低但配置高；二是采用邀请制的销售模式（即只限邀请购买），使得厂商可以根据市场需求定制产品，也可以提升用户的期待值；三是一加的用户多是科技极客（指追求一切应用了新技术的产品的科技爱好者），他们的认可让一加产品的口碑传播范围更广。这种创新的营销策略让一加成功打开了海外市场，并在短时间内获得了极高的市场关注度，获得了海外用户的肯定。此外，社交媒体给一加官方网站带来了大量的海外流量。其中，Reddit和Twitter是一加社交流量的主要来源。

显然，一加进军海外市场做足了功课，抓住了用户普遍存在的实惠心理、好奇心理、个性化心理，通过创意营销策略吸引海外用户，并利用海外知名社交媒体引流，迅速打开了海外市场的大门。

根据国际调研机构Counterpoint公布的数据，一加是2020年美国智能手机市场唯一增长的品牌，年增长幅度达到163%。2021年4月29日，一加官方宣布，一加手机2021年第一季度在欧洲市场销量增长388%，销售额同比增长286%，其中，一加9系列手机贡献率达到65%。与一般的免费预约不同，一加9系列手机采用"全款预售"模式，用户直接通过全款预约购买。一加9系列手机在欧洲预售量增长140%，在北美预售量增长95.6%，在印度市场两小时售罄。这都得益于一加在2021年增强了手机产品的影像能力，选择与哈苏相机联合进行影像方面的开发、调校，并在一加9系列手机中首发哈苏手机影像系统，让用户能够用一加9系列手机拍摄出极具质感的"类哈苏相机"拍摄效果，这是其他品牌所没有的独家影像能力。另外，Counterpoint公布的数据显示：在2021年4月欧洲市场，一加手机销量挺进前5，值得一提的是，欧洲市场手机销量前5中，除了一加，还有小米和OPPO两家国产手机品牌。同时，一加在欧洲市场增长率达到749%，远高于其他品牌，这也代表一加正式在欧洲市场站稳脚跟。

2021年，一加全球手机出货量首次突破1 000万台，品牌影响力持续攀升。同时，一加的海外用户超过1 000万人，在北美、欧洲、印度等地区都有着很好的口碑，一加的营销策略为我国民族品牌走出去提供了很好的借鉴意义。

【思考】

（1）用户的购物心理对企业的营销策略有何影响？一加进军海外市场的营销策略为何能取得成功？

（2）越来越多的国产手机品牌走出去，并受到海外用户的认可，对此你有何看法？

2.1 网络营销环境分析

网络营销环境是指影响企业生存与发展的，直接或间接与企业网络营销活动有关联的因素的总和。一般来说，网络营销环境分为网络营销宏观环境与网络营销微观环境两个层面。

2.1.1　网络营销宏观环境分析

企业营销活动是在复杂的社会环境中进行的。环境的变化既可以给企业带来市场机会，也可能对企业营销活动构成某种威胁。企业只有通过分析宏观环境对企业网络营销的影响，才能更好地适应宏观环境。具体来讲，网络营销宏观环境包括政治环境、法律环境、经济环境、社会文化环境、科学技术环境、自然地理环境和人口环境等。

1. 政治环境

政治环境指国家管理市场的方针和政策的具体内容，会对企业的网络营销活动产生一定影响。在分析政治环境时，企业应关注会对自身网络营销策略的执行产生影响的因素，如税收政策、对外贸易政策、价格管制等。

2. 法律环境

企业开展网络营销活动前，需要了解国家或地方政府颁布的各项法律法规。尤其是其中的经济法规，如会计法、票据法、专利法、消费者权益保护法、反不正当竞争法等。法律法规规定了企业能做什么，不能做什么，从而影响到企业的战略选择。例如，《中华人民共和国电子商务法》规定："电子商务经营者不得以虚构交易、编造用户评价等方式进行虚假或者引人误解的商业宣传，欺骗、误导消费者。"企业应考虑这条规定对企业开展网络营销活动的影响。

职业素养

营销人员策划营销活动，必须遵守我国的各项法律法规。同时，随着经济全球化和我国经济的发展，国内很多企业正在走出去，在国际上的影响力日益增强。因此，在企业走向国际市场的过程中，营销人员应积极拓宽视野，了解并遵循出口国政府颁布的有关经营、贸易、投资等方面的法律法规，如进口限制、税收管制及外汇管理制度等，帮助企业树立正面形象。

3. 经济环境

经济环境指企业面临的社会经济条件及其运行状况，是制约企业生存和发展的重要因素。经济环境对网络营销市场具有广泛而直接的影响，比如宏观经济直接制约社会购买力，影响用户的收入水平和市场价格。经济环境包括经济发展状况、用户购买力、对外贸易状况等因素。例如，目标市场为俄罗斯的跨境电商企业在开展网络营销时，就应该分析俄罗斯的国内生产总值、对外贸易总值的增长趋势和增速、居民收入水平等。

4. 社会文化环境

社会文化环境在很大程度上决定着用户的购买行为，影响着用户购买产品的动机、方式和地点，会对企业的网络营销活动产生一定影响。因此，企业需要对其所处市场的社会文化环境进行分析。社会文化环境具体包括：用户的文化素养、受教育程度、民族与宗教状况、风俗习惯以及价值观念等。

5．科学技术环境

科学技术的发展，使产品的市场生命周期迅速缩短。新工艺、新材料、新能源、新方法的出现，可能会给某些企业带来新的市场机会，也可能会对某些企业构成威胁。科学技术环境分析主要是对行业技术发展趋势和新产品开发动向进行分析，这就要求企业思考技术突破对企业的影响、有无必要研发和引进新技术、有无必要开发新产品等。

6．自然地理环境

一个国家和地区的自然地理条件也是影响市场环境的重要因素，与企业开展网络营销活动密切相关。自然地理环境主要包括自然资源、地理位置、气候条件、交通条件等，这些因素从多方面对企业的营销活动产生影响。因此，企业要熟悉不同自然地理环境的差异，这样才能做好市场营销。例如，企业要营销加湿器，分析我国自然地理环境后发现，我国南方气候潮湿，北方相对干燥，北方对加湿器的需求远大于南方，因此将网络营销重心放在北方。

7．人口环境

人口是构成市场的基本要素，人口数量、购买欲望和购买力这3个要素影响着市场需求量。因此，人口数量是评估市场需求时要考虑的因素。人口数量多，产品的需求量自然就大，尤其是毛巾、纸等日用品，当人口数量增长时，其需求量必然增长。另外，市场需求不仅与人口数量有关，还与人口构成有关。人口构成主要包括人口的年龄、性别、职业、文化程度、地区等，对人口构成分析有助于企业得出市场需求规律，从而为企业做出营销决策提供支持。例如，就用户的年龄而言，儿童的需求主要在食品、玩具等方面；就用户的性别而言，女性在美容、服装等方面的支出较多。

▌2.1.2　网络营销微观环境分析

网络营销微观环境又称行业环境因素，是与企业网络营销活动联系比较密切的各种因素的总称，包括企业、供应商、营销中介、消费者、竞争者等。

1．企业

企业制定网络营销策略时不仅需要洞察外部环境和条件，还需要获得内部的支持。不管是企业财务、研究与开发、采购、生产、销售等部门，还是专门的营销部门，都应该密切配合、协调合作，保证企业营销活动的顺利开展。此外，企业最高管理层对网络营销的认知情况、企业产品和服务质量、企业网络营销自媒体运作等也是影响企业内部环境的主要因素，都会对企业网络营销活动的具体实施产生直接影响。

2．供应商

供应商是指向企业提供生产经营所需原料、设备、能源、资金、劳务等资源的公司或个人。企业与供应商的关系既受宏观环境影响，又制约着企业的营销活动。当供应商所提供的生产资料成本较高时，企业的生产成本也会增加；当供应商的供货质量、稳定性、及时性等发生变化时，企业的营销活动也会随之发生变化。

3．营销中介

营销中介是协调企业促销和分销其产品给最终购买者的个人或机构，经销商、经纪人、代理商以及仓储、运输、银行、保险、网络服务机构等服务商均属于营销中介。网络环境中的营销中介更加多样化。用户可以通过网络自由地选购产品，生产者、批发商、零售商和网络销售商也可以建立自己的网站营销产品。网络销售使企业间、行业间的分工模糊化，同时促进了网络营销过程中各种中介的产生和发展。对于大部分企业而言，营销中介的服务能力越强，营销中介的业务分布越广泛，越有利于改善企业的网络营销微观环境。

4．消费者

消费者是企业产品的直接或最终销售对象，企业的网络营销活动以满足消费者需求为核心。互联网不仅给企业提供了广阔的市场营销空间，还增强了消费者选择产品的广泛性和可比性。因此，在网络购物活动中，不同类型的消费者通常会表现出不同的购买目的、购买需求和购买特点。企业不能控制消费者的购买行为，但却可以通过分析消费者的网络消费行为，为消费者提供更贴心的服务，并通过有效的营销活动处理好与消费者的关系，从而促进产品销售。

5．竞争者

企业在参与经济活动的过程中不可避免地面临竞争。网络环境下，竞争者的优缺点都可以通过网络呈现出来，随着相似业务的数量越来越多，不可避免地形成了企业之间的竞争。竞争可以促进企业弥补自身的不足。在开展网络营销活动的过程中，学会识别和确认竞争者，分析竞争者的资源能力和运营模式等，都有利于企业克敌制胜。

2.2 网络消费者分析

对消费者消费心理、购买行为、购买决策过程进行分析，可以帮助企业更好地进行消费者定位，并制定符合消费者购物意向的网络营销策略，刺激消费者的购物欲望，增加企业销售额。

课堂讨论

在网络购物时，你会因为什么而购买产品？

2.2.1　网络消费者消费心理分析

消费心理是消费者因为一定原因而产生消费行为的一系列心理活动，不同年龄、性别、经济状况，以及处于不同生活环境的消费者通常会产生不同的消费需求，一个消费者可能同时存在多个消费需求。企业对消费者的消费心理进行研究，可以更加准确地定位消费者的购买行为，从而制定更加符合消费者需求的营销策略。

- **好奇心理**。好奇心理是一种普遍的社会心理，几乎每个人都会有一定的好奇心，但不同人的好奇心的强烈程度不同，因此也会采取不同的购买行为。好奇心旺盛的消费者一般比较喜欢追求新奇的事物，有强烈的求知欲，通常希望企业能够提供更多有趣的信息。

- **实惠心理**。拥有实惠心理的消费者追求物美价廉，实用且便宜的产品更容易赢得他们的青睐。企业应该注重产品的实用性，通过不断提高产品的性价比，或开展适当优惠活动来吸引这类消费者。
- **个性和品牌心理**。拥有个性和品牌心理的消费者更注重产品的个性化和品牌价值。针对这类消费者，企业可以为其提供更多个性化服务，或者提升品牌吸引力。
- **从众心理**。从众是指个体在社会群体的无形压力下，与多数人保持一致的社会心理现象。拥有从众心理的消费者通常喜欢选择热度更高、使用用户更多的服务和产品，企业可以采用增加产品或服务热度的方法来吸引这类消费者。
- **习惯心理**。很多消费者在购物的过程中都会产生一定的习惯，例如，偏向于购买某一品牌的产品、只购买价格不超过某个范围的产品等。拥有习惯心理的消费者一般会制定一个"心理预期"，当产品的功能或实际价格不能满足自身需求或超过预期时，就会购买其他产品。
- **方便和享受心理**。网络消费是一种非常方便的消费形式，可以帮助消费者节约很多时间和劳动成本，同时还能带给消费者购物乐趣。针对有方便和享受心理的消费者，企业可以从消费者的角度出发，设计更简洁的购物流程，提供更丰富的购物类型，投其所好，吸引消费者。

2.2.2　网络消费者购买行为分析

消费者是市场营销的目标对象，企业的产品、营销方式都是在迎合消费者需求和喜好的前提下产生的。因此，企业在确定了目标市场后，还需要对目标市场进行深入分析，了解消费者的购买行为。

1. 网络消费者购买行为的特征

电子商务的出现，使消费观念、消费方式和消费者的地位发生了重要的变化，使当代消费者的购买行为呈现出新的特点和趋势。

- **回归个性消费**。消费品市场发展到今天，消费品品类已极为丰富，消费者能够依据个人愿望挑选和购买产品或服务。在此情况下，消费者越来越倾向于选择符合自己喜好且独特的产品。
- **消费需求具有差异性**。消费者的个性消费会使网络消费需求呈现差异化，与此同时，不同的网络消费者因时代、环境不同也会产生不同的需求，不同的网络消费者在同一需求层次上的需求也会有所不同。所以，从事网络营销的企业要想取得成功，应当根据不同消费者的特点，采取有针对性的方法和措施，提供个性化产品或服务。
- **消费理性化**。对于多数消费者而言，冲动型消费并不可取，因此他们会综合衡量各项因素，如产品质量、价值、价格等，然后再做出购买决定。
- **消费主动性增强**。消费者通常会主动通过各种途径获取与产品有关的信息并进行比较，以减小购买风险。同时，消费者如果对产品满意，还会主动与企业互动，帮助企业推广产品。

2. 网络消费者购买行为的分析内容

消费者购买行为是受消费心理支配而产生的产品购买活动。消费者购买行为由购买产品的种类、规格、型号及购买的数量、时间、地点等内容组成。关于消费者购买行为的分析，可以采用"5W1H分析法（六何分析法）"确定具体的分析内容。

- **消费者购买什么（What）**。企业应分析消费者购买什么产品，为什么需要这种产品而不是其他产品。通过分析消费者购买什么，企业可以了解不同品牌的销售情况，也可以了解消费者的偏好，以提供适销对路的产品。例如，有的消费者喜欢购买动漫产品，有的消费者热衷购买摄影产品；有的消费者喜欢美食，有的消费者喜欢旅游等。

- **消费者为何购买（Why）**。不同消费者购买产品时有不同的购买动机，购买动机是消费者为了满足一定的需要而产生的购买产品的欲望。企业了解消费者的购买动机后，可以分析消费者产生各种动机的原因，以便为自身的营销决策提供依据。例如，有的消费者追求新奇，不那么在乎产品是否经济实惠，重要的是满足自己的好奇心；有的消费者追求物美价廉，看重产品的实用性，不太注重产品外观。

- **购买者是谁（Who）**。企业应分析产品的购买者是谁及其特征，包括购买者的年龄、性别、职业、收入水平和兴趣爱好等。同时，购买者可能是产品的使用者，也可能不是。因此，企业需要弄清楚谁是使用者，谁是购买的决策者、执行者、影响者。例如，儿童玩具的使用者是儿童，通常由他们提出购买要求，但最终是否购买往往由其父母决定，考虑到决策者和购买者是儿童的父母，企业应更加注重玩具的益智性和安全性。

- **消费者何时购买（When）**。企业应分析购买者对特定产品的购买时间，以便适时将产品推向市场，如分析各类电商购物节、自然季节和传统节假日对市场购买的影响程度等。例如，消费者通常选择在节假日购入高档耐用消费品（因为高档耐用消费品较贵，一般需要充裕的时间来筛选），而在工作之余购买日用消费品。

- **消费者在何地购买（Where）**。消费者购买产品的地点往往受消费人群及产品性质等因素的影响。例如，消费者会频繁购买粮食、蔬菜、调味品等，为了节省时间，消费者通常到住所附近的商店购买；对于家庭装饰类消费品，消费者则往往选择在销售品种较多的大中型商场购买。分析消费者对不同产品的购买地点的要求及其选择不同地点的原因，有利于企业寻找适销渠道，并针对不同渠道制定不同的推广策略。

- **消费者如何购买（How）**。不同消费者对不同产品会选择不同的购买方式。例如，很多20～30岁的年轻消费者喜欢在电商平台购买潮流服饰，而多数40～50岁的中年消费者喜欢在品牌服装店购买服饰。通过分析消费者的购买方式，企业可以有针对性地提供不同的产品和服务。

🎓 专家指导

1932年，美国政治学家拉斯韦尔提出"5W分析法"，随后经过人们的不断运用和总结，逐步形成了"5W1H分析法"。无论是5W分析法还是5W1H分析法，在企业管理、日常工作中都得到了广泛应用，在分析问题时，都是先将问题列出，然后逐一回答，最终做出决策。

2.2.3　网络消费者购买决策过程分析

消费者的购买决策过程即消费者购买行为形成和实现的过程，从产生购买需求到具有购买意向，再到形成购物行为，这期间主要会经历诱发需求、收集信息、比较选择、购买、评价5个阶段。

1. 诱发需求

消费者的需求往往是在内外因素的共同刺激下产生的。内部因素指消费者自身对某产品或服务的需要，如对新衣服的渴望引起的购物需求。外部因素指消费者所处环境、所接收的信息促使消费者产生的需求，如频繁看到某品牌的广告从而引起的购买该品牌产品的需求。对于企业网络营销而言，该阶段的主要目的是设计需求诱因，刺激和唤醒消费者的需求。

2. 收集信息

消费者有了需求之后，为了满足这个需求，就会通过各种渠道来收集和了解该产品或服务的相关信息。此时，企业就需要了解不同信息来源对消费者购买行为的影响程度和差异性，有针对性地设计合理的信息传播策略。

3. 比较选择

消费者在了解产品或服务的信息后，通常还会对其进行比较：一是比较产品或服务的基本属性、品牌文化、功能效用等，二是比较产品价值与自身的购买能力。在比较环节，消费者参考的信息多源于网络，所以企业在该阶段应该正确且详细地描述产品和服务，丰富产品和服务信息，打动和吸引消费者。

4. 购买

消费者在完成产品和服务的对比后，对备选产品产生偏爱，形成购买意向，就会进入购买决策阶段。在该阶段，企业形象、产品质量、支付手段都是非常重要的影响因素，为此企业需要提升消费者对企业和品牌的信任度，如提供更安全、快捷的支付方式。

5. 评价

消费者购买产品或服务之后会对产品或服务的使用感受做出评价。评价影响着消费者的重复购买行为。企业应该在该阶段广泛地收集消费者的评价，及时了解消费者的意见和建议，处理好消费者的不满情绪，做好售后服务，甚至可以与消费者建立长期沟通机制，主动联系消费者并与之沟通。

课堂讨论

网络平台上的购物评价信息会对你的购买决策产生影响吗？网购后你会在网购平台上填写购物评价吗？

2.3 网络市场调研

市场调研是企业开展网络营销活动的关键环节，网络市场调研就是基于互联网进行营销信息的收集、整理、分析和研究的过程，是分析网络营销环境和消费者的重要途径和手段。一定阶段、一定地区内的市场竞争状况、产品情况、消费者需求和购买行为变化、目前营销策略的效果、未来市场成长的机会和潜力等都可以通过市场调研了解。企业通过分析详细的市场调研数据，可以解决市场营销难题，为确定营销目标和策略等提供科学依据。

2.3.1　网络市场调研的对象

网络市场调研的对象主要包括消费者、竞争者、合作者等相关人群，对其进行调研，可以分析市场的营销机会，及时调整营销策略。

- **消费者**。不同的网络市场拥有不同的消费人群，不同的消费人群会体现出不同的特征和差异性。企业在进行市场调研时，应该通过网络跟踪了解目标消费人群的购买行为，调研其购买意向，收集消费者对企业、产品、服务、支付、配送等方面的意见，并综合整理以供参考。
- **竞争者**。网络营销环境下的企业竞争者不仅包括现有竞争者，还包括潜在竞争者。企业分析不同类型的竞争者带来的威胁，了解竞争者的营销动向、产品生产、企业管理等信息，结合消费者的反馈，综合比较，然后分析出自身面临的威胁和机会，以制定出更合理有效的营销策略。
- **合作者**。企业的联盟企业、供应商、第三方代理等提供的行业评估信息也可以为企业制定网络营销策略提供有价值的信息。

职业素养

营销人员有保护调研资料的责任，既不能泄露调研对象的隐私和机密信息，也不能随意使用调研对象的隐私和机密信息。

2.3.2　网络市场调研的步骤

遵循网络市场调研的程序，有助于调研工作顺利进行，确保调研质量达到预期。不同的网络市场调研，由于调研的目的、范围、内容和要求不同，所以程序也不尽相同。但一般来说，企业都可通过以下5个步骤实施调研。

1. 明确问题与确定调研目标

明确调研的问题与目标是整个网络市场调研工作的起点和前提，即明确调研什么、为什么调研，然后再根据这个目标来确定调研的范围、内容和方法，制订详细的调研计划。一般来说，企业可以从以下5个角度来设定调研目标。

- 谁最有可能在网上使用你的产品或服务？
- 谁最有可能购买你提供的产品或服务？
- 在同类型的行业中，谁已经开展了网络业务，具体在做什么？
- 你的竞争者对你的目标消费者的影响如何？你的目标消费者对竞争者的印象如何？
- 企业的日常运作可能要受哪些法律法规的约束？如何依法运营？

2．制订调研计划

明确调研目标后，企业可根据目标来制订有效的调研计划。调研计划是对调研本身进行具体设计的结果。传统市场调研计划主要包括调研的目的与要求、调研对象的范围与数量、调研样本的选择及调研项目与内容等。一般来说，网络市场调研计划主要包括确定资料来源、调研方法、抽样方案和联系方法等。

- **资料来源**。市场调研的资料可能是一手资料（也称为原始资料）也可能是二手资料。一手资料是企业通过实地调研，直接向有关调研对象收集的资料；二手资料则是他人收集、记录和整理的各种数据资料。只要保证资料来源的准确性与真实性，不管是一手资料还是二手资料，企业都可以采用。
- **调研方法**。网络市场调研的方法很多，具体采用哪一种调研方法需要企业根据实际情况来确定。
- **抽样方案**。抽样方案包括抽样方法、抽样数量和样本判断准则等。
- **联系方法**。网络市场调研一般通过电子邮件、QQ等网上交流方式进行。

3．收集信息

互联网没有时间和空间限制，企业可以在全国甚至全球范围内进行信息收集。网络中的信息繁杂，企业需要采用合适的方法才能找到需要的信息，如使用不同搜索引擎搜索数据、设置在线问卷等。

4．分析信息

完成信息的收集后就需要营销人员对信息进行分析，从庞大的数据中提炼出与调研目标相关的信息，并将其作为后续工作的依据。分析信息需要借助一些数据分析技术（如交叉列表分析技术、概括技术），以及数据分析方法（如综合指标分析和动态分析），或者使用Excel、SPSS、SAS等分析软件。分析时，须保证分析的速度、准确性与真实性。

5．提交报告

网络市场调研的最后一个阶段是撰写调研报告。营销人员需要把营销情况与市场营销策略结合起来，以标准的调研报告的书写格式写出调研报告。网络调研报告主要包括标题、目录、引言、正文、结论、启示及建议和附录等。其中，正文就是对本次调研的主要说明，包括调研目的、调研方法、调研数据、统计分析等。

🎓 **专家指导**

除了以上内容外，企业还可选择是否给予消费者适当的奖励和答谢。适当的奖励和答谢可以调动消费者参与网络市场调研的积极性。企业可采取抽奖的方法来随机答谢消费者，或采用致谢的报告方式向每一位参与调研的消费者表示感谢。

2.3.3　网络市场调研的方法

营销人员进行网络市场调研时，可以采用间接调研的方法，也可以采用直接调研的方法。

1．网络市场间接调研

网络市场间接调研是指利用互联网收集与企业营销相关的二手资料。通常，间接调研是网络市场调研的首选方法，能提供直接调研无法或难以取得的宏观资料，便于进一步开展和组织直接调研。网络市场间接调研的方法主要有以下3种。

（1）利用搜索引擎查找资料

在搜索引擎中输入所需资料的关键词对互联网信息进行检索，筛选出与关键词相关的信息。例如，在百度搜索引擎中输入"网络消费者行为分析"，搜索并查找相关信息，如图2-1所示。

图2-1　利用搜索引擎查找资料

（2）通过访问相关网站收集资料

各种专题性或综合性专业数据网站都提供了一些市场调研资料，开展网络市场调研时，企业可以直接访问相关网站。图2-2所示为在艾瑞网中查找行业报告资料，单击标题链接，在打开的页面中可在线浏览和下载报告资料，有的报告资料可以免费浏览和下载，有的报告资料则需要付费浏览和下载。

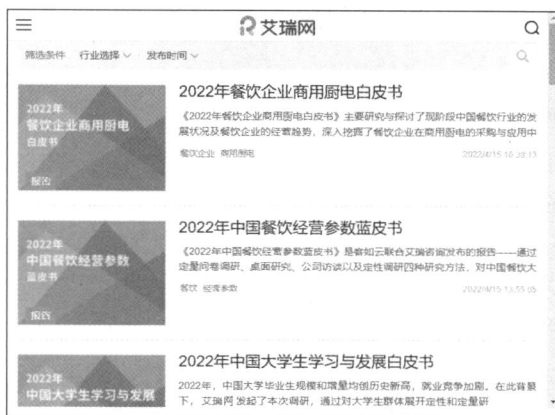

图2-2　在艾瑞网中查找行业报告资料

（3）利用大数据平台查找资料

大数据技术和云计算的发展，使用户每天的网络活动都生成有效数据。大数据平台（如百度指数、360趋势、微信指数）能够快速收集和用户的社会属性、生活习惯和消费行为相关的信息，如年龄、性别、品牌和产品偏好及购买水平等信息。

2. 网络市场直接调研

在互联网上收集一手资料的过程即网络市场直接调研，当二手资料不足以解决调研问题时，营销人员可实施直接调研。根据调研的思路不同，直接调研的方法可细分为网上观察法、网上实验法和网络问卷调查法。

网络调查问卷
设计流程

（1）网上观察法

网上观察法是指通过相关软件和人员记录用户浏览网页时的内容和行为的调研方法。

（2）网上实验法

网上实验法是指在网络市场调研中，营销人员通过改变某些因素来测试其对其他因素的影响，并通过实验对比，收集市场信息的一种调研方法。例如，在网络上设计并发布几种不同内容与形式的广告，对比各个广告内容与形式带来的效果，以收集市场行情资料。

（3）网络问卷调查法

开展网络问卷调查时，营销人员将想获取的信息设计为问卷发布在网上，然后邀请用户填写网络调查问卷，从而获取调研资料。网络调查问卷主要由标题、问卷说明、问卷主体3个部分组成。其中，标题用于概括说明调查主题，以便用户了解主题，如"中国互联网发展状况及趋势调查""××平台购物体验满意度调查"等；问卷说明一般用于说明调查的目的、意义及调查结果的用途。有些问卷还有问候语、填表须知、交表时间和地点、调查组织单位介绍及其他注意事项。问卷主体包括问题和选项，是问卷的核心部分，用于营销人员收集所需信息，以实现调研目标。

🎓 专家指导

网络问卷调查是一种了解用户的优势渠道，但前提是必须设计一个好的网络调查问卷，否则收集的数据往往不完整、没有代表性，且反馈率不太高。这样的调查没有多大的实际意义和价值。

一份好的网络调查问卷应具备以下5点特征。

- 问题应该简洁明了。
- 问题应该容易回答。
- 让用户有一种参与某种重要活动的感觉。
- 问题不应带有偏见或误导性。
- 所有问题都有答案。

除了自己设计网络调查问卷外，营销人员还可借助专业的问卷调查平台设计和发布问卷，如问卷星、问卷网等。

下面以问卷星为例，介绍通过问卷调查平台设计问卷的方法。使用问卷星设计问卷，首先需要打开问卷星官方网站并注册账号，然后使用注册的账号登录，进入管理后台后，即可开始设计问卷。假设某护肤品品牌需要推广一款产品，为此准备制作一份关于护肤品使用情况的调研问卷，以调查用户的护肤品使用情况，调查内容以用户的基本信息和消费信息为主，如性别、年龄、学历、收入、消费额度、购物心理、品牌偏好等，具体操作如下。

使用问卷星设计
网络调查问卷

步骤01 ▶打开问卷星的官方网站，在右上角单击 登录 按钮，如图2-3所示。

图2-3　单击"登录"按钮

🎓 **专家指导**

问卷星包括"免费版"和"付费版"。"免费版"适合学生或个人用户，支持设计问卷、浏览并下载调研报告、进行答卷统计与分析，可用于各类公开的在线调研、投票、评选、测试等，部分功能受限。"付费版"包括企业标准版、企业尊享版和企业旗舰版，适合企业、咨询公司、政府机关、高校及科研机构，可用于市场调研、企业内训、人才测评、民意调研、科研课题等。

步骤02 ▶在登录页面输入用户名和密码，单击 登录 按钮，如图2-4所示。

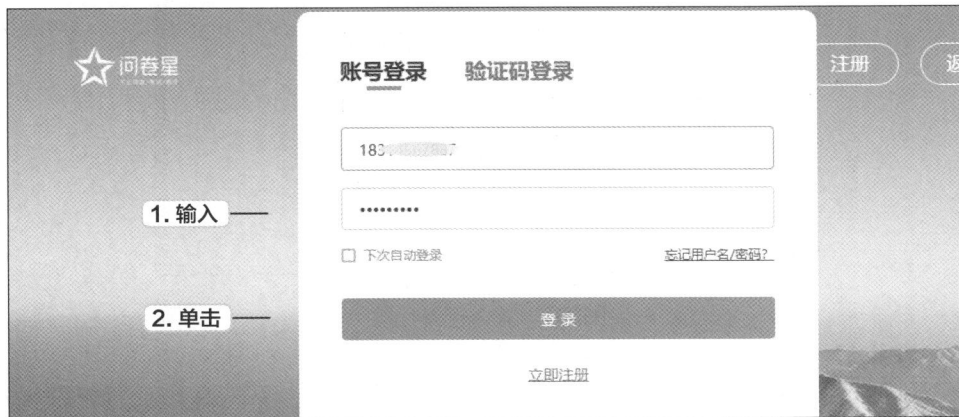

图2-4　账号登录

步骤03 ▶进入管理后台，在左上角单击 +创建问卷 按钮，如图2-5所示。

图2-5　单击"创建问卷"按钮

步骤04 ▶将鼠标指针移动到打开页面的"调查"选项上，单击右侧的 ⊕ 创建 按钮，如图2-6所示。

图2-6　单击"创建"按钮

步骤05 ▶打开"创建调查问卷"页面，在"从空白创建"文本框中输入问卷标题，单击 立即创建 按钮，如图2-7所示。

图2-7　输入问卷标题

🎓 专家指导

在"创建调查问卷"页面还提供了"文本导入""人工录入服务""复制模板问卷"3种问卷创建方式。"复制模板问卷"和"文本导入"功能所有用户均可使用，而"人工录入服务"功能只有付费用户才可使用。

步骤06 ◐进入问卷设计页面，左侧为题型设置面板，右侧为问卷内容编辑面板。这里单击"添加问卷说明"超链接，如图2-8所示。

图2-8　单击"添加问卷说明"超链接

步骤07 ◐在打开对话框中的"说明"文本框中输入问卷说明，然后单击 确定 按钮，如图2-9所示。

图2-9　输入问卷说明内容

步骤08 ◐在左侧面板选择"单选"选项，然后添加第1题，在"标题"文本框中输入题目，在"选项文字"栏下方的文本框中依次输入答案选项，如图2-10所示。

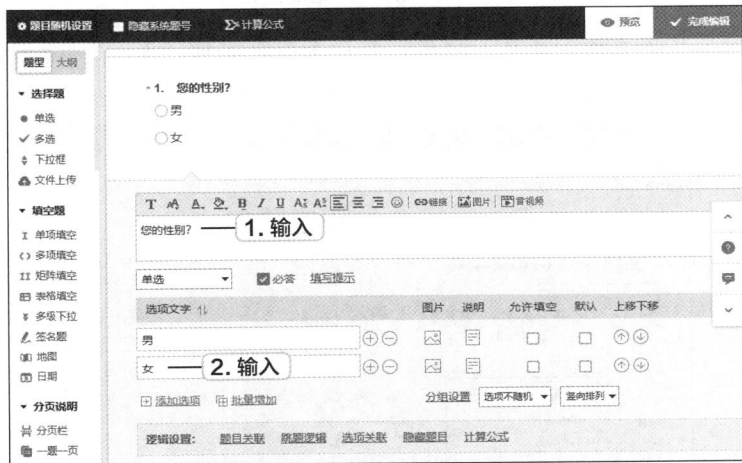

图2-10　编辑第1题

专家指导

如果要筛选用户，如本例中只对女性用户展开调研，编辑题目后，可在下方单击"跳题逻辑"超链接，在打开的对话框中勾选"按选项跳题"复选框，设置选择"男"选项后，跳到问卷末尾结束作答。

步骤09 ▶在左侧面板中选择"单选"选项，然后添加第2题，输入题目和前两个答案选项后，单击 ⊞添加选项 按钮，添加答案选项输入文本框，输入其他答案选项，如图2-11所示。

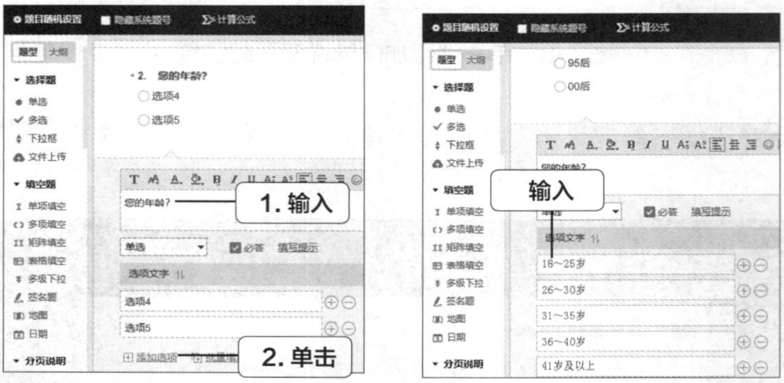

图2-11 编辑第2题

步骤10 ▶使用相同的方法编辑第3~4题，效果如图2-12所示。

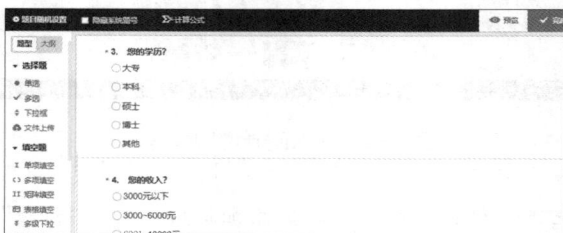

图2-12 第3~4题的效果

步骤11 ▶在左侧面板中选择"多选"选项，然后添加多选题，在"标题"文本框中输入题目，在"选项文字"栏中输入答案，如图2-13所示。

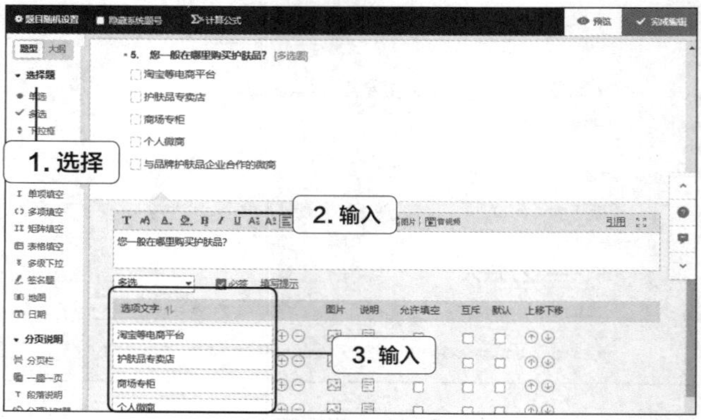

图2-13 编辑第5题

步骤12 ▶ 编辑第6~11题，效果如图2-14所示。

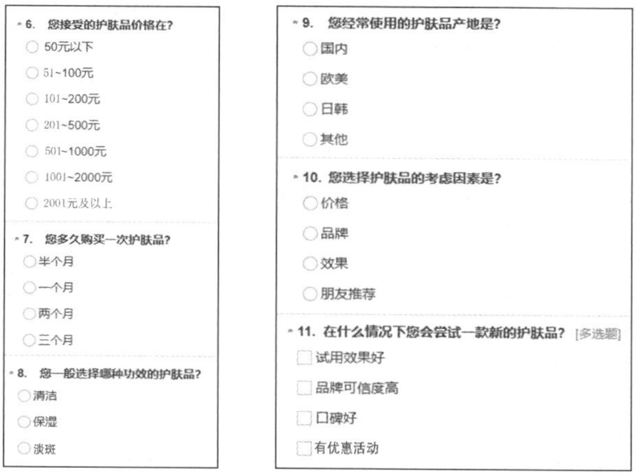

* 6. 您接受的护肤品价格在？
○ 50元以下
○ 51~100元
○ 101~200元
○ 201~500元
○ 501~1000元
○ 1001~2000元
○ 2001元及以上
* 7. 您多久购买一次护肤品？
○ 半个月
○ 一个月
○ 两个月
○ 三个月
* 8. 您一般选择哪种功效的护肤品？
○ 清洁
○ 保湿
○ 淡斑
* 9. 您经常使用的护肤品产地是？
○ 国内
○ 欧美
○ 日韩
○ 其他
* 10. 您选择护肤品的考虑因素是？
○ 价格
○ 品牌
○ 效果
○ 朋友推荐
* 11. 在什么情况下您会尝试一款新的护肤品？ [多选题]
□ 试用效果好
□ 品牌可信度高
□ 口碑好
□ 有优惠活动

图2-14　第6~11题的效果

步骤13 ▶ 完成题目的编辑后，单击问卷设计页面右上角的 ✔ **完成编辑** 按钮，完成问卷设计。若单击 ◉ 预览 按钮，可预览问卷显示效果。

步骤14 ▶ 单击 **完成编辑** 按钮后，将进入"设计向导"页面，在该页面中单击"导出问卷到Word"超链接，如图2-15所示。

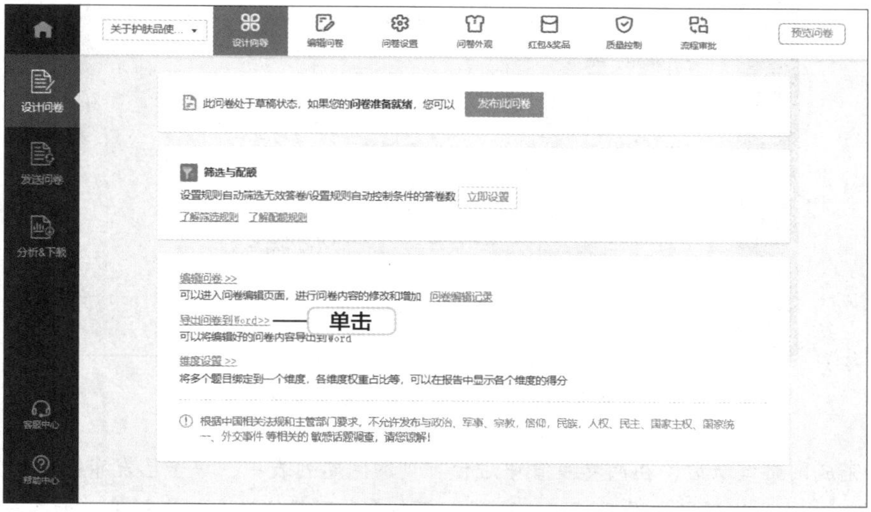

图2-15　导出问卷到Word

职业素养

根据我国相关法规，不允许发布与政治、军事、信仰、民族、人权、民主、国家主权、国家统一、外交事件等相关的敏感话题问卷。同时，需要注意的是，在设计问卷时，禁止使用歧视性、侮辱性的语言描述。

步骤15 ▶打开"打印问卷"页面，如图2-16所示，单击 打印 按钮可打印问卷。单击"保存为Word文档"或通过复制问卷内容的方式，可将问卷保存为Word文档。

图2-16 "打印问卷"页面

步骤16 ▶退出"打印问卷"页面。在"设计向导"页面中单击 发布此问卷 按钮，将进入"链接与二维码"页面，如图2-17所示。营销人员可通过发送问卷链接或二维码的方式邀请用户参与问卷填写，也可将问卷分享到微信、QQ、QQ空间及微博，进行网络调研。

图2-17 "链接与二维码"页面

步骤17 ▶完成网络调研后，在问卷星管理后台首页的问卷列表中，单击已发布问卷的"分析&下载"超链接，在打开的列表中选择对应的选项，可查看和下载统计分析资料等，如图2-18所示。

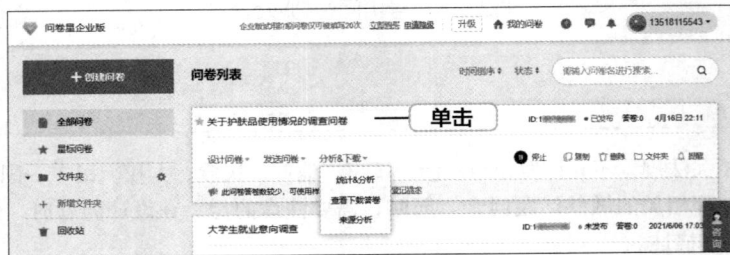

图2-18 查看和下载统计分析资料

课堂讨论

　　如果你想要通过网络问卷调查了解婴幼儿奶粉用户的购买行为，你需要设计哪些调研问题（例如购买的方式、购买的品牌等），以获得所需信息呢？

📈 本章实训——设计大学生手机市场网络调查问卷

【实训背景】

　　手机是现代生活中重要的交流工具。随着手机在大学校园里的普及，大学生手机市场成为各手机生产商和经销商非常重视的细分市场。某企业为了了解大学生购买与使用手机的情况，为未来手机的生产、销售等提供参考信息，欲设计网络调查问卷进行调查。请同学们为该企业设计网络调查问卷。

　　此次调查围绕"了解大学生购买与使用手机的情况"的调查主题，就以下几个问题设计调查问卷。

　　（1）大学生手机拥有和需求情况。

　　（2）大学生获取手机信息和购买手机的渠道。

　　（3）大学生选择的手机品牌及对各手机品牌的评价。

　　（4）大学生对购买手机的价格选择。

　　（5）大学生对促销方式的选择。

　　（6）大学生对手机质量、性能、款式和售后服务的要求。

【实训要求】

本实训的具体要求如下。

　　（1）以小组为单位，设计调查问卷。

　　（2）完成问卷的问题和答案设计。

　　（3）使用问卷星创建网络问卷，并进行网络问卷调查测试。

　　（4）进行大范围的网络问卷调查并分析调查结果。

【实施过程】

　　（1）调查工作小组的每位成员都参与问卷内容的构思，并将问卷题目列到草稿纸上或整理成Word文档。

　　（2）汇总问卷题目，剔除没有必要和重复的问题，补充遗漏的问题，完善问卷题目，并排序。

问卷示例

　　（3）注册问卷星账号，通过问卷星完成问卷设计。

　　（4）发布问卷后，进行小范围的问卷调查测试，测试问卷的可行性。

　　（5）根据测试结果调整问卷内容，然后将问卷分享到微信朋友圈或校内网络平台进行大范围的调查。

　　（6）完成调查后，查看并分析调查结果。

拓展延伸

互联网为企业获取市场调研资料提供了便利，但面对庞杂的网络信息，如何快速、有效地筛选出相对可靠的资料，提高网络调研的效率和质量，是营销人员需要重视的问题。

1. 专业权威网站

市场调研必须选用科学的方法，调查方法恰当与否，对调研结果影响很大。一些行业组织、专业新闻媒体和政府部门会通过网络平台发布关于经济、科技、人口等方面的统计资料，这些专业权威网站发布的统计资料比较真实可靠，且具有权威性，参考价值较大。

- **中国金融信息网**。中国金融信息网由新华社主管、中国经济信息社主办，是配合新华财经金融信息平台项目打造的国家级专业财经网站，定位为建设中国财经金融信息领域的权威发布和服务平台。中国金融信息网全面覆盖宏观、中观及微观经济层面的内容，实时发布权威财经新闻与金融信息。
- **中国互联网络信息中心**。中国互联网络信息中心旨在构建全球领先、服务高效、安全稳定的互联网基础资源服务平台，提供多层次、多模式的公益的互联网基础资源服务，负责开展中国互联网络发展状况等多项互联网络统计调查工作，描绘了中国互联网的宏观发展状况，会定期发布中国互联网统计信息。在"互联网发展研究"栏目中含有大量数据报告，内容涵盖电子商务、网络媒体、移动互联网等领域。
- **中国统计信息网**。中国统计信息网由国家统计局主办。该网站汇集了全国各级政府各年度的国民经济和社会发展统计信息，是以统计公报为主，以统计年鉴、人口普查、农业普查、经济普查等为辅的多元化统计信息资料库。

2. 综合性报告网站

各种综合性的专业数据网站公布了一些免费的数据报告，访问这些网站并搜索需要的关键词即可快速查看报告资料，获得调研结果。常见的免费综合性报告网站有199IT、艾瑞网、艾媒网、易观智库等。免费综合性报告网站及其研究方向如表2-1所示。

表2-1　免费综合性报告网站及其研究方向

网站	研究方向
199IT	互联网数据研究、互联网数据调研、IT（信息技术）数据分析、互联网咨询数据
艾瑞网	互联网相关领域的数据研究、数据调研、数据分析、互联网咨询数据等互联网研究及报告
艾媒网	专注于新经济领域的数据挖掘和数据报告分析，涵盖房地产、IT互联网、金融、人工智能、新零售、音乐、教育、VR（虚拟现实）、网络安全等领域
易观智库	利用大数据分析技术为企业提供用户画像、竞争分析等服务

3. 提高网络问卷调查质量的方法

与传统的调查方法相比，网络调查具有无时间和地域的限制、成本较低、收集信息的速度快、效率高等巨大优势。但网络调查同样可能面临样本代表性差、问卷反馈率低、样本容量小等问题，难以保证调查结果的客观性和可靠性。因此，保证网络调查的客观性和可靠性，提高网络调查质量，是多数企业在进行网络调查时需要重视的问题。提高网络调查质量可以从以下4个方面入手。

- **问卷设计**。问卷的质量会影响用户的接受度。一般来说，营销人员设计的问卷不可过长或过于复杂，以免用户没有足够的耐心填写，导致回答错误等。同时，有趣、新颖、内容形式丰富的问卷通常更有吸引力。
- **参与体验**。如今的网络用户十分注重网络体验，因此，问卷的页面要尽量简洁、美观。营销人员可通过对字体、颜色、排版等的设置提高问卷美观度，从而提升用户参与体验感，如采用非白色的调查网页背景。
- **辅助说明**。精心设计的调查问卷简介和说明可以提高网络调查的反馈率。例如，告知用户填写并提交问卷可获得红包奖励或有机会中奖等。
- **剔除无效样本**。营销人员应根据具体的调查问题选取有效的指标，如将年龄、性别、学历、职业、职务、地区等作为特征标志，通过特征标志将代表性较差的样本剔除出去。

📖 课后练习 ●●●●● · ·

　　网易云音乐是由网易于2013年4月推出的一款移动音乐产品，主打歌单、歌手、主播电台推荐等在线音乐服务，专注于发现与分享音乐，为用户打造全新的音乐生活。相比于QQ音乐、酷我音乐、酷狗音乐等音乐产品，网易云音乐上线时间虽然较晚，但却在短短一年时间内用户数就突破1亿人，成为深受众多用户青睐的移动音乐产品。网易云音乐官方数据显示：2021年全年网易云音乐净收入为70亿元，同比增长43%，月活跃用户数超过1.8亿人，月付费用户超过2 800万人，同比增长超80%，在线音乐服务付费率提高至15.8%。

　　下面请你根据上述材料，以及通过互联网等渠道收集的网易云音乐相关资料，完成以下练习。

　　（1）从不同维度分析网易云音乐的用户特征，将结果填写至表2-2中。

表2-2　用户特征分析

分析维度	内容说明
用户性别分布	
用户年龄分布	
用户地域分布	
用户学历分布	
用户兴趣偏好	
用户使用场景	

（2）竞品分析，并将竞品分析结果填写至表2-3中。

表2-3 竞品分析结果

分析维度	本产品	竞品
市场规模		
目标用户		
产品定位		
核心功能		
盈利模式		
运营策略		

（3）分析网易云音乐的发展优势和劣势，以及面临的机会和威胁，并将结果填写至表2-4中。

表2-4 优劣势及面临的机会和威胁分析

产品	优势	劣势	机会	威胁
网易云音乐				

（4）通过微信、QQ等社交平台调查网易云音乐、QQ音乐、酷我音乐、酷狗音乐4个在线音乐产品的使用和好评情况，将结果填写在表2-5中，要求至少返回100份调查问卷。最后统计各在线音乐产品的使用率与好评度，将结果填写在表2-6中。

表2-5 在线音乐产品的使用和好评情况调查

产品	你最常使用的产品是？ （单选，在所选选项后打√）	最受你喜爱的产品是？ （单选，在所选选项后打√）
网易云音乐		
QQ音乐		
酷我音乐		
酷狗音乐		

表2-6　在线音乐产品的使用率与好评度统计

产品	使用率	好评度
网易云音乐		
QQ音乐		
酷我音乐		
酷狗音乐		

第3章 网络广告

网络广告就是在网络上投放的广告。与传统的报纸、杂志、电视、广播四大媒体广告及户外广告相比，网络广告更加适应互联网环境，是实施现代营销战略的重要形式，在网络营销方法体系中占有重要地位，是企业开展网络营销的重要组成部分。

学习目标

- 了解网络广告的特点和类型。
- 熟悉网络广告的策划过程，能够构思网络广告创意并独立完成广告文案的写作。
- 熟悉网络广告效果评估的内容与指标。

素养目标

- 培育并践行"诚信经营""公平交易"等积极正确的网络营销价值观。
- 努力提升自身的文化素养，弘扬工匠精神。

案例导入

奥利奥公益广告《分不开的爱》，聚焦社会话题

在城市里，有着这样一群儿童：他们的父母总是在加班，总是不能陪伴他们，他们过着像留守儿童一样的生活，称为"城市996儿童"。

出于对"城市996儿童"的关注，2021年儿童节，奥利奥提出"分开的奥利奥，分不开的爱"这一主题，发布了公益广告《分不开的爱》，并向中国儿童少年基金会捐赠了50万元，用于关爱留守儿童。《分不开的爱》记录了五个家庭发生的真实故事，真实展现了父母忙碌导致的陪伴缺失问题，引起了众多城市家长的共鸣和社会的广泛关注，也让奥利奥获得了众多用户的好感。图3-1所示为《分不开的爱》的视频截图，画面中，父亲陈先生载着女儿一起送外卖。

图3-1 《分不开的爱》的视频截图

奥利奥通过《分不开的爱》表达"分开的奥利奥，分不开的爱"这一主题，并将主题与产品紧密结合起来，顺势推出"分开的奥利奥"特别产品——将黑色饼皮和白色夹心分开，呼吁社会和父母关注儿童问题，进一步深化了产品的精神内涵。

除发布公益广告《分不开的爱》，奥利奥还在微信上线了爱心接龙等互动活动，呼吁广大网友参与，让"城市996儿童"得到更多关注。

【思考】

（1）《分不开的爱》是怎样将产品与广告主题结合在一起的？

（2）发起公益活动能够给企业带来哪些效益，对社会又会产生怎样的影响？

3.1 网络广告概述

网络广告是随着互联网的发展而逐渐兴起的，是指互联网信息服务提供者在网站或网页中以各种（如横幅、文字链接、视频等）形式发布的广告。无论以什么形式出现，网络广告的本

质都是向网络用户传递营销信息，其目的在于引起网络用户的关注和点击。下面介绍网络广告的特点和类型。

课堂讨论

　　在网上浏览信息或购物的过程中，你经常看见哪些类型的网络广告？这些网络广告都有哪些特点？

3.1.1 网络广告的特点

　　网络广告既具有传统媒体广告的优点，又具有传统媒体广告无法比拟的优势，不管是对于中小企业还是对于广泛开展国际业务的企业，都十分适用，具有传播范围广、灵活性强、互动性强、投放目标准确和效果能即时监测等特点。

- **传播范围广**。网络广告传播范围广，不受时空的限制，可以通过互联网把广告信息24小时不间断地传播到世界各地，用户可以随时在世界任何地方通过互联网浏览广告，这种传播效果是传统媒体广告无法达到的。

- **灵活性强**。网络广告以多媒体、超文本格式文件等为载体，方式灵活，可以通过图片、文字、音频、视频的形式传送信息。在传统媒体上投放广告，发布后很难更改，且更改往往需要付出很大的经济代价。而在互联网上投放广告，能随时按照需要变更广告内容，且不需要付出很大的经济代价。

- **互动性强**。交互性是网络媒体的一大优势，它不同于传统媒体的信息单向传播，而是信息双向或多向传播。用户可以获取有用的信息，企业也可以随时得到用户反馈信息，有利于建立良好关系。对网络广告感兴趣的用户不再被动地接收广告，而是可以及时地做出反应。

- **投放目标准确**。网络平台一般都有完整的用户数据库，包括用户的地域分布、年龄、性别、收入、职业、婚姻状况、爱好等。企业可通过这些资料分析目标用户，根据目标用户的特点，有针对性地制作目标用户感兴趣的广告内容，并根据用户特点定点投放广告和跟踪分析，对广告效果做出客观准确的评价。

- **效果能即时监测**。企业能通过互联网即时衡量广告的效果。通过监测广告的浏览量、点击率（Click-through Rate，网站页面上某一内容被点击的次数与网站被浏览的次数之比）等指标，企业可以统计出多少人看到了广告，其中有多少人对广告感兴趣，进而获知广告效果。因此，相较于传统媒体广告，网络广告能够使企业更好地跟踪广告受众的反应，及时了解用户和潜在用户的情况。

　　目前，我国网络广告已经占据了广告市场的主导地位。从网络广告构成上看，移动端网络广告占据绝对的主导地位，2019—2021年，移动端网络广告持续维持在89%左右。从媒体及平台类型看，应用型平台是主流的网络广告渠道。

3.1.2 网络广告的类型

网络广告的类型多种多样，横幅广告、文本链接广告、搜索引擎广告、视频广告等都是目前较为常见的网络广告类型。

1. 横幅广告

横幅（Banner）广告又称旗帜广告，是最早的网络广告类型，其格式以GIF、JPG等为主。横幅广告是横跨于网页上的矩形公告牌，当用户点击横幅广告时，可以直接跳转到具体的网页。根据横幅广告表现形式的不同，横幅广告可分为静态横幅广告、动态横幅广告和交互式横幅广告。

- 静态横幅广告。静态横幅广告在网页中一般表现为一幅固定的图片，如图3-2所示。静态横幅广告是网络广告兴起时常见的一种广告。静态横幅广告的制作非常简单且能被所有网站接受，但内容较为呆板、枯燥，点击率往往比其他横幅广告低。

图3-2 静态横幅广告

- 动态横幅广告。动态横幅广告是将一连串图像连贯起来形成的动画，其内容更丰富。动态横幅广告通过动态的画面传递信息，加深用户的印象，以此来吸引用户点击，获取更多流量。

- 交互式横幅广告。交互式横幅广告通过Java等计算机编程语言来制作，表现形式多样，如下拉菜单、插播式广告等。交互式横幅广告包含的内容更多，其点击率比动态横幅广告更高。

2. 按钮广告

按钮广告由横幅广告演变而来，具体表现为图标，所以又称图标广告，如图3-3所示。按钮广告尺寸较小，营销人员可以选择不同的版面位置。

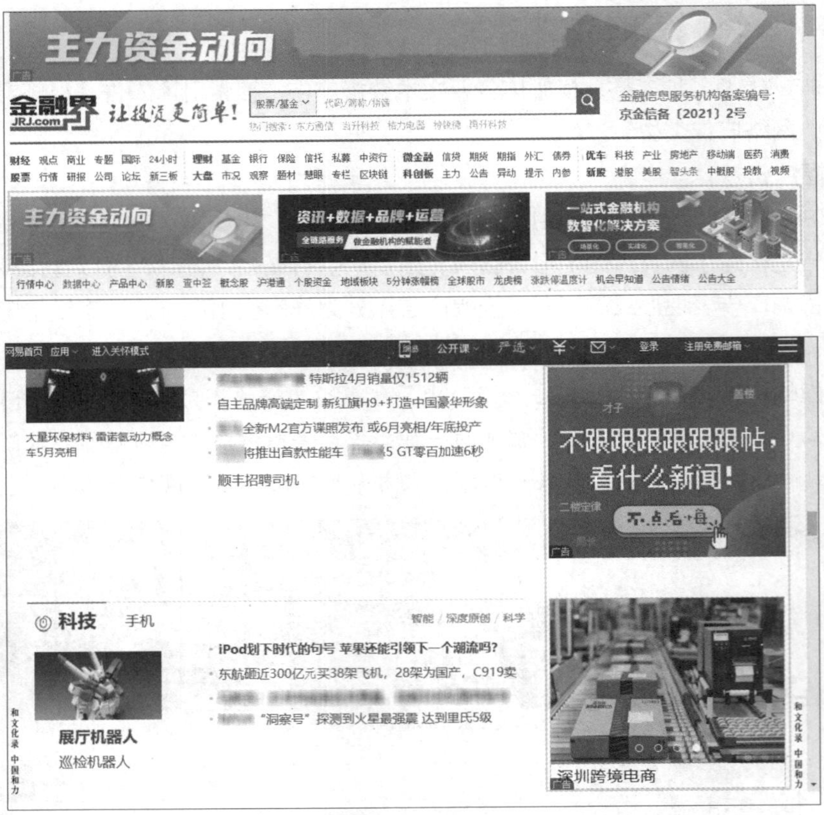

图3-3　按钮广告

3. 文本链接广告

文本链接广告是以一排文字作为一个广告，点击文字即可进入相应的页面的广告。用户点击文本链接才会跳转到具体的网站、网页，不会被这类广告过多干扰。文本链接广告有时像横幅广告那样占据固定的版面，有时也会穿插在大量的内容链接条目中，如图3-4所示。

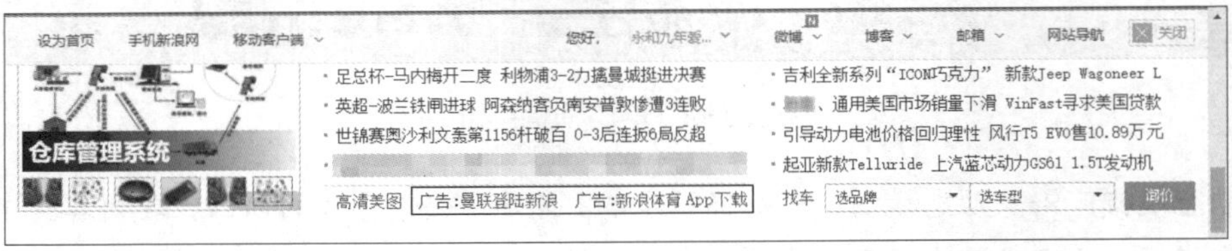

图3-4　文本链接广告

4. 插播式广告

插播式广告是指在切换两个网页间隙插入的网页广告，其表现形式主要有弹出式广告和过渡插入式广告。

- **弹出式广告**。弹出式广告是指用户在请求登录网页时，强制插入的广告页面或弹出的广告窗口，类似于电视广告。
- **过渡插入式广告**。过渡插入式广告是指在切换两个网页间隙，出现在浏览器主窗口中的广告。当用户单击网页中的链接时，首先出现的是广告页面，等待一段时间（一般为5～10秒）后才会出现用户请求的目标页面。过渡插入式广告的展现形式并不固定，可以是全屏的，也可以是小窗口的；广告的内容可以是静态的，也可以是动态的。用户可以通过关闭窗口的方式来屏蔽广告，或采用插件屏蔽广告。

5. 电子邮件广告

电子邮件广告是指通过互联网将广告发到用户电子邮箱的网络广告形式。发送电子邮件广告需要事先征得用户的同意，用户把信息加入电子邮件广告邮件列表才表示同意接收这类广告信息，这样才能收到电子邮件广告，否则电子邮件广告会被视为垃圾邮件进而被用户忽略。电子邮件广告一般采用文本格式或HTML格式。采用文本格式的电子邮件广告是把一段广告性的文字放置在经过许可的邮件中，或设置一个URL（Uniform Resource Locator，统一资源定位器）链接到广告主公司主页或者提供产品或服务的特定页面。采用HTML（HyperText Markup Language，超文本标记语言）格式的电子邮件广告与网页中的横幅广告类似。

6. 搜索引擎广告

搜索引擎广告也称为关键词搜索广告，是指企业根据自己的产品或服务的内容、特点等，确定相关的关键词，撰写广告内容并自主定价投放的广告。搜索引擎广告是一种付费广告，企业要想在搜索结果页面获得靠前的排名或展示位置，需要支付一定的费用。在百度搜索引擎中搜索"投影仪"显示的搜索引擎广告如图3-5所示。

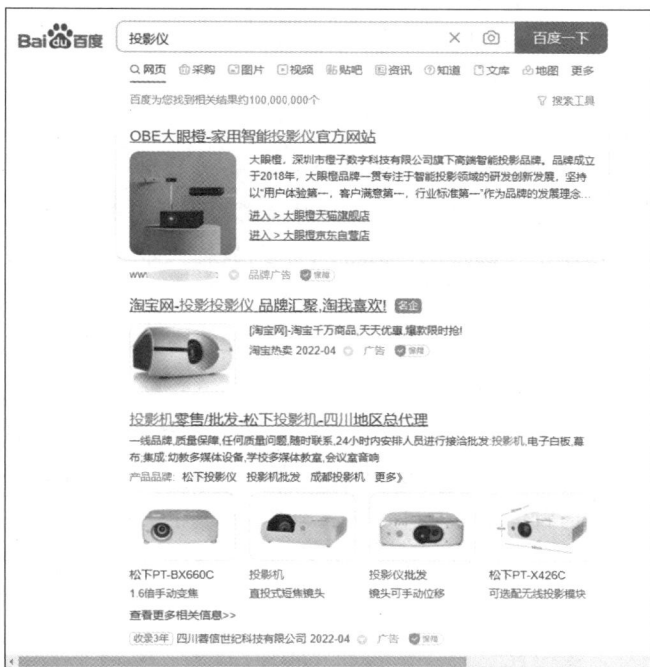

图3-5　搜索引擎广告

7. 视频广告

视频广告是指广告中含有视频文件的网络广告，可以在线播放。视频广告的表现形式有标准的视频形式、画中画形式和焦点视频形式。视频广告主要包括FLV、WMV格式等。视频广告具有很强的冲击力和交互性，并且用户在播放视频广告时，可以进行重播、音量控制、快进和暂停等操作。图3-6所示为微博网页端的视频广告。

图3-6　微博网页端的视频广告

8. 基于手机App的新型广告

随着移动互联网的兴起、移动智能设备的发展，很多企业纷纷向移动端进军，手机App成为企业投放广告的重要场所。因此，新型的网络广告形式应运而生。根据用户的阅读习惯，在当前的手机App中，新型的网络广告主要有开屏广告、信息流广告和下拉刷新广告等类型。这3种广告投放形式一般按点击量或每千次展示计费。

- **开屏广告**。开屏广告即用户启动手机App时出现的全屏广告，如图3-7所示。该广告一般持续几秒，可以以图片、视频、Flash等形式加载。开屏广告具有品牌效应强、曝光性强、位置优越等优点，但费用高。

- **信息流广告**。信息流广告在手机App中十分常见，一般被嵌入信息流中，如图3-8所示。用户浏览信息时，与信息内容风格相近的广告通常在信息流中展示。内容贴近信息、生动有趣的广告能带来不错的效果，但信息流更新快，广告可能被快速覆盖或被用户忽视。此外，信息流广告还可能出现在一篇文章的中间或末尾，甚至用户评论区。

- **下拉刷新广告**。下拉刷新广告即用户下拉刷新内容时出现的广告。下拉刷新广告的优点是隐藏在内容页面下方，用户下拉刷新内容时才会出现，不影响用户阅读体验；其缺点是广告出现时间短，不易引起用户注意。

职业素养

　　网络广告的类型多样，无论以哪种广告形式开展网络营销活动，营销人员都应积极践行社会主义核心价值观，传递真实有效的信息。

图3-7　开屏广告

图3-8　信息流广告

3.2 网络广告策划

网络广告需要经过精细的策划，才能达到精准传递信息、实现营销效果等目的。网络广告策划包括确定网络广告目标、确定网络广告目标用户、确定网络广告预算、构思网络广告创意等。

课堂讨论

你对哪些网络广告印象深刻？你有因为广告而购买产品的经历吗？

3.2.1　确定网络广告目标

网络广告目标是一定时期内企业通过投放网络广告，期望实现的广告活动成果。确定网络广告目标是网络广告策划的基础，对制作和投放网络广告等具有指导作用，有助于企业有目的、有针对性地开展网络广告投放活动。

网络广告目标不是单一的，而是多元的。有的是推广宣传品牌、提高品牌知名度，有的是促进产品销售、提高销售额，有的是扩大目标用户群体规模，还有的是加强与目标用户的互动等。

营销人员在确定网络广告目标时应遵循以下两个原则。

- **目标切实可行**。目标是可以实现的，不能不切实际。例如，网络广告的推广对象是新上线的App，那么目标可以为下载注册量达到十万次。
- **目标明确具体**。目标明确具体有利于推动网络营销活动的开展和衡量网络广告的投放效果。目标明确具体主要表现为量化的目标数据和具体的完成时间。例如，"1个月内App的注册量达到30 000次"或"3个月内产品销售额增长30%"等。如果周期过长，还可以制定阶段目标，如每月、每周甚至每天的目标。阶段目标确定得越详细，就意味着考虑得越细致周全，那么目标就越容易达成。

专家指导

网络广告目标不能仅与商业效益相关，还要与社会效益相关。网络广告目标可分为3个层次：一是企业计划期的直接营销利润；二是未来一段时期内企业形象的增值，即通过优质服务、让利和承担社会责任来提升企业形象；三是探索和积累网络营销经验，组建一支具有高素质的网络营销队伍，建立完善、高效的网络营销体系。

3.2.2　确定网络广告目标用户

营销人员进行网络广告策划时需要确定网络广告目标用户，也就是确定网络广告的诉求对象。网络广告目标用户可以是企业产品的目标用户，也可以是其他用户。不同用户偏好不同的营销内容和网络平台，因此，确定网络广告目标用户既可以帮助企业明确广告内容，也可以帮助企业选择广告投放平台和传播策略，从而使网络广告营销方案更恰当、更有针对性。

3.2.3　确定网络广告预算

企业支出多少广告费才算适当呢？支出太少，达不到宣传目的，效果不明显，易造成浪费；支出太多，也会造成浪费。营销人员应该根据网络广告目标，确定合理的广告预算。确定广告预算的方法有很多种，常用的方法主要有以下几种。

- **销售额百分比法**。销售额百分比法是根据广告费占一定期限内的销售额的比例计算广告预算总额的方法。营销人员可以根据企业上一期（年度或季度）的销售额或下一期预计的销售额来确定广告预算。如企业上一年的销售额为1 000万元，而今年预计的广告费占销售额的5%，那么今年的广告预算为：1 000×5%=50（万元）。广告费占销售额的比例则视情况而定，如果销售额增加了，可以适当减少广告费；如果销售额减少了，可以适当增加广告费。销售额百分比法的计算简单，但比较呆板，不能适应市场环境和竞争状况的变化，不适用于欲开拓新市场的企业。
- **利润额百分比法**。利润额百分比法与销售额百分比法类似，是根据广告费占一定期限内的利润额的比例计算广告预算的方法。营销人员可以用上一期的利润或下一期的预计利润来确定广告预算总额。如企业今年预计实现毛利润为1 000万元，广告费占毛利润的3%，则广告费为：1 000×3%=30（万元）。利润额百分比法计算简单，广告费和利润直接挂钩，适用于不同产品间的广告费分配，但不适用于新上市产品的广告费分配。

- **销售单位法**。销售单位法是按照一个销售单位（如每件产品）所投入的广告费来计算广告预算的方法。销售单位法以计划销售数为基数，特别适用于计算薄利多销产品的广告费，其计算公式为：广告费=上年度每件产品的广告费×本年度产品计划销售数。例如，某产品上一年每件产品的广告费为0.1元，今年计划销售数为150万件，则广告预算为：0.1×150=15（万元）。销售单位法的优缺点与销售额百分比法的优缺点相同。

- **目标达成法**。目标达成法是根据企业的广告目标制订广告计划，再根据目标计算广告预算的方法。这一方法比较科学，可以适应市场营销情况的变化，适用于新上市产品。其计算公式为：广告费=目标人数×平均每人每次广告到达费用×广告到达次数。例如，企业希望广告被100 000人看到，平均每人每次广告到达费用为0.001元，广告到达次数为6 000次，则广告预算为：100 000×0.001×6 000=60（万元）。

- **支出可能额法**。支出可能额法是一种适应企业财务状况，根据企业可能支付的余额来设定广告预算的方法。企业投入的广告费越多，广告活动越容易开展，而且在推销新产品时，采用支出可能额法的效果往往比较明显。

- **任意增减法**。任意增减法是以上一期的广告费为基础，考虑市场动向、竞争情况、企业财务能力等综合因素，适当增加或减少广告预算的方法。任意增减法虽不够科学，但计算简单，因而仍为一些小型企业所采用。在运用任意增减法时，营销人员应具有丰富的经验和较强的判断力。

3.2.4 构思网络广告创意

网络广告创意是影响广告效果的重要因素。营销人员要根据网络广告目标和目标用户，综合分析，确定广告所要传达的信息及其表现形式，在此基础上进行创意设计。网络广告创意主要包括文案创意和形式创意。

1. 网络广告文案创意

文案来源于广告行业，是"广告文案"的简称，其意思是多用文字展现广告内容。文案有狭义和广义之分。狭义的文案包括口号、标题、正文，具体表现为广告视频的字幕、旁白，海报的文字内容，产品说明书等。广义的文案包括口号、标题、正文和对广告内容的搭配（如文字与颜色搭配）。

体现网络广告文案创意的方法很多，这里主要介绍以下几种方法。

（1）优先声明

优先声明旨在宣传品牌或产品的独特之处，向用户传递产品的独特功能或属性。优先声明的核心是挖掘产品具备的"人无我有，人有我优，人优我特"的特点。特点可以是与产品相关的，如产品的材质、外观、工艺、功效；也可以是营销人员总结出来的，如创新的概念、理念及产品附加价值。不论产品特点从何而来，只要能使之落实于营销战略中，转化为用户能够接受、认同的利益和效用，就能达到树立品牌形象、促进产品销售的目的。采用优先声明体现文案创意时，可以使本产品与同类产品区分开。例如，汰渍的广告口号"有汰渍，没污渍"，立白的广告口号"不伤手，无残留"，海飞丝的广告口号"去屑实力派，当然海飞丝"等。

（2）制造冲突

因为有冲突，所以有需求：想吃美食但自己不愿意做又不想出门，于是有了外卖；不想挤公交但又打不到出租车，于是有了滴滴出行。企业做营销的关键就是从冲突中洞察用户的需求，再用产品去满足用户的需求，以此来获得用户对产品和品牌的好感。运用冲突来创作文案时，可以先找到一个大家都认可的关注点，然后设置一个意外的转折，以给用户带来出其不意的感觉。在苹果公司发布第一代iPod时，乔布斯曾说过一句精彩的宣传文案"把1 000首歌装进口袋"（原文为1000 Songs in Your Pocket）。他没有去解释设计师们如何努力把iPod的存储空间扩容到极致，而是直接告诉用户复杂设计的结果，让用户感受到大与小的冲突。又如王老吉的品牌广告口号"怕上火，喝王老吉"利用想吃辣与怕上火的冲突，成功让用户记住了品牌。

（3）用故事包装

讲故事是较受欢迎的一种信息表达方式，故事性文案具有较强的感染力，能让用户不自觉地产生消费行为。营销人员在创作故事性文案时，可以从品牌或产品入手进行创意，例如讲述品牌的成长过程、企业员工故事。当然，故事也可以是虚构的。

例如，钱皇蚕丝的"蚕丝被·被治愈物语"系列文案（见图3-9），围绕30岁左右的女性用户，用6个故事场景展示了一个女孩到一个女人再到一个母亲的角色蜕变，也串联起了她在情场、家庭、职场的多重经历。

图3-9　"蚕丝被·被治愈物语"系列文案

（4）展现趣味幽默

相比于枯燥无味的文案，用户更喜欢阅读富有趣味性的文案，因为富有趣味性的文案使人放松，能够给用户带来快乐。营销人员可以使用第一人称撰写文案，让用户产生代入感，或者直接在文案中采用诙谐幽默的语言来增加文案的趣味性。例如一加手机的文案"一加手机京东好评97%，知名度不到10%吧？所以拜托你了""一加手机登过美国《时代周刊》？这事儿国内有几个人知道呢？"，轻松诙谐的语言、自我嘲弄的风格能拉近品牌与用户之间的距离，增加用户对品牌的好感。

（5）引发场景共鸣

描述与产品相关的场景，可以让用户产生强烈的代入感，从而引发共鸣。要让用户产生强烈的代入感，一方面可以进行情境式的描述，让用户处于文案所描述的情境中，产生对产品的联想和需求。例如，佳能基于对办公室生活的精准洞察上线了系列文案（见图3-10），通过构建职场场景，引起职场用户的共鸣，从而凸显产品功能。

图3-10　佳能系列文案

另一方面，可以告诉用户产品的使用效果，激发用户的购买欲。例如，方太油烟机宣传文案（见图3-11），通过"四面八方不跑烟"的描述来突出油烟机强大的吸油烟功能，同时构建了一个炒菜时"四面八方不跑烟"的使用场景，向用户说明该产品的优势。

图3-11　方太油烟机宣传文案

（6）采用情感策略

情感类的创意文案很容易触动用户的内心，只要抓住了用户的情感需求，用真情打动用户，就容易使文案得到广泛传播，从而获得好的广告营销效果。从情感诉求出发写作的文案感情充沛，具有很强的可读性。这类文案通过结合语言描述和图像展示为用户建立起某种生活场景或让用户得到某种情感体验，从而引起用户的共鸣。

例如，支付宝"7·17生活狂欢夜"宣传海报（见图3-12），将狂欢氛围融入用户平凡生活的不同场景和细节中，"生活再忙，也不忘为理想应援""为自己'鼓'足劲，才不会被生活锤瘪"等文案内容，浅显易懂，帮助用户释放压力、加油打气，容易引起用户的共鸣。

图3-12 支付宝"7·17生活狂欢夜"宣传海报

（7）运用修辞手法

将修辞手法运用到广告文案中，不仅能增加文案的吸引力和趣味性，还能使标题显得更有创意，使用户迅速建立起对品牌的认知。常用的修辞手法包括比喻、引用、双关、设问、对偶和拟人等。

- **比喻**。比喻可以化深奥为浅显，化抽象为具体，化冗长为简洁，能够帮助用户更好地理解产品或品牌的特性。使用比喻修辞手法，要求喻体和本体具有可比性和相似性，这样才能使文案形象生动、引人注意。例如，某鸭绒被产品的文案为"你恍如躺在洁白的云朵里"。

- **引用**。把诗词歌曲、名言警句、成语典故、俗语方言等引入文案，可以丰富文案的内涵。使用引用修辞手法时，可以直接引用原句，也可以引用原文大意。例如，某视频网站的文案标题"××视频叫板××：同根不同命，相煎已太急"融入了经典诗词，某款凉鞋产品的文案标题"陪你走过这一夏"改编自流行歌词。

- **双关**。双关是指利用词的多义及同音（或音近），使语句有双重意义，言在此而意在彼的修辞手法。双关可使语言表达得含蓄、幽默，而且能加深语意，给用户留下深刻印象。例如，某极速变色镜片产品的文案"有膜有样 能颜善变"，某针织帽产品的文案"请原谅我 如此帽美"。

- **设问**。在文案中采用设问修辞手法，可以凸显产品的核心卖点，更好地打动用户。例如，某焖烧壶产品的文案"郊游在外大包小包不胜其烦？你的便携式野餐拍档"等。

- **对偶**。采用对偶修辞手法的文案，词句对仗工整、语言凝练、结构对称，富有表现力，能够鲜明地表现相关事物之间的关系。此外，这类文案标题音韵和谐，朗朗上口，便于传诵记忆。例如，某银行的品牌标语"你未必出类拔萃，但肯定与众不同"，某手机品牌文案"与其向往，不如出发"等。

- **拟人**。采用拟人修辞手法撰写文案，可以赋予产品人格化特征，让产品形象更生动，有助于用户了解产品，促进品牌和用户的沟通，提高用户的品牌忠诚度。例如，某发胶产品的文案"你的头发在生气"。

🎓 专家指导

> 通俗易懂、简明扼要是撰写文案的基本要求。同时，撰写文案时切忌夸大其词，否则会招致用户的反感。

2. 网络广告形式创意

网络广告行业的成熟、网络技术的发展使营销人员的想象力得以通过图文、音像呈现出来，广告内容表现得更生动，广告形式也更加多样。总体上，网络广告形式创意可以通过文字创意、图片创意和视频创意体现。

（1）文字创意

文字创意即根据文字的特点，将文字图形化，为文字增加更多想象力。例如美化文字的笔画、使用图形包围文字、采用图案挡住文字笔画、使用变形文字等，如图3-13所示。

图3-13 文字创意

（2）图片创意

图片创意在视觉上具有强烈的冲击力，能够在第一时间对用户产生吸引力，促使其想要了解图片所要表达的含义。常见的图片创意手法如下。

- **拼接融合**。拼接融合是指将多张不同角度的图片，拼接成一张有创意的图片。图3-14所示的evian矿泉水的广告图片就是由成人与小孩的图片拼接而成的，该图片给用户强烈的视觉冲击。

- **打散重构**。打散重构是指将某物分解、打散后按照一定目的以新的方式重新组装。图3-15所示的哈雷摩托车创意图片就使用了打散重构的手法，哈雷摩托车被拆成单个零件后重新组合成人像，暗示每个拥有者为哈雷摩托车注入了灵魂，生动地体现了该摩托车的产品定位。

图3-14 拼接融合

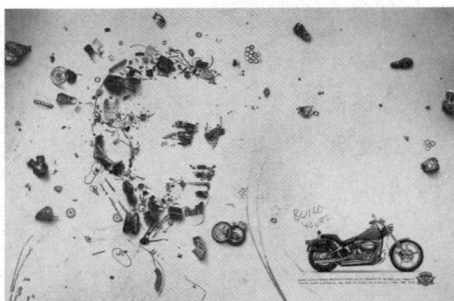

图3-15 打散重构

- **符号视觉**。符号视觉是指用元素或者场景合成品牌或产品符号。采用这种手法设计的图片视觉冲击力强、画面重点集中。常用的视觉图形有品牌Logo、产品外形等。图3-16所示的抖音海报以其Logo作为视觉图形。

- **比喻**。用一个外在具有类似特征的元素，替换图片本身存在的元素，在形式创意中，这种手法被称为比喻。图3-17所示的元气森林作为FIRST青年电影展官方指定饮品时推出的主题海报用瓶子替代射灯，以照亮电影元素。

- **置换同构**。置换同构又称替代同构，指在保持基本特征的同时，物体中的某一部分被其他素材替代的一种图形构造形式。采用置换同构，有助于产生具有新意的形象。图3-18所示的广告图片用鞋子置换口香糖，以体现该鞋子防臭的特点。

图3-16 符号视觉

图3-17 比喻

图3-18 置换同构

（3）视频创意

视频广告有着很强的视觉冲击力，能形象地展示企业产品。那么，如何制作出优秀的广告视频呢？下面介绍一些有关于视频广告拍摄的创意思路。

- 着重渲染声音、图片等方面，增强听觉、视觉等感官刺激，给用户留下难忘的印象。

- 可以通过微电影的形式传达产品或品牌与用户之间的关系。微电影具有较大的表达空间，剧情饱满，加上出彩的文案，容易打动用户。

- 采用纪实手法，通过实物图片向用户传达产品在时代发展中的作用。
- 结合时事热点，找出社会热点与产品之间的联系，引出产品。
- 通过设置悬念，激发用户的好奇心，然后引出产品，引起用户的关注。
- 用夸张的方式提出问题，然后引出产品并提供解决难题的办法。
- 以幽默有趣的方式宣传产品特色。例如，卤味零食品牌"卤味觉醒"的品牌广告片《一只更好的鸡，一块更好的肉》，品牌追本溯源，以原材料"白羽鸡"为主人公，展示了它的日常生活，从而体现产品的优质。图3-19所示为"卤味觉醒"该品牌广告片的截图。

图3-19　"卤味觉醒"品牌广告片的截图

职业素养

制作网络广告不是堆砌华丽的辞藻，也不是用软件做出一些漂亮的图像。对于传统广告而言，广告创意是广告的灵魂，广告创意的好坏直接影响着一个广告的成功与否。网络广告也同样如此，好的广告不仅通俗易懂，而且往往有比较深厚的文化底蕴，而文化底蕴即创意的精髓。优秀的营销人员不仅要具备制作精美内容的能力，还要努力提升自身的文化素养，并在实践中精益求精，弘扬工匠精神。

▌3.2.5　选择网络广告发布方式

要想使网络广告达到预期的效果，企业就需要根据自身需求选择一种或多种方式发布网络广告。目前常见的网络广告发布方式有以下几种。

- **利用自有媒体发布**。企业可通过自有网站、App发布网络广告，自主性高，但这种广告发布方式对企业有一定要求，如具备资源优势、制定的营销策略恰当，否则广告很难大范围传播。

- **借助搜索引擎发布**。搜索引擎是目前重要的广告投放平台。营销人员根据企业的特点、产品的特色等，来确定相应的关键词，同时撰写相应的广告内容，在搜索引擎投放、发布广告。当用户搜索营销人员投放的关键词时，搜索引擎就会展示相应的广告。平台会按照点击次数收费。

- **借助社交媒体发布**。借助社交媒体发布网络广告是企业在其营销组合中使用的有效方式之一。用于网络广告发布的社交媒体有微博、微信、小红书等内容分享平台，网易新闻客户端、腾讯新闻客户端等新闻资讯类平台，抖音、快手等短视频类平台。企业可以通过社交媒体自有企业账号发布广告，也可以在开通社交媒体的广告功能后投放广告。社交媒体的广告多为信息流广告，如微信朋友圈广告、微信公众号文中广告和底部广告，如图3-20、图3-21和图3-22所示。

图3-20　微信朋友圈广告　　　图3-21　微信公众号文中广告　　　图3-22　微信公众号底部广告

- **借助电商平台发布**。随着电商平台与短视频、社交等领域的融合，个性化场景的精准推荐与多样化的广告形式显著提高了广告触达率，带动了电商广告市场持续增长。电商企业更加追求广告导流效果，对广告位的需求较大。

其他网络广告发布方式还有借助大型门户网站、借助专业网站等。大型门户网站，如国内的新浪、搜狐等具有访问量大、用户多等优点，企业在这些网站中发布网络广告能获得更多访问量。专业网站能提供某类专门的服务，专业网站的用户大多是相关领域的专业人士或爱好者，专业网站的用户群体比较固定，内容针对性强。如蜂鸟网，作为专业的中国影像互联网平台企业，在为广大摄影用户提供专业、丰富摄影资讯的同时，也为器材厂商和经销商提供有效的互联网营销解决方案，摄影类企业在蜂鸟网中发布专业产品广告的效果就比较好。

选择网络广告发布平台时应注意，该平台是否具备流量优势、用户是否与广告目标用户一致、广告计费是否合理，平台支持的广告形式及广告审核要求等。

3.3 网络广告效果评估

网络广告发布成功并不代表工作结束，营销人员之后需及时评估网络广告效果。网络广告效果是指网络广告发布后所取得的成效，包括广告对产品销量的影响、用户的评价等。一旦网络广告效果不佳，企业就需要调整广告策略，如更新广告内容、更换广告发布平台等，以保证网络广告的有效性。

课堂讨论

在你的记忆中，有没有印象比较深刻的广告？这个广告给企业带来了什么影响？

3.3.1　网络广告效果评估内容

网络广告效果评估涉及两方面的内容。一是评估不同发布平台的效果。虽然在发布广告之前营销人员会筛选投放平台，但是具体效果仍然需要用客观事实验证，从中找出最佳选择。二是评估相同平台不同广告位的效果。在同一个平台会有许多不同的广告位，不同广告位的效果也是不同的，因此营销人员需要评估不同广告位的效果，从中找出最佳选择。

3.3.2　网络广告效果评估指标

企业可以通过广告展示量、广告点击量、广告到达率、广告二跳率和广告转化率5个指标来评估网络广告效果。

1. 广告展示量

广告每显示一次，称为一次展示。广告展示量可以按照不同的时间周期来统计，如小时、天、周、月等。广告展示量可以反映广告所在媒体的访问热度。

2. 广告点击量

广告点击量指用户点击广告的次数。通过统计广告点击量，营销人员可以了解广告的投放效果。将广告点击量与产生点击的用户数（以网页Cookie统计为准）进行对比，可以知晓广告是否存在虚假点击。同时，广告点击量可以反映广告对用户的吸引力。

3. 广告到达率

广告到达率指用户通过点击广告进入被推广网站的比例。广告到达率可以反映广告点击量的质量和广告着陆页的加载效率。广告到达率的计算方法如下。

$$广告到达率=广告到达量÷广告点击量$$

其中，广告到达量是指用户通过点击广告进入推广网站的次数。

4. 广告二跳率

广告带来的用户在着陆页上产生的第一次有效点击称为二跳，二跳的次数即为二跳量。广告二跳率（2nd-Click Rate）指通过点击广告进入推广网站的用户，在网站上产生第一次有效点击的比例。广告二跳率可以反映广告带来的流量效果，也可以反映着陆页对广告用户的吸引力。广告二跳率的计算方法如下。

$$广告二跳率=广告二跳量÷广告到达量$$

5. 广告转化率

广告转化率（Conversion Rate）指通过点击广告进入推广网站的用户形成转化的比例，常用来反映广告的直接收益。判断用户产生转化的标志是用户到达一些特定的页面，如注册成功页、购买成功页和下载成功页等。广告转化率的计算方法如下。

$$广告转化率=广告转化量÷广告到达量$$

📈 本章实训——策划"拍立得"广告文案

【实训背景】

小陈在淘宝网上经营了一家网店，主营儿童类产品，现在网店做促销活动，主推一款时尚靓丽、操作便捷的拍立得相机，如图3-23所示（配套资源：素材\第3章\拍立得.png），该款拍立得相机原价699元，现价499元。为提高该款拍立得相机的销量，小陈决定在淘宝网上投放广告，并在自有媒体账号上发布广告。为此，小陈需要为这款拍立得相机策划一篇广告文案，文案参考如图3-24所示。

图3-23　产品图片

图3-24　文案参考

【实训要求】

本实训的具体要求如下。

（1）为这款拍立得相机确定广告目标用户。

（2）根据网店中购买这款拍立得相机的用户评论信息，分析用户的购买原因。

（3）形成文案创意，并撰写广告文案。

【实施过程】

根据实训要求，本实训的实施过程分为以下3个部分。

（1）确定广告目标用户。

下面分析这款拍立得相机的价格、外观、功能和价值等，以此来确定该产品的广告目标用户。

- 这款拍立得相机的性价比较高，499元的定价适合大众消费，且此次降价力度大，可能会吸引经济能力一般的用户入手。
- 这是一款外观时尚的拍立得相机，符合20～30岁追求时尚的年轻女性群体的口味。
- 20～30岁的年轻女性中，充满活力的大学生群体和经济独立、积极自信的职业女性是这款拍立得相机的主要消费群体，她们对新鲜的事物感兴趣，青睐高效率、操作便捷的产品，拍立得相机便捷的拍照功能正好符合她们的要求。

（2）分析用户的购买心理。

下面结合产品的功能特点和网店中购买这款产品的用户评价信息（见图3-25），来具体分析用户的购买心理。

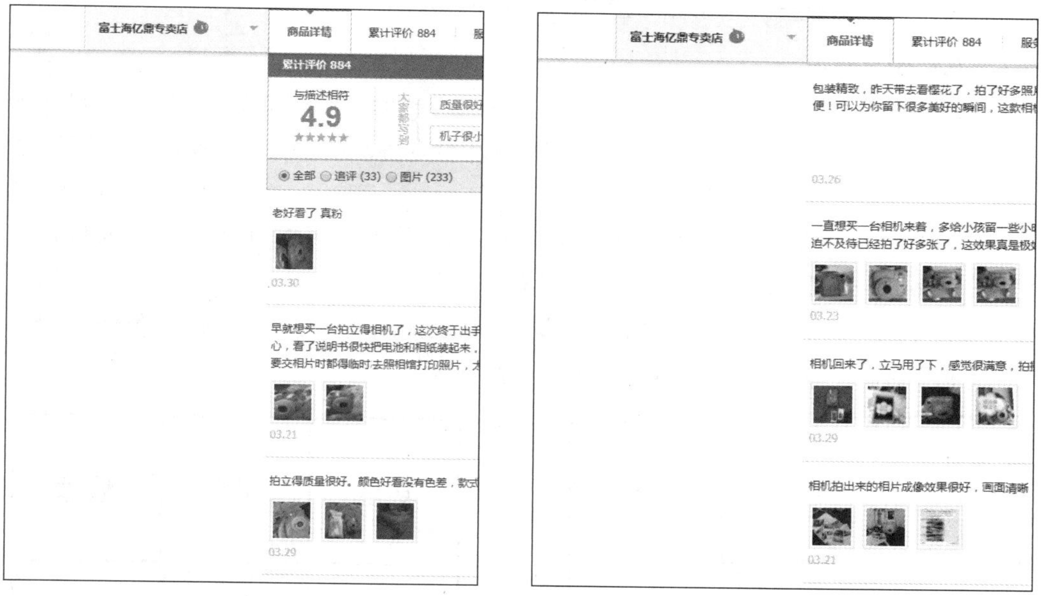

图3-25　用户评价信息

结合产品的功能特点和用户评价信息，可以得出用户购买该产品的原因有以下几种。

- **追求时尚：**该相机小巧玲珑、时尚靓丽，并且成像效果较好。
- **记录生活：**用于记录生活中的点滴，如记录小孩的成长过程、记录外出游玩时遇到的美丽风景。
- **分享喜悦：**记录生活中的美好时刻，随时随地分享喜悦。
- **居家装饰：**可以用拍摄的照片制作照片墙，或将照片贴在衣物间、冰箱上，为生活增添色彩。

（3）撰写文案。

结合广告目标用户和其购买原因，使用各种文案创意方法构思文案内容。例如，用拟人修辞手法撰写文案"被时尚唤醒的拍立得""精致生活'触'手可及"；用引发场景共鸣的方法撰写文案"颜值爆表 旅行必备"；用引发场景共鸣的方法和情感策略撰写文案"记录生活 分享喜悦""记录生活点滴 定格美好瞬间"等。

本实训的文案最终以广告标题和副标题的方式呈现。主标题为"颜值爆表 旅行必备"，副标题为"记录生活点滴 定格美好瞬间"。其中，主标题说明了该款拍立得相机外观靓丽、小巧的特点，可用于旅行。副标题用于提升产品价值，即记录生活中的美好瞬间，以打动用户。同时，在提供的参考文案模板中，通过原价（699元）和现价（499元）的对比体现出价格优势，以吸引用户购买产品。

拓展延伸

广告创意思维可以帮助营销人员快速、高效地写出广告文案。下面介绍3种经典的广告创意思维，运用这些思维能够迅速地构建写作文案的框架。

1. 九宫格思考法

九宫格思考法是一种利用九宫格矩阵图发散思考、产生创意的简单练习法。利用九宫格构思文案时，首先绘制一个正方形，然后将其分割成9个方格，并在中间方格填上产品名，然后可使用以下两种思路来扩充九宫格的内容。

- 在其他8个方格内依次填上所能想到的有助于产品销售的众多优点或特点（见图3-26），不用刻意思考这些优点之间有什么关系。
- 从不同的思考角度来扩展九宫格的内容，如围绕产品的功能、产品获得的荣誉、产品数量等方面的优势构思文案的要点，如图3-27所示。

优点	优点	优点
优点	产品	优点
优点	优点	优点

图3-26　任意填充产品优点

功能	荣誉	数量
价格	产品	技术
材料	外观	质量

图3-27　从不同角度构思要点

在填充九宫格时，尽量将周围8个方格填充完整，并使用简明的关键词描述产品优点。

图3-28所示为使用九宫格思考法提炼某净化器和某取暖器优点的示例。在填完九宫格后，首先要整理所填内容，分析每个优点的主次，并做出取舍，较好的方法是强化其中一个或几个优点，或根据不同场景合理使用这些优点。例如，如果文案用在海报上，产品优点最好不要超过3个，但如果文案用在广告片、详情页上，就需要尽可能地展示产品的更多优点。然后分析保留的优点，并与市场上同类产品的文案进行比较，创作出一篇有吸引力且与众不同的文案。另外，在运用九宫格思考法时，除了在中间方格填写产品名，还可以填写品牌名，或者将用户作为思维扩散的主题，在其他方格内以用户画像、用户需求等要点为扩展方向，构思文案的写作方向。

体积小	可定制	一键水洗
噪声小	某净化器	除螨加湿
技术先进	两套系统	自动智能

无异味	6秒加热	防磕碰
噪声小	某取暖器	防烫
低功耗	一倒断电	多功能

图3-28　使用九宫格思考法提炼某净化器和某取暖器优点的示例

2. 五步创意法

美国著名的广告人詹姆斯·韦伯·扬在谈论具体的创意步骤时，特别强调了广告创意的两项重要原则："创意是对原来很旧的要素做新的组合；创意能力的大小，关键在于对事物间的互相关系了解的能力。"基于这两项原则，詹姆斯·韦伯·扬提出了广告"五步创意法"，即用五个步骤完成广告创意。

（1）收集资料阶段

在收集资料阶段，营销人员主要收集原始资料。原始资料分为一般资料和特定资料：一般资料是指人们关于自然界和人类社会各学科方方面面的知识，主要是人们日常生活中见到的令人感兴趣的事物；特定资料是指与产品或服务有关的各种资料。文案创作所需的要素大多从这些资料中获得，因此要获得有效的、理想的创意，原始资料必须丰富。

（2）检查资料阶段

在检查资料阶段，营销人员需要思考和检查原始资料，对所收集的资料进行理解分析，寻找资料间的关系，找出创意的主要诉求点。

（3）酝酿孵化阶段

酝酿孵化阶段是相对轻松的一个阶段，这个阶段主要靠个人的悟性以及完备的前期工作推进。一般情况下，营销人员不需要刻意努力，放松思维，顺其自然，去听音乐、看戏、看电影、阅读等能够刺激自己的想象力及情绪的事。当创意遭遇瓶颈时，营销人员往往会在这些无关的闲散事件中找到灵感。正如詹姆斯·韦伯·扬所言："在这个阶段，有件事情你可以去做。一旦你把这件事情做好了，它可以帮助你让问题退出你有意识的思维，并且推动无意识的、创造的过程……当你到达创意过程的第三个阶段时，你要把碰到的难题暂时彻底放手不管，并且去做一些可以激发你的想象力，能够让你情绪高涨的事情"。

（4）产生创意阶段

如果上述三个步骤营销人员都认真踏实、尽心尽力地做了，那么，第四步会自然而然地完成。创意通常都是不知不觉产生的，当无意识思维主宰身心之时，创意往往会到来。

（5）修正创意阶段

前面四个阶段产生的创意还只存于脑中，属于一种理论上的东西。要想创意符合具体条件或实际要求，使新的构想更加成熟、完善，通常还需要加工、改造和雕琢。

3. 头脑风暴法

头脑风暴法是最常用、最直接的创意生成方法之一。头脑风暴法是现代创造学奠基人亚历克斯·奥斯本提出的一种创造能力的集体训练法，鼓励人们打破常规思维，无拘束地思考问题，从而在短时间内批量产生灵感。在不受任何限制的情况下，集体讨论问题能激发人的想象、热情及竞争意识，从而最大限度地发挥创造性的思维能力，去思考、讨论广告创意。

头脑风暴法的实施方式通常是举行一个研讨性小型会议，与会者可以畅所欲言，相互启发，产生众多创意想法。头脑风暴法的实施要点如表3-1所示。

表3-1　头脑风暴法的实施要点

构成要点	要点说明
会前准备	会议要有明确的主题；提前告知与会者会议主题，让与会者有一定准备，使与会者清楚会议提倡的原则和方法；选择合适的主持人，主持人要负责引导会议并确保与会者遵循基本规则
参会人数	最佳人数为6~10人，最多不超过15人
会议时长	一般控制在1小时左右
人员配置	可设一名主持人，主持会议但对设想不做任何评论；设1~2名记录员，完整记录所有与会者的想法，并对这些想法进行归类；其他与会者最好来自不同专业或不同岗位
会议要求	不要在思考的过程中评价想法，一定要在完成头脑风暴后再进行评价；尽可能地说出想到的任何意见，不要害怕自己的意见不被采纳；想法越多越好，主要着重于想法的数量，而不是质量；提倡自由发言，鼓励巧妙地利用和改善他人的想法

📖 课后练习 ●●●●●

某企业主推的一款电动牙刷近期销售额下跌，第一季度的销售额是150万元，第二季度的销售额跌至90万元。该企业决定通过投放网络广告促进该款产品的销售，期望第三季度该款产品的销售额增长至160万元。下面请为该企业进行网络广告策划。

该款产品的基本资料如下。

- **产品名称：** ××全自动电动牙刷。
- **核心卖点：** 每分钟震动36 000次，深层清洁口腔死角和牙斑；采用灵敏小圆头设计刷头，呵护牙龈；长久续航，充一次电可使用3个月，一年仅需充电4次；采用全新降噪技术，刷牙时无噪声；全身防水，可随意冲洗。

（1）根据电动牙刷的适用人群和核心卖点确定网络广告的目标用户。

目标用户：＿＿＿＿＿＿＿＿＿＿＿＿＿＿＿＿＿＿＿＿＿＿＿＿＿＿＿＿＿＿＿

＿＿＿＿＿＿＿＿＿＿＿＿＿＿＿＿＿＿＿＿＿＿＿＿＿＿＿＿＿＿＿＿＿＿＿＿

（2）根据该企业第三季度的营销目标，你认为该企业可采用哪些方法确定广告预算？

确定广告预算采用的方法：＿＿＿＿＿＿＿＿＿＿＿＿＿＿＿＿＿＿＿＿＿＿

＿＿＿＿＿＿＿＿＿＿＿＿＿＿＿＿＿＿＿＿＿＿＿＿＿＿＿＿＿＿＿＿＿＿＿＿

＿＿＿＿＿＿＿＿＿＿＿＿＿＿＿＿＿＿＿＿＿＿＿＿＿＿＿＿＿＿＿＿＿＿＿＿

＿＿＿＿＿＿＿＿＿＿＿＿＿＿＿＿＿＿＿＿＿＿＿＿＿＿＿＿＿＿＿＿＿＿＿＿

（3）根据该款产品的核心卖点形成文案创意，并撰写广告文案。

广告文案：＿＿＿＿＿＿＿＿＿＿＿＿＿＿＿＿＿＿＿＿＿＿＿＿＿＿＿＿＿＿

＿＿＿＿＿＿＿＿＿＿＿＿＿＿＿＿＿＿＿＿＿＿＿＿＿＿＿＿＿＿＿＿＿＿＿＿

＿＿＿＿＿＿＿＿＿＿＿＿＿＿＿＿＿＿＿＿＿＿＿＿＿＿＿＿＿＿＿＿＿＿＿＿

＿＿＿＿＿＿＿＿＿＿＿＿＿＿＿＿＿＿＿＿＿＿＿＿＿＿＿＿＿＿＿＿＿＿＿＿

＿＿＿＿＿＿＿＿＿＿＿＿＿＿＿＿＿＿＿＿＿＿＿＿＿＿＿＿＿＿＿＿＿＿＿＿

（4）根据该款产品的目标用户，选择网络广告的发布方式。

网络广告发布方式：＿＿＿＿＿＿＿＿＿＿＿＿＿＿＿＿＿＿＿＿＿＿＿＿＿

＿＿＿＿＿＿＿＿＿＿＿＿＿＿＿＿＿＿＿＿＿＿＿＿＿＿＿＿＿＿＿＿＿＿＿＿

＿＿＿＿＿＿＿＿＿＿＿＿＿＿＿＿＿＿＿＿＿＿＿＿＿＿＿＿＿＿＿＿＿＿＿＿

＿＿＿＿＿＿＿＿＿＿＿＿＿＿＿＿＿＿＿＿＿＿＿＿＿＿＿＿＿＿＿＿＿＿＿＿

第4章

微博营销

微博是一个分享实时信息的社交平台。网络上的很多新消息、新热点事件几乎都是通过微博传播的。微博凭借广泛的传播力和影响力成为重要的社交工具与开展网络营销的重要平台。

学习目标

- 了解微博营销的特点。
- 掌握微博营销方式。
- 掌握微博营销技巧。

素养目标

- 不借助侮辱性、歧视性的话题，不用敏感事件、极端事件、恶性事件等恶意炒作。
- 坚持原创，慎重转发微博。

案例导入

伊利"喊大象回家吃饭"营销事件深化品牌价值

2020年3月，一群亚洲象离开原栖息地云南西双版纳国家级自然保护区向北迁移，一时间成为公众关注的焦点。在有关部门"科学指导，专业操作""综合施策，全面保护""发动群众，全民护象"等举措指引下，2021年8月8日，北移的亚洲象全部安全南返，结束了17个月的漫漫旅程。在此期间，"亚洲象北移"的热度一直居高不下。据不完全统计，超过1 500家国内媒体对云南"亚洲象北移"进行了报道，一些企业也借此事件开展营销，伊利就是其中一家企业。

2021年8月12日，在"世界大象日"这一节点，伊利以"与中国绿化基金会联合开展亚洲象栖息地修复"的新闻事实，借助大象"离家出走"的热点事件，从用户易理解、易共情的角度切入，策划了"喊大象回家吃饭""我的地球，我来守护"微博双话题，如图4-1所示。同时，伊利与官方媒体、知名微博博主展开合作，通过不同类型的"喊大象回家吃饭"文案，扩大事件影响范围，最终双话题阅读量均破亿人次。

微博作为伊利主要的营销平台，在扩大营销活动覆盖范围、增强营销活动影响力等方面起到了非常重要的作用。

图4-1　伊利微博双话题

【思考】

（1）伊利的微博营销活动为什么能够获得成功？

（2）借助公益活动开展营销，对企业有何积极意义？

4.1 微博营销概述

简单地讲，微博营销是指企业、个人等，利用微博平台为自身创造价值的一种营销方式。微博营销以微博作为营销平台，是基于粉丝进行的营销。对于营销人员而言，微博上的每一个活跃粉丝都是潜在营销对象。如果博主（包括企业和个人微博用户）拥有数量庞大的粉丝，那么发布的信息可以在短时间内传达给更多其他用户，甚至取得病毒式传播的效果。

课堂讨论

你喜欢浏览微博吗？你参与过企业在微博上开展的营销活动（如抽奖活动）吗？

4.1.1　微博的类型

微博的类型众多，其中适合营销的主要有个人微博和企业微博。

1. 个人微博

个人微博是数量最多的微博类型，包括艺人、行业名人、普通用户等。个人微博不仅是个人用户日常表达自己想法的场所，还是个人或团队营销的主要阵地。一般来说，个人微博营销基于个人的知名度，通过发布有价值的信息来吸引关注，扩大个人的影响力，从而达到营销效果。其中，部分企业高管的个人微博通常还会配合企业或团队微博形成影响链条，以扩大企业的影响力。

2. 企业微博

企业微博是企业的官方微博，很多企业都创建了自己的官方微博，通过积累产品或品牌的粉丝进行宣传推广。企业微博一般以营利为目的，企业的微博营销人员会通过微博来增加企业的知名度，进而促进产品销售。受微博信息发布机制所限，企业不能仅仅依靠微博向用户传递推广信息，还需要使用其他营销方式，结合微博的特点，吸引和维护粉丝，从而达到宣传企业、提升品牌影响力的目的。

4.1.2　微博营销的特点

微博的信息传播是一种自发的带有扩张性的传播，具有"一传十，十传百"的特点，是一种类似于网状结构的扩散，一点对多点的多向信息交流。在微博上制造出能引发用户围观的信息后，用户会随即展开转发、评论等一系列行动，以至于每个用户都可以成为传播者。这也让微博营销具有以下特点。

- **信息传播迅速**。微博具有信息传播迅速的特点。特别是一些高热度话题，一经微博平台发布，便会通过转发等方式迅速扩散。
- **影响范围广**。微博影响范围非常广泛。如果名人参与传播，那么其传播速度将成倍加快、影响范围将成倍扩大。

• **双向沟通与互动**。微博发布后，粉丝可通过留言、私信等方式与企业互动，企业可以与粉丝及时沟通，并获得反馈信息，实现双向沟通与互动。

4.1.3　微博营销的品牌传播价值

微博营销注重价值传递、内容互动、系统布局和准确定位，是基于粉丝进行的营销。因为其具有信息传播迅速、影响范围广的特点，所以粉丝分享、转发能够快速实现裂变式的传播效果，使品牌影响力遍及各个用户群体，品牌被更多人了解和关注。

微博信息的裂变式传播虽然为营销提供了很大的空间，但同时也容易造成负面信息的大范围传播。需要进行危机公关时，企业可以利用这把"双刃剑"做好危机公关，正确处理用户的负面评价。危机公关处理得当，甚至可以将危机变成商机。例如，海底捞的危机公关就做得比较好，当网友质疑海底捞卫生质量的时候，海底捞在事发后3小时内便及时发布了致歉信，积极承担责任并快速公布整改措施，赢得了大量网友的好评。

4.2 微博营销方式

根据微博营销的特点，企业或个人在策划微博营销活动时，可以通过活动营销、借势营销、话题营销和粉丝营销这4种方式实施。有时，这4种营销方式并不会孤立存在，而会相互配合，以增强营销效果。

课堂讨论

很多企业在微博营销新产品时，都喜欢用一定的奖励引导用户参与，这是为什么？

4.2.1　活动营销

活动营销是一种整合资源的营销方式，是指企业利用网络平台，通过介入社会活动或整合有效的资源策划营销活动，迅速提升企业知名度和影响力的营销方式。活动营销是一种常见的微博营销方式，不仅能提升品牌的影响力和用户的忠诚度，还能吸引媒体的关注。

1. 活动营销的形式

微博活动营销的类型多样，比如有奖转发、有奖征集、有奖竞猜等。

（1）有奖转发

有奖转发是微博营销中常见的活动营销方式。营销人员发起有奖转发活动，并指定参与形式，如"点赞/转发/评论+关注""转发/评论+关注+@ 好友"等，用户完成相关任务后就可参与活动，有机会获得奖品。有奖转发不仅可以有效增加粉丝，还可以扩散传播信息，使信息覆盖更多用户，从而扩大活动影响力。如果是多方联合发起的有奖转发活动，还可将抽奖条件设置为关注多个账号。

　　手机端或PC端微博均可发布有奖转发活动。下面在微博App中针对已发布的微博发起有奖转发活动，其具体操作如下。

步骤01 ▶打开微博App，点击"我"图标，在打开的界面中点击"创作中心"图标 ⚡，如图4-2所示。

步骤02 ▶打开"创作者中心"界面，在"互动工具"栏中点击"抽奖平台"图标 🎁，如图4-3所示。

步骤03 ▶打开"微博抽奖平台"界面，点击 创建转发抽奖 按钮，如图4-4所示。

有奖转发

图4-2　点击"创作中心"
图标

图4-3　点击"抽奖平台"
图标

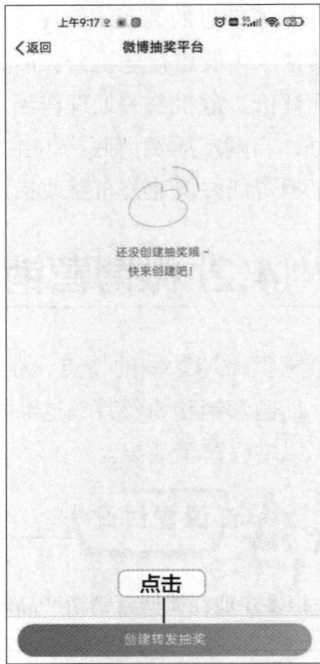

图4-4　点击"创建转发抽奖"
按钮

步骤04 ▶打开"抽奖设置"界面，点击 + 选择微博 按钮，如图4-5所示。

步骤05 ▶打开"选择微博"界面，在所选微博下方点击 选择微博 按钮，如图4-6所示。

步骤06 ▶选择微博后，返回"抽奖设置"界面，点击 + 添加奖品 按钮，如图4-7所示。

步骤07 ▶打开"奖品设置"界面，在"奖品类型"栏中选中"现金"单选项，然后依次设置玩法、单个奖品金额和中奖人数，完成设置后点击 确定 按钮，如图4-8所示。

步骤08 ▶返回"抽奖设置"界面，在"基本参与条件"栏中点击"参与方式"栏中的"转发微博"按钮，在"关注我"栏中点击"开启"按钮，然后设置定时抽奖时间，其他保持默认设置，点击 发起抽奖 按钮，如图4-9所示。

步骤09 ▶在弹出的"抽奖详情"面板中确认抽奖信息后，点击 发起抽奖 按钮，如图4-10所示，在打开的界面中支付奖品金额后即可发起抽奖。

图4-5　点击"选择微博"按钮

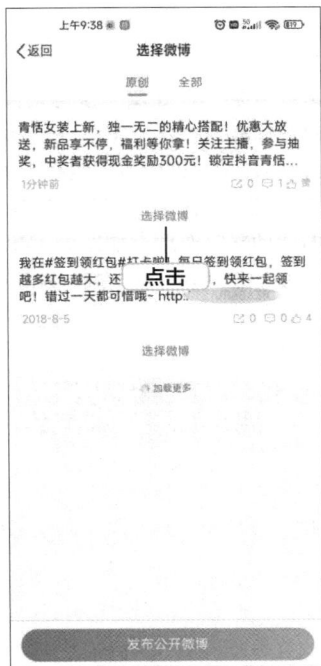

图4-6　选择微博

图4-7　点击"添加奖品"按钮

图4-8　奖品设置

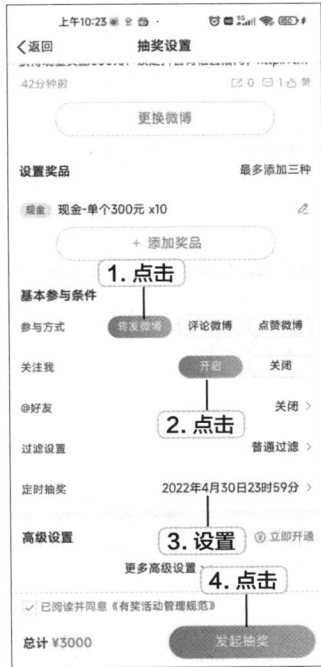

图4-9　抽奖设置

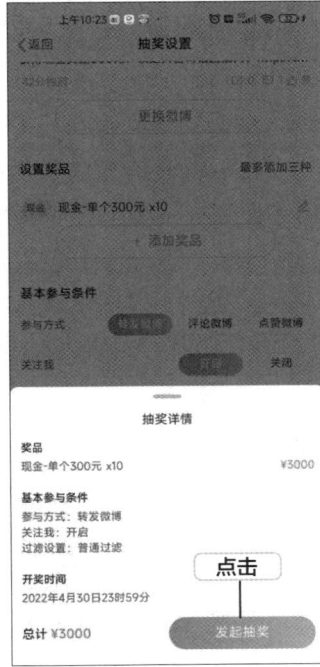

图4-10　发起抽奖

专家指导

在"抽奖设置"界面中，如果要开启"@好友"参与条件，则需要开通微博"超级粉丝服务包"功能，截至2022年6月的收费标准为每年5 000元。开通该功能后，在"抽奖设置"界面中还可进行高级设置，如通过设置转发关键词的方式发起有奖竞猜和有奖征集活动等。另外，在撰写、发布微博时也可发起有奖转发活动。方法是：在撰写微博内容后，点击⊕按钮，如图4-11所示；在弹出的面板中点击"抽奖"选项，如图4-12所示；打开"创建抽奖"界面，如图4-13所示，设置奖品、抽奖条件后点击"下一步"按钮发起抽奖。

图4-11　点击⊕按钮 　　　图4-12　点击"抽奖"选项 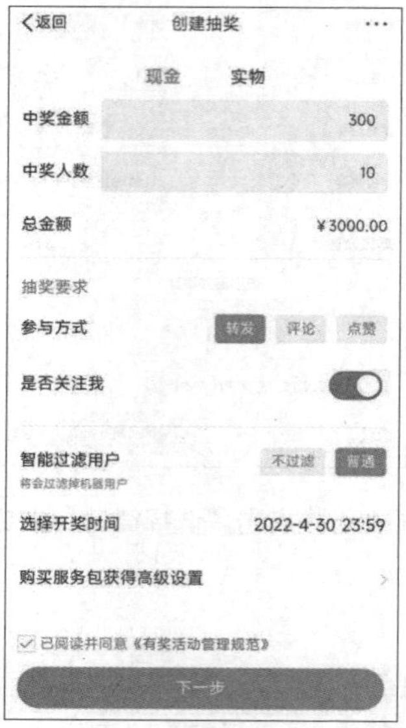　　　图4-13　"创建抽奖"界面

在PC端发起有奖转发活动的方法是：登录微博，进入个人主页，在左侧导航栏中单击"创作者中心"选项卡，如图4-14所示；打开"微博管理中心"页面，在左侧导航栏中选择"运营助手-抽奖中心"选项，在打开的页面上方单击"开始抽奖"选项卡，在需要发起活动的微博右侧单击"抽奖"按钮，如图4-15所示。此时，将打开"抽奖设置"页面，可对奖品和参与条件进行设置，设置方法与手机端相同。

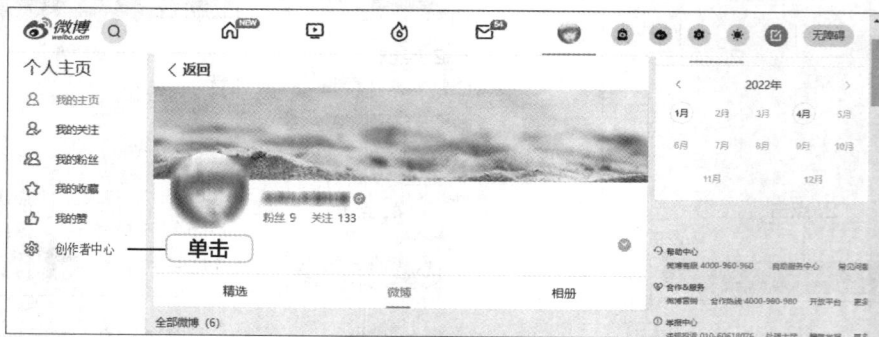

图4-14　单击"创作者中心"选项卡

图4-15　创建抽奖

（2）有奖征集

有奖征集是指发布微博信息，征集创意点子、广告文案、祝福语、买家秀图片等，用户根据征集要求参与活动，就有机会获得奖品。有奖征集有助于拉近企业与用户之间的关系，激发用户的参与积极性和主动传播性。有奖征集活动常与事件营销、话题营销相结合，以扩大活动影响力。例如，思念食品借势母亲节，发起"给妈妈的悄悄画"有奖征集活动，如图4-16所示，邀请妈妈们分享孩子给自己做的小礼物，如果作品被思念食品官方微博点赞或展示，那么妈妈们将获得"思念美食盲盒"一份。又如2021年春节期间爱奇艺发起的"就地年夜饭大赏"有奖征集活动，如图4-17所示，该活动两天内参赛人数超过3 000人，大家纷纷晒出自己的"不将就年夜饭"图片或视频。

图4-16　思念食品的有奖征集活动

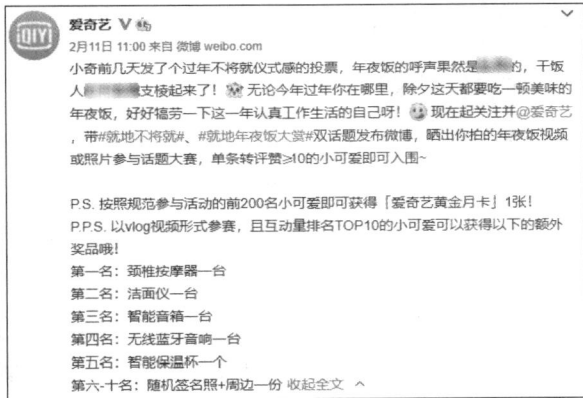

图4-17　爱奇艺的有奖征集活动

（3）有奖竞猜

有奖竞猜是指发布竞猜信息，提供谜面，由用户来猜谜底，竞猜内容包括猜文字、猜图片、猜谜语、猜价格等，竞猜成功的用户就有机会获得奖品。有奖竞猜常用于产品或品牌推广，以加强企业与用户之间的联系。一般来说，竞猜活动的趣味性越强，用户参与的积极性越高。

图4-18所示为一汽大众联合揽境品牌代言人，为新品上市宣传造势而发起的揽境上市台词竞猜活动。图4-19所示为朗声图书为推广某插画集发起的看图猜谜底有奖竞猜活动。

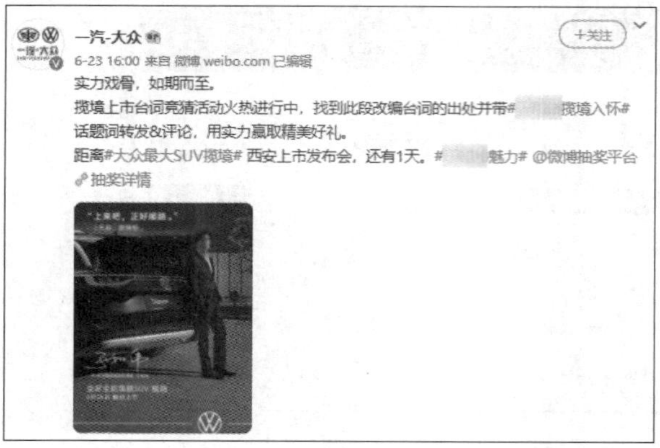

图4-18　一汽大众发起的有奖竞猜活动

图4-19　朗声图书发起的有奖竞猜活动

🎓 **专家指导**

除了有奖转发、有奖征集、有奖竞猜这3种十分常见的活动形式外，微博活动营销形式还有新品试用活动（见图4-20）、产品预约活动（见图4-21）、投票活动、调查活动等。

图4-20　新品试用活动

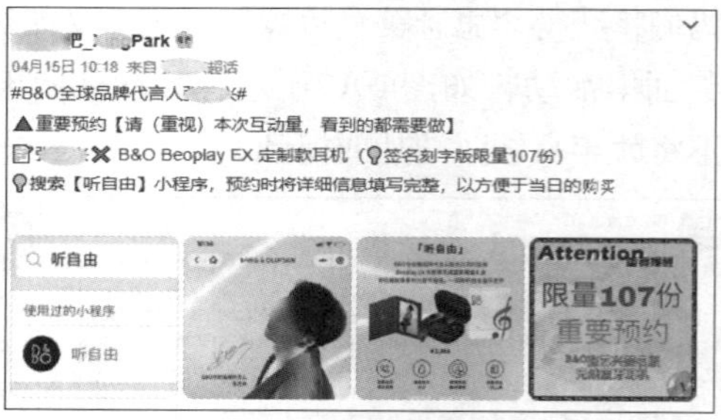

图4-21　产品预约活动

2．活动营销的要点

活动营销是围绕活动展开的营销方式，以活动为载体。打造有影响力的活动是营销成功的关键。不同于其他营销方式，活动营销所追求的更多是短期内的营销效果。因此，营销人员要想通过短期的微博活动营销获得更广泛和更有影响力的营销效果，需要把握好活动营销的要点，具体可从以下几个方面入手。

- **取好活动名字**。开展微博活动营销时，为活动取一个好的名字既可以很好地传递活动主题，又可以使活动具有吸引力，引起用户的注意。如爱奇艺发起的"#就地年夜饭大赏#"有奖征集活动、小米手机联合全国近200所高校共同发起的"#我的闪光宣言#"征集活动。

- **活动预热**。活动预热是活动营销前期宣传阶段的主要工作。在这个阶段，营销人员可以释放一些有关活动的消息，如奖品设置、活动参与流程、邀请的重磅嘉宾等，以扩大活动声势。

- **激发用户参与热情**。在微博活动营销中，激发用户参与热情十分关键。因此，活动要有意义，活动奖品也要有足够的吸引力。
- **拓展传播渠道**。拓展传播渠道的目的是让更多用户参与活动，以便形成病毒式营销效应。营销人员可以从两方面入手拓展传播渠道。一是拓展内部传播渠道，活动初期可以要求企业内部员工参加活动，并且让员工邀请自己的亲朋好友参加。二是拓展外部传播渠道，企业可以与知名微博博主合作，知名微博博主本身就具有较大的流量，与其合作可以扩大活动的覆盖人群规模和影响范围。
- **沉淀优质粉丝**。为了更好地实现推广品牌、促进销售的营销目的，营销人员在策划活动时就要考虑沉淀优质粉丝的问题，如适当提高参与活动的门槛，如增加@好友的人数。
- **关注后续传播情况**。活动营销的时效性强，营销人员应考虑关联新的话题，促进营销信息多次传播，进一步提高产品或品牌的曝光率。

4.2.2 借势营销

借势营销是微博营销中非常重要的一个方法，即将营销目的隐藏在借助的"势"中，潜移默化地引导用户消费，以提高企业或品牌的知名度、美誉度，树立良好的品牌形象，并最终促成产品或服务销售。

一些被广大用户主动关注的事件，自带热度和传播性，是企业进行借势营销的素材。借势营销中常用的事件有文化节庆活动、时事新闻、社会热点事件、体育事件等。

借势营销是一种"顺势搭车"的营销方式，且时效性很强。在借势营销里，要想借事件的"势"达到引起用户共鸣的成效，营销人员要把握好借势时机，找准营销内容与事件的关联点（即借势点），快速关联品牌和产品，让借助的"势"与产品或品牌所倡导的价值导向和品牌文化相融合，这样才能得到用户的认可，引发用户的自主传播行为，为营销信息的广泛传播提供基础。图4-22所示为星巴克中国借势春节发布的微博，星巴克把咖啡杯与传统的春联元素结合在一起，与网友互动，让人眼前一亮。

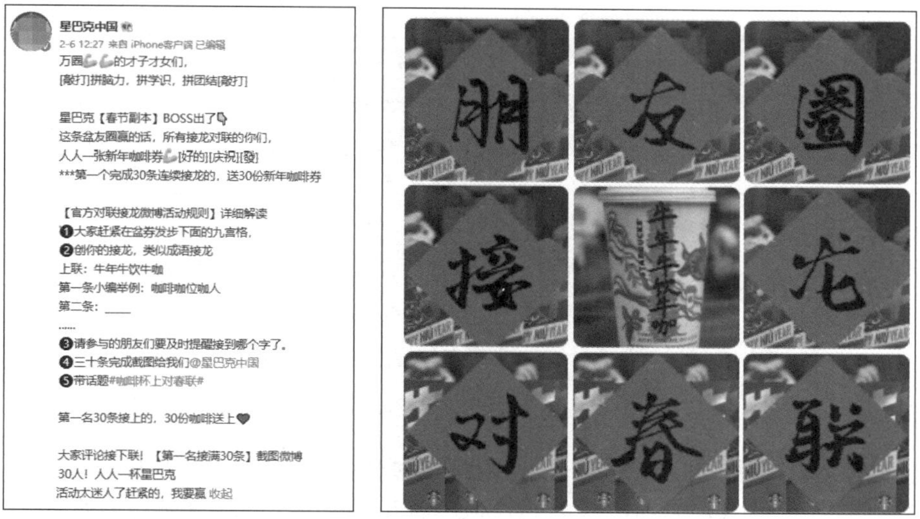

图4-22 星巴克中国借势春节发布的微博

4.2.3　话题营销

微博是天然的舆论场，聚合了大家关注的热点话题。话题营销也是微博营销的一种常用方法。企业可以发布新的话题，也可以转发其他用户已发布的话题进行话题营销。微博中的热门话题通常具有庞大的阅读量与讨论量，适合用来开展营销。在微博话题榜中可以查看当前的热门话题，如图4-23所示。

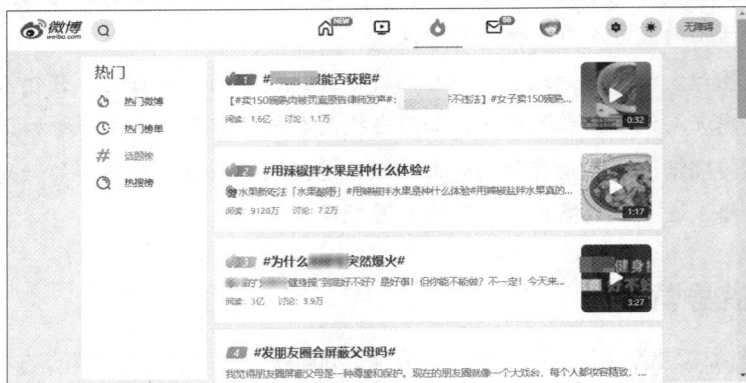

图4-23　微博话题榜

开展话题营销的方法是：单击话题名称并查看话题具体内容，结合企业的产品或服务，写一段与话题相关性较高的内容并附带上该话题。这样可以使关注该话题的用户群体参与讨论，从而扩大营销信息的传播范围。如果互动效果较好，转发、评论与点赞数量较多，那么该话题还会被话题主持人推荐，始终展示在话题首页，从而增加自身微博账号的曝光度和营销内容的热度。

借助热门话题营销的关键是选择有趣的话题，一个有趣的话题可以使营销事半功倍。除了微博话题榜中的内容，实时热点、热门微博、微博热搜榜中的内容也可以作为话题营销的切入点。图4-24所示为小米手机发布的话题营销微博，该微博利用了当时的热门话题"微信新表情的正确打开方式"，并巧妙地结合了小米手机的特色功能，趣味性十足，引发了用户的热烈讨论。

图4-24　小米手机发布的话题营销微博

如果没有比较合适的热门话题，企业还可以围绕主推关键词、营销活动或品牌来创建话题。创建话题后，企业还要发动用户转发、评论话题内容，增加话题热度。另外，企业也可以联合一些知名微博博主或名人转发所发布的话题内容，以迅速增加话题热度。

开展微博营销时，营销人员不能发起、传播具有侮辱性、歧视性的话题，也不能借敏感事件、极端事件、恶性事件等恶意炒作，以免扰乱社会公共秩序。

4.2.4　粉丝营销

所谓粉丝营销，是指企业利用产品或服务拉拢庞大的用户群体让其成为粉丝，利用粉丝之间相互传递信息的方式，达到营销目的的一种常用的营销方法。粉丝营销的效果很大程度上取决于粉丝的质量，如果粉丝对企业微博的认同度高，积极参与互动转发，就有利于营销信息的传播。营销人员应通过评论、转发、私信或提醒等方式与粉丝保持良好的互动，加强与粉丝的联系，提高粉丝的忠诚度，这样才能扩大微博营销的影响力。同时，营销人员也可以将部分活跃粉丝的故事、意见等作为微博内容进行发布，以引起其他粉丝的共鸣，增强粉丝的归属感和参与感。

例如，小米就是一家擅长粉丝营销的企业。一方面，小米通过举办"米粉节"（见图4-25）调动粉丝的参与积极性，凝聚粉丝；另一方面，小米经常在官方微博中发布与粉丝相关的内容。图4-26所示为小米为回馈粉丝发起的抽奖活动，图4-27所示为小米分享的粉丝故事。

图4-25　小米"米粉节"

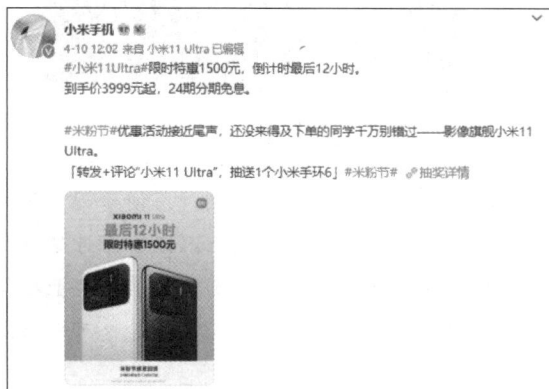

图4-26　小米为回馈粉丝发起的抽奖活动

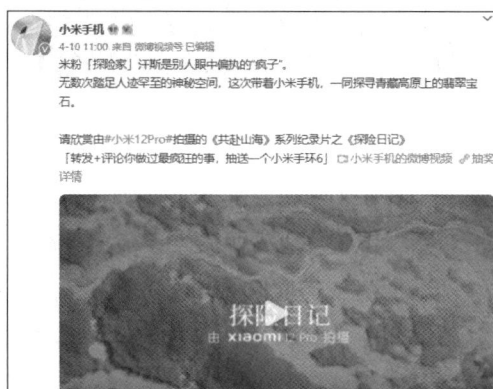

图4-27　小米分享的粉丝故事

4.3 微博营销技巧

微博作为重要的营销平台，营销人员需要进行常态化运营，保证微博账号的活跃度和曝光度，并掌握一定的营销技巧，推动微博营销的开展。

课堂讨论

你有关注的微博账号吗？该账号由哪些信息组成？

4.3.1 微博账号设置

对于社交平台账号而言，个性化的账号设置既能清晰展现账号定位，又能给用户留下良好的第一印象，吸引用户关注。

1．账号信息内容

账号信息涉及昵称、头像、封面、认证信息等内容。用户浏览微博内容时只能看到账号昵称和头像，昵称和头像是用户对博主的直观印象。进入博主账号主页则默认显示账号昵称、头像、封面和认证信息。图4-28和图4-29所示分别为个人微博账号主页、企业微博账号主页，展开博主的账号内容，还会显示其他信息。

图4-28　个人微博账号主页　　　　　图4-29　企业微博账号主页

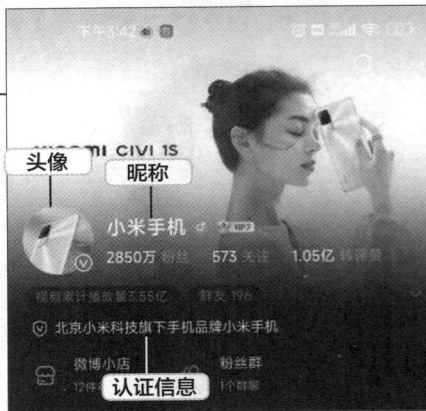

- **昵称**。个人微博账号昵称应简洁、有个性、拼写方便并与账号定位相符，便于用户记忆和搜索。如幽默类个人微博账号的昵称"全球幽默趣事"，历史类个人微博账号的昵称"煮酒君""历史课课代表"等。个人微博账号昵称也可以为个人真实姓名。企业微博账号的昵称通常与企业名称保持一致，根据微博性质、特色、功能和服务等也可以添加一些修饰，如"海尔好空气"等。

- **头像**。对个人微博来说，微博头像可以设置得比较随意，可以是清晰的真人照片，也可以是个性化的卡通头像、特殊标志等；对企业微博来说，宜选择能够代表企业形象的头像，如企业Logo、企业拟人形象、企业特色产品等。

- **封面**。封面在微博账号主页中的位置非常醒目，可用于彰显账号特色。例如，幽默类个人微博账号可以选择富有趣味的图片，科技类个人微博账号可以选择炫彩夺目的科技产品图片，摄影类个人微博账号可以选择展示风光、拍摄技巧的图片；企业微博账号的封面图片可以选择企业标志性建筑物、企业拟人形象、企业特色产品及其他创意图片等。

- **认证信息**。微博平台提供了微博认证功能，对账号资质、专业、能力等方面进行认证。微博认证分为个人申请认证和机构认证，如图4-30所示。通过认证的微博账号名称后会有一个"V"标志。微博认证不仅可以提高微博账号的知名度，还可以使微博账号容易赢得微博用户的信任，从而获得粉丝。

图4-30　微博认证

🎓 **专家指导**

> 其他账号信息内容还包括账号简介及个人/企业基本资料等。个人微博账号简介用于介绍账号定位、个人的特长和能力等。企业微博账号简介用于介绍企业的行业定位。个人基本资料用于展示个人的基本信息，如个人性别、出生日期及所在地。企业基本资料用于展示企业的基本信息，如企业的电话号码、所在地等。账号信息越真实、完整，越容易获得用户对账号的信任。

2. 账号信息设置

微博账号的信息设置很简单，可通过PC端或手机端进行操作。

（1）在PC端设置账号信息

在PC端设置账号信息的方法是：登录微博，单击页面上方的"设置"按钮 ⚙，在打开的列表中选择"账号设置"选项，如图4-31所示；在打开页面的"设置"导航栏中单击"编辑资料"选项卡，打开"账号信息设置"页面，如图4-32所示，然后设置头像、昵称、简介等。

图4-31　选择"账号设置"选项

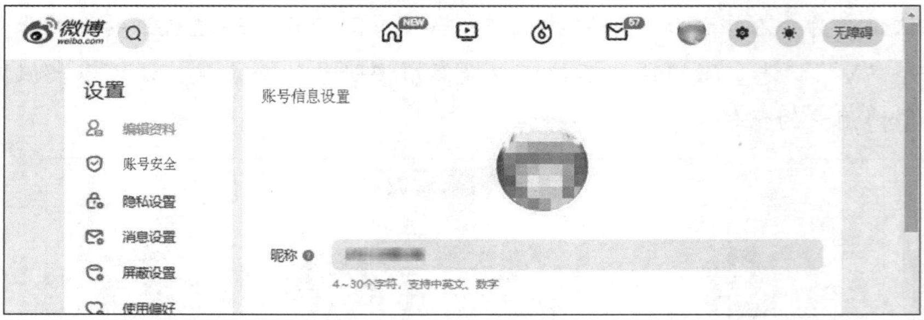

图4-32　"账号信息设置"页面

（2）在手机端设置账号信息

在手机端设置账号信息的方法是：登录微博App后，点击"我"图标，在打开的界面中点击上方的头像图标，如图4-33所示；进入个人账号中心，点击封面图，在打开的界面中可设置封面；点击"查看和编辑基本资料"超链接，如图4-34所示；打开"编辑资料"界面，如图4-35所示，点击相应选项可设置相应的信息。

图4-33　点击头像图标

图4-34　点击"查看和编辑基本资料"超链接

图4-35　打开"编辑资料"界面

4.3.2 微博内容设计

要实现常态化的微博营销运营，营销人员除了通过活动营销、借势营销、话题营销、粉丝营销等策划营销活动，还需要稳定更新微博内容。在微博平台上，文字、图片、视频等都是主要的内容表现形式。微博营销内容以短微博为主，短微博是指可以直接在微博PC端首页文本框中发布的内容，字数一般在140个字以内。短微博对内容和形式的要求不严，但要使微博信息得到更多关注和传播，需要有针对性地设计。从原则上来说，有价值的、有创意的、发人深省的、趣味性的、娱乐性的内容更受用户的欢迎，也更容易获得评论和转发。图4-36所示为两条短微博，左侧短微博具有趣味性，容易引起用户的讨论与互动；右侧短微博配有励志文案，容易引起用户的情感共鸣。

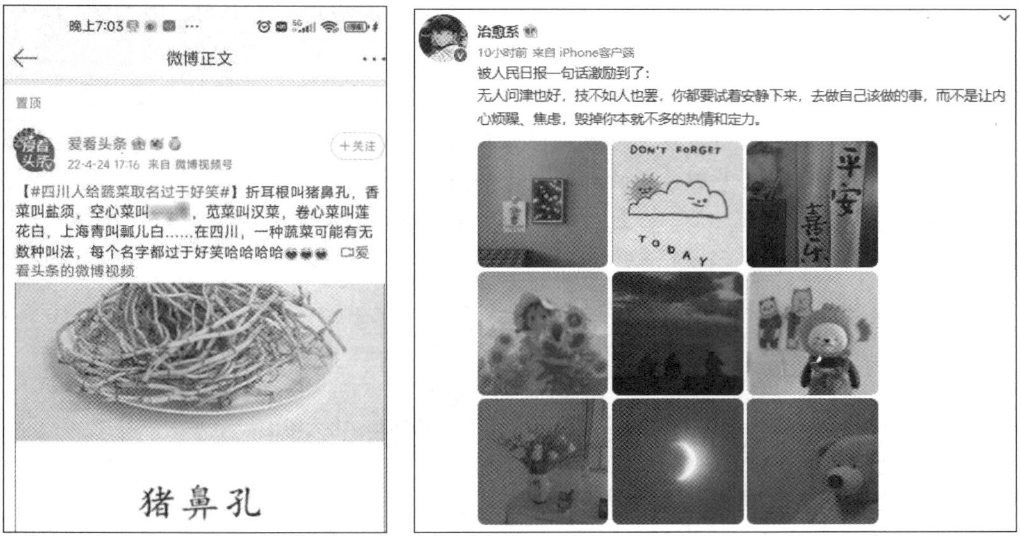

图4-36 两条短微博

为了增强短微博的阅读感，还可以为微博文字内容搭配合适的图片或视频。微博平台允许上传多张图片。一般来说，营销人员搭配单张图片，或3张、6张、9张图片为佳，这样可以使图片排列整齐划一，使文字与图片的搭配更美观。很多时候，图片才是微博的主体，图片的表现力更强，如有的图片只包含关键文案，句子精练，能够快速将该条微博的中心思想传递给用户，带给用户良好的视觉体验。一条微博只能上传一个视频，视频可以立体化地展示信息，带给用户更多视听享受，但为了提升用户观看体验，内容时长最好控制在1分钟以内。

🎓 专家指导

微博是一个分享与传播信息的平台，如果长时间不发表内容，或一直转发、复制他人的内容，缺少原创性，不仅不能吸引新的粉丝，还会造成粉丝流失。因此，营销人员既要保证微博的更新频率，又要保证转发内容和原创内容比例恰当。一般来说，营销人员每天发布微博的数量可以控制在5～13条，且微博发布的时间不能间隔太短，否则容易造成"刷屏"现象。同时，营销人员应以原创内容为主，以转发内容为辅，如原创内容占80%，转发内容占20%。

职业素养

转发微博虽然是日常运营中保持账号稳定输出内容的一种手段，可以保证账号的活跃度和曝光度。但在转发微博时，必须慎重选择信息，尽量选择无争议、已证实的信息，不能转发宣传对立情绪、色情或反动等类型的信息。

4.3.3　使用微博三要素

微博主要通过转发、评论和点赞等互动行为来进行信息传播，在写作微博内容的过程中，除了适当地添加话题，还可以添加@和链接这两个元素，以增加微博内容被用户查看的概率，扩大微博内容的传播范围。

- **链接**。链接可以是文章、视频或产品详情页、活动详情页，只要是营销人员认为有用的、可以分享给用户的内容，都可以以链接的形式放在微博内容中。如果微博内容引起了用户的兴趣，那么大部分用户都会点击链接查看更多信息。图4-37所示为小米手机发布的包含链接的微博，点击链接后将跳转至图4-38所示的产品详情页。

图4-37　小米手机发布的包含链接的微博　　　图4-38　产品详情页

- **@**。@相当于一个连接线，营销人员可以@关注的人，或其他人。被@的用户将会收到通知，看到营销人员发送的内容。在微博内容中应至少@一个微博用户，以确保有人会收到通知，如果被@的用户对微博内容感兴趣，那么该用户很有可能会和其他用户进行分享。

4.3.4 打造微博营销矩阵

对于企业而言，打造微博营销矩阵是开展营销活动、增加流量的重要手段。所谓微博营销矩阵，是指企业根据旗下品牌和产品的不同定位建立多个微博账号形成账号矩阵，其目的是通过不同定位的账号更全面地覆盖各个用户群体。当开展营销活动时，通过各个账号之间的互动造势，企业可以实现微博营销效果的最大化。

图4-39所示为小米微博营销矩阵部分账号。小米既有基于企业管理人员的个人微博账号，又有基于企业旗下不同品牌的企业账号，每个微博账号交叉关注，形成一个多维度的矩阵，从而实现了营销效果的最大化。

图4-39 小米微博营销矩阵部分账号

4.3.5 微博增粉技巧

粉丝的积累特别是优质粉丝的积累，是一个耗时较长的过程。营销人员除了通过稳定输出优质内容增粉，依靠"转发/点赞/评论+关注"等活动增粉外，还可以通过以下方式实现增粉。

- **与同类人群互粉**。微博上有很多有共同或相似爱好的群体，这些群体中的人有共同话题，交流方便，很容易互粉，也就是互相关注。因此在运营微博账号前期，可以试着融入这类群体，与群体内的人互动，吸引对方关注，再慢慢扩大微博的影响力，促进粉丝的自然增长。

- **外部引流增粉**。外部引流是指将抖音、快手、微信等其他平台上已有的粉丝引入微博中，甚至可以在出版物上注明微博账号信息，引导用户关注。将外部流量引入微博是一种非常直接且快速的增粉方式，并且通过这种方式积累的粉丝，其黏性更强、忠诚度更高。所以，营销人员要学会利用各种平台资源，形成资源共享、信息共通的传播矩阵。

- **与其他微博账号合作增粉**。关注微博账号的粉丝越多，微博账号的影响力越强，单个微博的影响力有限时，可以与其他微博合作，联合双方或多方的影响力，扩大营销信息的传播范围。一般来说，营销人员应该尽可能选择有影响力的微博账号进行互动，这种方式可以为活动双方带来利益。图4-40所示为通过与其他微博账号合作的方式开展营销活动。

图4-40 通过与其他微博账号合作的方式开展营销活动

本章实训——为某企业策划微博营销活动

【实训背景】

"有滋味"是一家专门经营菜籽油的公司，现希望借助微博的影响力来宣传公司菜籽油产品。时值七夕节，该公司准备将菜籽油与恋爱话题结合起来发布微博内容，同时附上店铺链接，为菜籽油产品引流。为了扩大营销信息的传播范围，提高粉丝的参与积极性，该公司准备以回馈用户为由，在微博上发起有奖转发活动，要求用户以"转发+关注"的形式参与活动，并将从参与活动的用户中抽出10位幸运用户，每位幸运用户将获得500ml的菜籽油2瓶。

【实训要求】

本实训的具体要求如下。

（1）编辑话题营销文案，要求添加"七夕恋爱"话题并附上店铺链接，并发布微博。

（2）在活动营销文案中注明"转发+关注"的活动参与形式，设置抽奖并发布微博。

【实施过程】

本实训将在PC端进行操作，分为策划话题营销和策划活动营销两个部分。

（1）策划话题营销。

首先撰写并发布有关话题营销的微博内容，然后附上店铺链接，具体操作如下。

步骤01　▶登录微博，在微博首页上方的文本框中定位文本插入点，然后单击文本框下方工具栏中的"话题"按钮#，插入话题符号，如图4-41所示，输入"七夕恋爱"文字内容，添加"七夕恋爱"话题，效果如图4-42所示。

策划话题营销

图4-41 插入话题符号

图4-42 添加话题

步骤02 ▶输入"油和米（you&me）在一起，喜欢和你过柴米油盐的生活 往后余生，全都是你"文字内容，然后单击"表情"按钮☺，在打开的列表中单击"其他"选项卡，然后选择"心"选项，如图4-43所示，用此方法插入5个"心"表情。

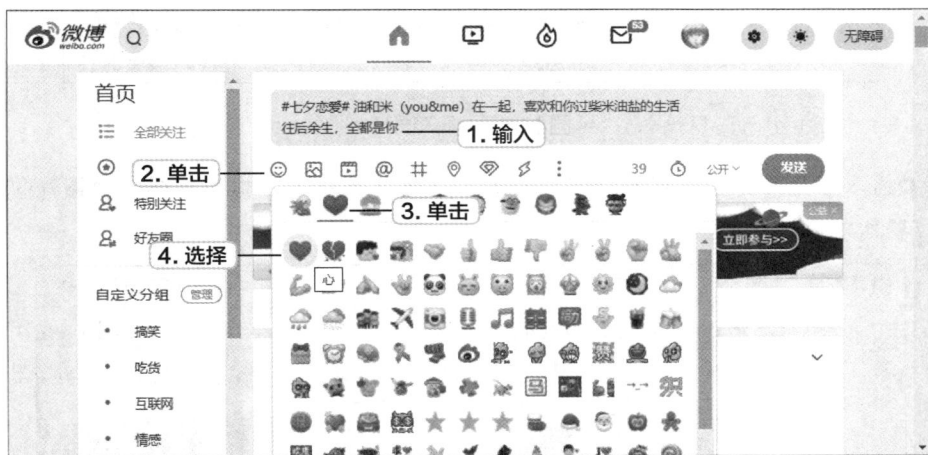

图4-43 插入表情符号

步骤03 ▶输入其他内容，包括文字、表情符号和店铺网页地址。输入完成后，单击"图片"按钮◙，如图4-44所示。

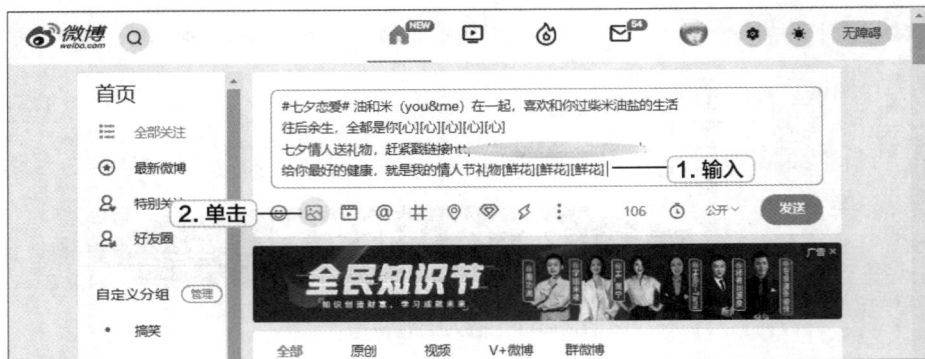

图4-44　输入其他内容并单击"图片"按钮

步骤04 ▶在"打开"对话框中，选择所需图片（配套资源：素材\第4章\菜籽油），单击 打开(O) 按钮，如图4-45所示，插入9张图片。

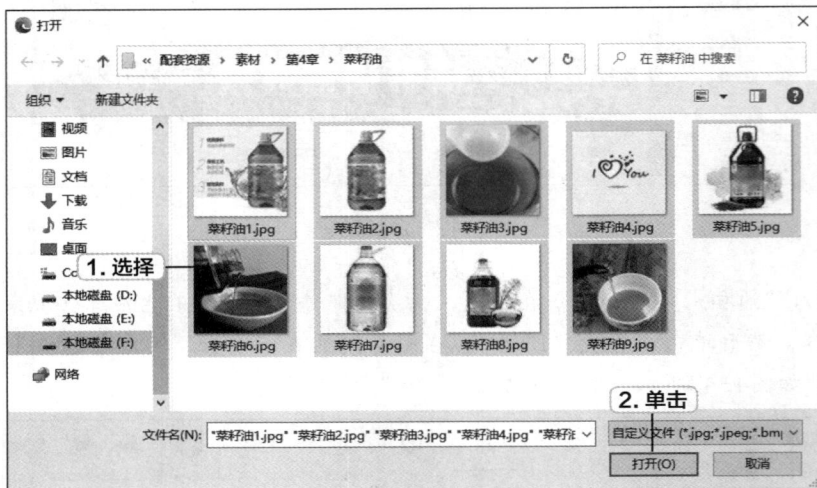

图4-45　插入图片

步骤05 ▶插入图片后，将鼠标指针移到要调整位置的图片上，拖动鼠标移动图片位置。调整图片位置的前后对比如图4-46所示。

图4-46　调整图片位置的前后对比

步骤06 ▶调整图片位置后，单击 发送 按钮发布微博内容，发布效果如图4-47所示。

图4-47 发布效果

（2）策划活动营销。

为进一步促进销售，积累粉丝，推广品牌，在策划话题营销后，营销人员应继续策划活动营销，具体操作如下。

策划活动营销

步骤01 ▶登录微博，编辑微博内容并发布微博，发布的微博内容如图4-48所示。

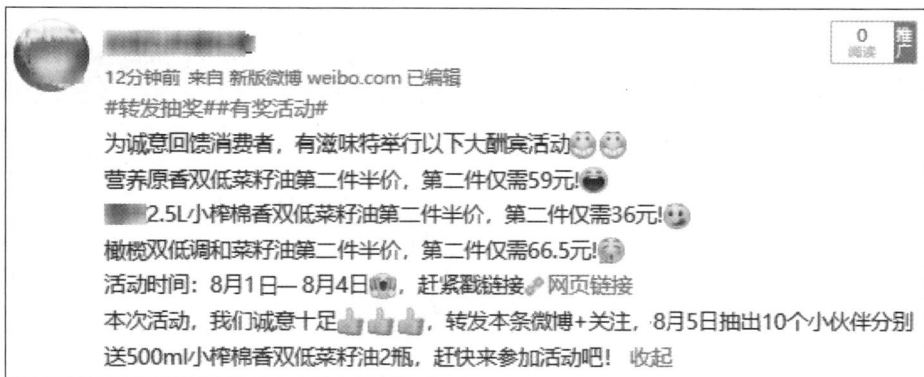

图4-48 发布的微博内容

步骤02 ▶在微博首页上方单击头像图标，打开个人主页，在左侧导航栏中单击"创作者中心"选项卡，如图4-49所示。

图4-49　单击"创作者中心"选项卡

步骤03 ▶打开"微博管理中心"页面，在左侧导航栏中选择"运营助手-抽奖中心"选项，在打开的页面中单击"开始抽奖"选项卡，在刚刚发布的微博右侧单击对应的"抽奖"按钮，如图4-50所示。

图4-50　选择需抽奖的微博进行设置

步骤04 ▶打开"抽奖设置"页面，在"奖品设置"栏中分别设置奖品类型、奖品名称、单个奖品价格和中奖人数，设置完成后单击　　按钮，如图4-51所示。

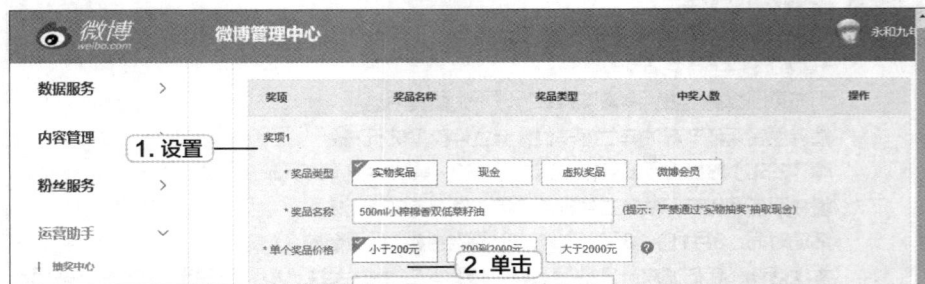

图4-51　奖品设置

步骤05 ▶在"基本设置"栏中，默认"互动方式"为"转发"，开启"关注我"，并设置定时抽奖时间，其他选项保持默认设置，然后单击　　按钮，如图4-52所示。在打开的提示框中单击　　按钮，发起抽奖活动。抽奖完成后微博平台会发布公示微博并通知中奖用户。

图4-52 基本设置

拓展延伸

对个人微博用户而言，兴趣认证较为普遍的认证方式之一是针对垂直领域的认证。那么，个人微博用户进行兴趣认证时如何点亮领域标签呢？另外，在微博平台上，除了短微博，篇幅长的头条文章也是微博内容重要的呈现方式，营销人员该如何进行头条文章内容设计？下面针对这两个问题进行解答。

1. 兴趣认证时如何点亮领域标签

在申请兴趣认证时，如果申请条件中的"指定的领域"没有打绿勾，说明该领域标签没有被点亮，需要申请的个人微博用户持续发布同一领域的内容才满足点亮的基本条件。对于点亮领域的类型，微博系统会自动根据微博用户日常关注的内容、发布内容、搜索内容、关注的用户群综合判断并自动划分点亮领域。若发布的内容不在认证的领域范围内，则无法点亮领域标签。

2. 如何进行头条文章内容设计

头条文章的内容多、篇幅长，是微博的一个长文产品，其包含封面、标题、摘要、正文等诸多元素。营销人员如果无法通过精练的语言、简洁的图片表述清楚内容时，就可以使用头条文章的形式发布微博内容。

营销人员需针对目标人群的特点和喜好进行头条文章选题和写作，才能激发用户阅读和讨论的热情，从而获得良好的营销效果。头条文章的内容一般是营销人员所在领域或行业的相关知识，也可以是对时下热点话题、事件等的评价，还可以是一篇有阅读价值的软文。图4-53所示为融入广告的头条文章。

图4-53　融入广告的头条文章

头条文章由于篇幅较长，所以包含的元素更多，标题、正文内容、表达风格、排版设计等因素都会影响头条文章的阅读量。

- **标题**。头条文章在微博中直接显示的主要信息就是标题，用户对标题感兴趣后，才会继续阅读正文内容，所以标题非常重要。头条文章的标题通常应该比较简练，最好能够快速引起用户的好奇心和阅读欲望，将能够提供给用户的价值直截了当地表达出来，让用户可以快速确定自己对文章的内容是否感兴趣。

- **正文内容**。正文内容应该与标题相匹配，也就是说，正文内容应有价值，保证被标题吸引阅读的用户不会产生被标题欺骗的感觉。

- **表达风格**。表达风格通常与个人写作风格有关，可以是严谨的、严肃的，也可以是幽默的、有趣的，当然，表达风格也应该与用户的特点呼应，根据目标用户喜欢的风格调整表达风格，才能获得更多阅读量。

- **排版设计**。排版质量直接关系着用户的阅读体验，一般来说字号应该适中，标题、重要句子和词语可以加粗显示，与正文其他文字的字体和字号形成对比，也可以添加一些图片、表情等元素，增加排版的美观性，提升用户的阅读兴趣。图4-54所示为头条文章不同的排版设计。

图4-54　头条文章不同的排版设计

📖 课后练习 ●●●●●●

秀妍草本是一家专门研发和销售护肤品的公司，该公司在夏季新推出一款洗面奶，该洗面奶采用氨基酸与皂基复合配方，兼顾清洁力和温和度，并富含绿茶精粹和岩白菜精华。本练习要求为该公司策划附带话题的有奖转发营销活动。

（1）为微博内容选择一个合适的话题。例如，根据产品功能，在微博首页文本框中输入关键词"护肤"，按【Enter】键，在搜索结果页面左侧列表中选择"话题"选项，在打开的页面中选择与"护肤"相关的话题，由于正处于夏季，因此可选择"#夏日护肤记#"这一话题，如图4-55所示。

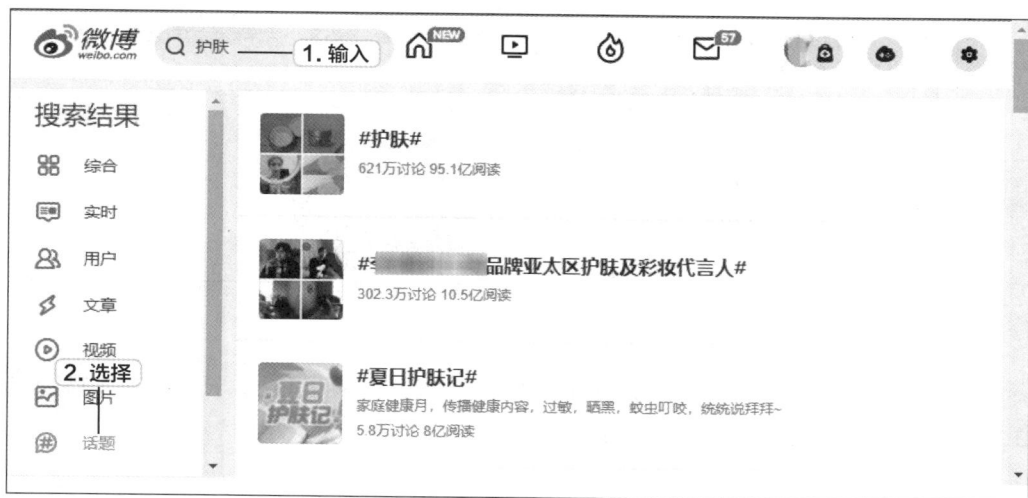

图4-55 选择话题

（2）确认话题后，根据话题并结合产品特点策划与夏日护肤相关的微博内容。例如，考虑到用户在夏天普遍出油多、容易长痘，可以从温和清爽、清洁力强等特点入手，进一步介绍洗面奶的成分以及效果，然后附上洗面奶的购买链接，最后介绍有奖转发活动信息，抽出5名幸运粉丝，为其赠送一支新款洗面奶。同时，结合微博文字内容，配图可为一张产品包装图、一张使用方法图以及一张使用前后对比图（配套资源：素材\第4章\产品包装图.jpg、使用方法图.jpg、使用前后对比图.jpg），如图4-56所示。

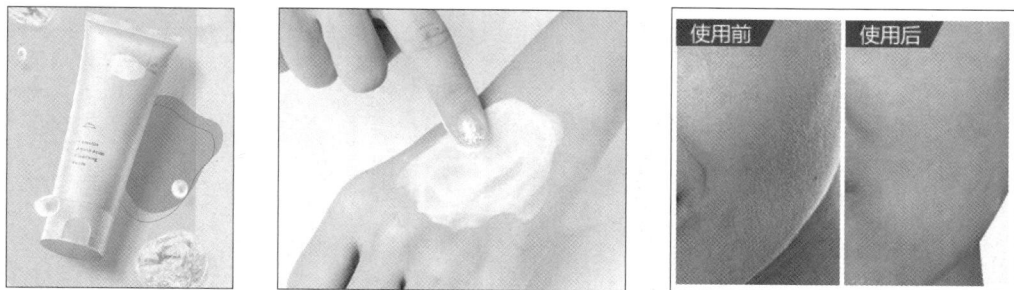

图4-56 产品包装图、使用方法图及使用前后对比图

（3）撰写并发布微博。撰写微博文字内容和上传配图，在文字内容中可适当插入表情符号，然后发布微博。微博效果示例如图4-57所示。

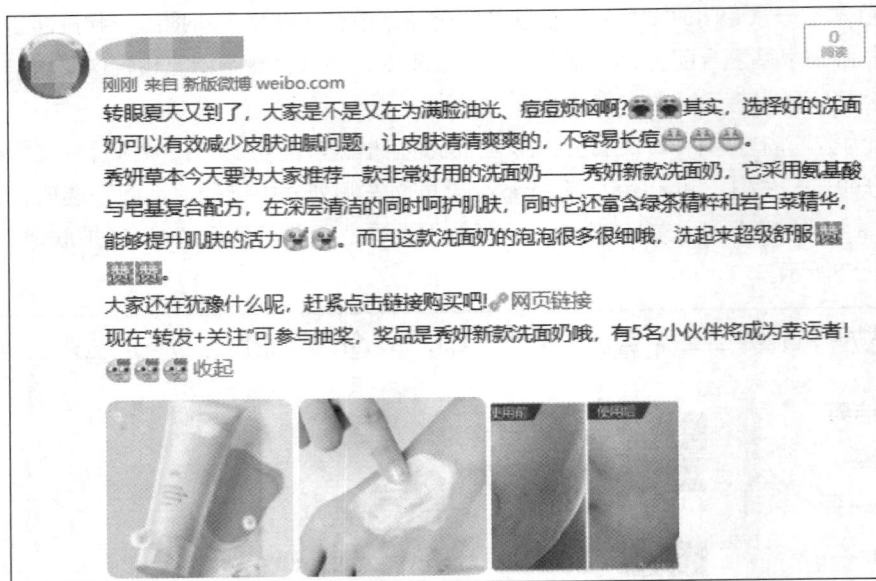

图4-57　微博效果示例

（4）选择发布的微博，进行抽奖设置。将奖品设置为"新款洗面奶一支"，中奖人数设置为"5"，抽奖要求设置为"转发+关注"。

第5章

微信营销

微信是一个可以及时与用户互动的交流平台,注重即时性,可以实现一对一的互动交流。微信的渗透率高、覆盖面广,目前已渗透到人们生活和工作的方方面面。微信营销建立在微信大量活跃用户的基础上,其营销形式灵活多样,具有非常强的互动性。

学习目标

- 掌握微信个人号、微信公众号的设置方法。
- 掌握微信个人号添加与维护好友的方法。
- 掌握微信公众号设置自动回复和自定义菜单的方法。
- 掌握策划朋友圈内容、撰写微信公众号文章的方法。

素养目标

- 培养良好的社交礼仪,文明礼貌沟通。
- 培养创新意识,加强理论与实践的联系。

案例导入

波司登在微信打造千万级私域流量

在互联网时代，流量成了众多营销人员频繁提及的网络营销关键词，因为流量意味着关注度、影响力和变现能力，而随着微信公众号、小程序等的兴起和发展，私域流量（是一个相对概念，指企业或个人自主拥有的、免费的、可任意使用的流量）开始兴起并迅速发展。特别是近年来，线下实体门店经营受阻，使得越来越多的企业更加重视经营私域流量，在不同领域通过不同方式，打造自己的私域流量。波司登就是在微信抢占先机，运营私域流量并取得亮眼成绩的企业之一。

2019年11月起，波司登在南通、上海、杭州等城市试点，让导购添加进店用户微信，将用户引导至官方微商城（见图5-1）上下单。通过这种方式增加品牌和产品的曝光度，增强品牌和用户之间的联系，进一步促进产品销售。2020年年初，通过试点确认打造私域流量的策略可行后，波司登开始加速打造私域流量，推动线上销售。由于导购处在触达用户的前线，能更好地与用户进行情感沟通并建立起用户对品牌的信任，所以导购是打造私域流量并进行线上引流的重要力量；于是，波司登开始向全国约1.2万名导购下达引流指标，并要求导购在朋友圈、微信群分享内容或活动。从2020年5月起，为实现精细化管理，波司登要求导购通过派发红包等方式将个人微信号的用户迁移至公司公众号（见图5-2），由公司统一负责文案和活动的设计。基于用户对品牌的认可和派发红包等激励方式，波司登流量迁移工作进展得很顺利。至2021年年初，波司登的私域流量达到千万级，线上官方微商城的销售额也创造新高。

图5-1　波司登官方微商城　　　　图5-2　波司登公众号

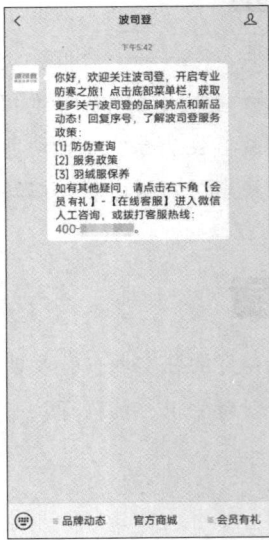

【思考】

（1）波司登通过哪些方式打造微信私域流量？

（2）结合上述案例，你认为微信营销有何特点，微信营销的实现方式有哪些。

5.1 微信营销概述

随着互联网、电子商务和移动App客户端的快速发展，微信作为主流的社交平台之一，为营销提供了极大的便利，并广泛应用于网络营销。

课堂讨论

在日常使用微信中，你觉得微信传递信息有哪些特点？

与其他营销方式相比，微信营销具有更高的到达率、曝光率和接受率，互动关系更加紧密，可实现精准营销。

- **信息发布到达率、曝光率和接受率高**。衡量信息发布效果的重要指标是到达率、曝光率和接受率，信息发布效果在很大程度上影响着营销效果。微信的信息发布不会像邮件群发那样被大量过滤，每一条信息都能完整无误地发送到终端设备。与其他营销渠道相比，微信庞大的用户量决定了信息的高曝光度，不管是热点事件还是营销广告，这些信息通过转发和分享都能够得到迅速传播，不会像微博一样淹没在更新频繁的信息流中。同时，微信信息的接收者与发送者有一定交集，因而降低了信息被抵触的概率。
- **互动关系更紧密**。微信拥有庞大的用户群，营销人员可借助移动终端、社交网络和位置定位等优势推送信息，与用户交流，拉近企业与用户之间的距离。
- **精准营销**。一般来说，微信账号深耕垂直领域，因而用户群体高度集中，可以实现精准营销。

5.2 微信个人号营销

微信个人号营销可以实现点对点营销，为目标用户提供更精准的服务。微信个人号营销对建立个人品牌、促进产品销售、维护用户关系，都大有帮助。一些企业也常以"公众号+个人号"的形式开展微信营销。而要通过微信个人号为个人或企业带来良好的营销效果，营销人员就必须合理管理和运营微信个人号。

课堂讨论

在广场、地铁站，经常有营销人员以免费领取小礼品为由邀请路人扫描二维码添加微信好友，你认为这种方法是否有效，如果效果不佳，那么该如何改进这种方法呢？

5.2.1 微信个人号账号设置

微信个人号的账号就是一张非常直观的名片。微信个人号的账号信息，可以建立起一个人的基本形象，并决定着其他人与之产生联系的可能性。

1．账号信息内容

在查看好友列表和朋友圈（见图5-3）时，可以直接看到的好友账号信息是昵称和头像，因此，昵称和头像是最能传达出个人形象或企业品牌形象的账号信息。其他账号信息则还包括微信号、个性签名等，这些信息需要进入账号主页查看。

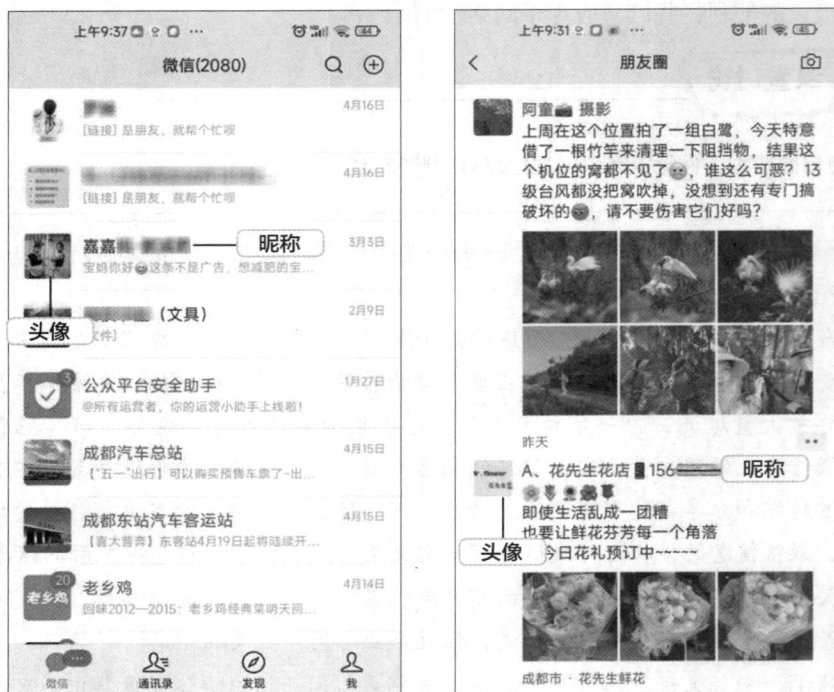

图5-3　查看好友列表和朋友圈

- **昵称**。对于有营销需求的微信个人号，昵称一般需要直接传递营销意图，其作用是向目标用户展示自己的职业、品牌及所提供的产品或服务等。例如，采用"名字（或简称）+职业"的组合，如"林风-理疗师"；采用"名字（或简称）+服务"的组合，"童林-亿佳摄影"；采用"品牌+产品+名字（或简称）"的组合，如"××纸尿裤-豆豆妈"，各组合中的元素可以换位置。同时，昵称中可添加联系电话，但字数不宜太多，昵称应简单、易记忆。

- **头像**。头像应与自己的专业或职业相贴近，体现个人的专业度和品牌形象，如职业装照片；也可与品牌、产品、服务相关，如品牌标志、门店图、特色产品图等。

- **微信号**。微信号是指微信ID，通常是一组字母、数字和符号的组合，每个微信账号都会有一个微信号。为便于记忆，可将微信号修改为有关联性的拼音、字母组合，如与名字、公司、职业相关的拼音与数字的组合。微信号需在个人账号主页中查看，如图5-4所示。

- **个性签名**。个性签名可作为昵称的补充说明，可以为较详细的个人专业特长、荣誉介绍，产品或服务的特点等。在微信好友个人账号主页中点击"更多信息"选项，在打开的界面中可查看其个性签名，如图5-5所示。

图5-4 查看微信号

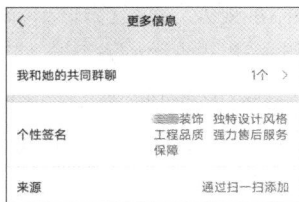

图5-5 查看个性签名

2. 设置微信个人账号

设置微信个人账号的操作很简单，方法是：登录微信App，点击主界面底部的"我"图标，在打开的界面中点击头像，如图5-6所示；打开"个人信息"界面，如图5-7所示；在其中点击"头像"选项可在打开的界面中设置头像，点击"名字"选项可在打开的界面中设置昵称，点击"微信号"选项可在打开的界面中设置微信号；点击"更多信息"选项，打开"更多信息"界面，如图5-8所示，点击"个性签名"选项可设置个性签名。

图5-6 点击头像

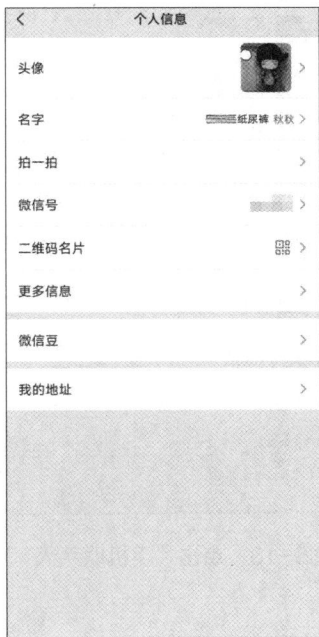

图5-7 "个人信息"界面

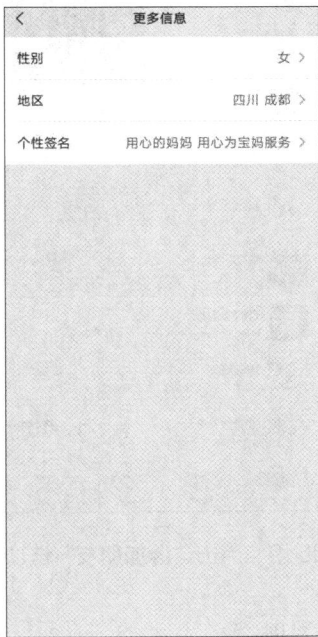

图5-8 "更多信息"界面

5.2.2 添加微信好友

足够多的微信好友是微信个人号开展营销的基础，只有拥有了足够多的微信好友，微信个人号的营销活动才可能稳定地持续下去。因此，营销人员有必要添加微信好友。添加微信好友的途径有两种：一种是搜索、查找微信用户添加好友，另一种是推广微信个人号添加好友。

1. 搜索、查找微信用户添加好友

微信作为一款社交通信工具，为用户提供了多种搜索、查找微信用户添加好友的方式，包括通过手机通讯录添加好友、通过微信群添加好友和通过"发现"频道添加好友等。

（1）通过手机通讯录添加好友

微信是基于智能移动端的通信工具，可与手机通讯录相连接。一般来说，手机联系人都是营销人员的原始好友，已经有过接触和交流，将其添加为微信好友的成功率较高。通过手机通讯录添加好友的具体操作如下。

步骤01 ▶进入微信主界面，点击界面右上角的⊕按钮，在打开的下拉列表中点击"添加朋友"选项，如图5-9所示。

步骤02 ▶打开"添加朋友"界面，点击"手机联系人"选项，如图5-10所示。

步骤03 ▶打开"查看手机通讯录"界面，添加手机联系人前需开启微信使用通讯录的权限，点击"允许"选项，如图5-11所示。

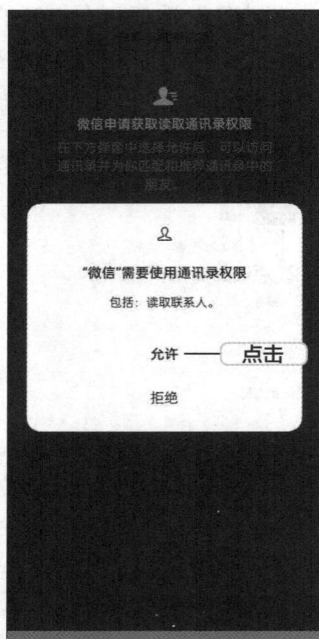

通过手机通讯录添加好友

图5-9　点击"添加朋友"选项　　图5-10　点击"手机联系人"选项　　图5-11　点击"允许"选项

步骤04 ▶在打开的"提示"界面中点击"确定"按钮，如图5-12所示。

步骤05 ▶在打开的界面中可看到手机通讯录中的联系人，点击需要添加的联系人名称后的 添加 按钮，如图5-13所示。

步骤06 ▶打开"申请添加朋友"界面，在"发送添加朋友申请"文本框中输入内容，一般注明自己是谁、由谁推荐或申请好友的目的等，点击 发送 按钮，如图5-14所示。待手机联系人通过申请后，好友即添加成功。

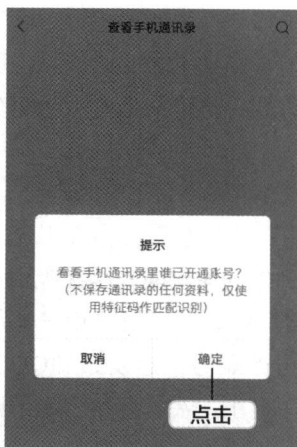

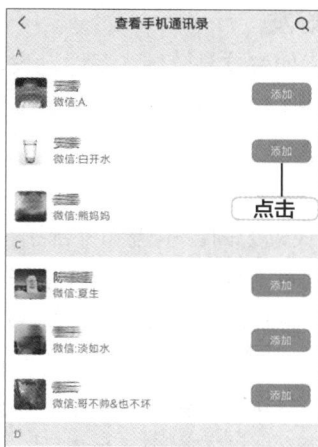

图5-12 确认开启微信使用通讯录权限　图5-13 执行添加好友操作　　图5-14 发送添加好友申请

（2）通过微信群添加好友

处于同一个微信群的用户一般都具有某些关联性，如处于同一个交友圈子、有共同学习目标等。而在微信群中彼此之间可能已经是微信好友关系，也可能不是。针对这种情况，营销人员可以在微信群中找到目前不是微信好友的目标用户，将其添加为好友，方法是：在微信群中点击目标用户头像，如图5-15所示；在打开的界面中点击"添加到通讯录"选项，如图5-16所示；打开"申请添加朋友"界面，在"发送添加朋友申请"文本框中输入内容，点击 发送 按钮，如图5-17所示。

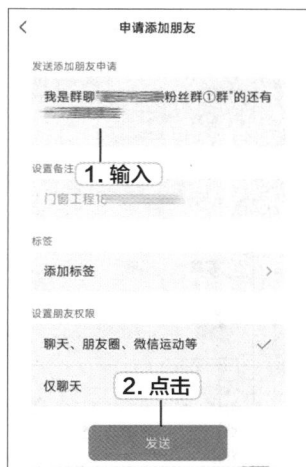

图5-15 点击用户头像　　图5-16 点击"添加到通讯录"选项　　图5-17 申请添加朋友

（3）通过"发现"频道添加好友

在微信主界面底部点击"发现"按钮⊘，进入"发现"界面，点击"摇一摇"或"附近"选项，可通过摇动手机或查找附近微信用户的方式随机添加陌生人为微信好友。通过"摇一摇"或"附近"功能添加好友常用于社交场景，成功率较低。

2. 推广微信个人号添加好友

通过搜索、查找微信用户添加好友是营销人员主动发起添加好友申请的方式，而推广微信个人号是把账号信息发布出去，让目标用户发起添加好友申请的方式。推广微信个人号可分为线上推广和线下推广两种途径。

（1）线上推广微信个人号

线上推广微信个人号的方式分为内部引流和外部引流。内部引流即在微信内部引流。例如，将微信个人号的账号信息发布到微信朋友圈，邀请好友分享到他的朋友圈，以此吸引目标用户添加好友；将微信个人号的账号信息发布到微信公众号的文章中，邀请目标用户添加好友。外部引流即通过微信以外的平台引流。例如，将微信个人号的账号信息发布到QQ、微博、快手、抖音、西瓜视频、今日头条、知乎、简书、小红书等平台上，在这些平台上的账号信息中附上微信个人号信息，或在这些平台上通过图文、视频、直播等方式发布营销信息时附带微信个人号信息，邀请目标用户添加好友等。总结下来，线上推广微信个人号就是将个人号的账号信息发布到网络平台上，通过输出优质的内容吸引这些平台上用户的关注。图5-18所示为在抖音个人简介中留下微信个人号，图5-19所示为在微博内容中留下微信个人号，图5-20所示为在小红书分享笔记中留下微信个人号。

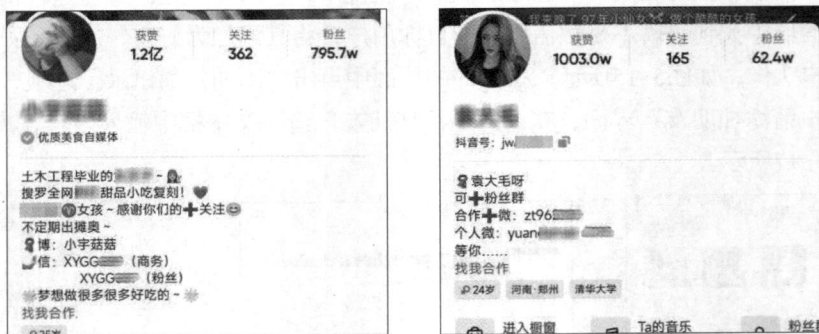

图5-18　在抖音个人简介中留下微信个人号

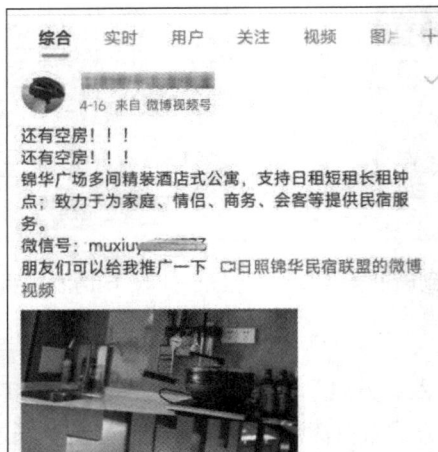

图5-19　在微博内容中留下微信个人号　　　图5-20　在小红书分享笔记中留下微信个人号

　　需要注意的是，不同平台有不同规则，通过外部平台推广微信个人号时，要详细了解这些平台的规则，比如平台是否允许在账号信息中或营销文案中附上微信个人号。同时，在外部平台通过发布营销信息引流时，一般不建议营销人员采用"现在添加微信好友，送好礼××"这种诱导用户添加好友的方式，这种方式容易遭到外部平台的抵制，甚至做出封号的处罚。营销人员应该通过软文推广的方式，循序渐进地推广微信个人号。

　　（2）线下推广微信个人号

　　线下推广微信个人号的常用方式是将微信个人号的二维码打印到宣传海报、工作牌上，通过在店铺、广场等场所做活动吸引用户的注意，邀请目标用户扫描二维码添加好友。

　　每一位微信用户都有一个专属于自己的二维码，营销人员可将二维码图片保存到手机中后打印出来。保存二维码图片的方法是：在微信主界面底部点击"我"图标，在打开的界面中点击头像，打开"个人信息"界面，点击"二维码名片"选项，打开"二维码名片"界面，点击右上角的 ⋯ 按钮，在打开的面板中点击"保存到手机"选项，如图5-21所示。

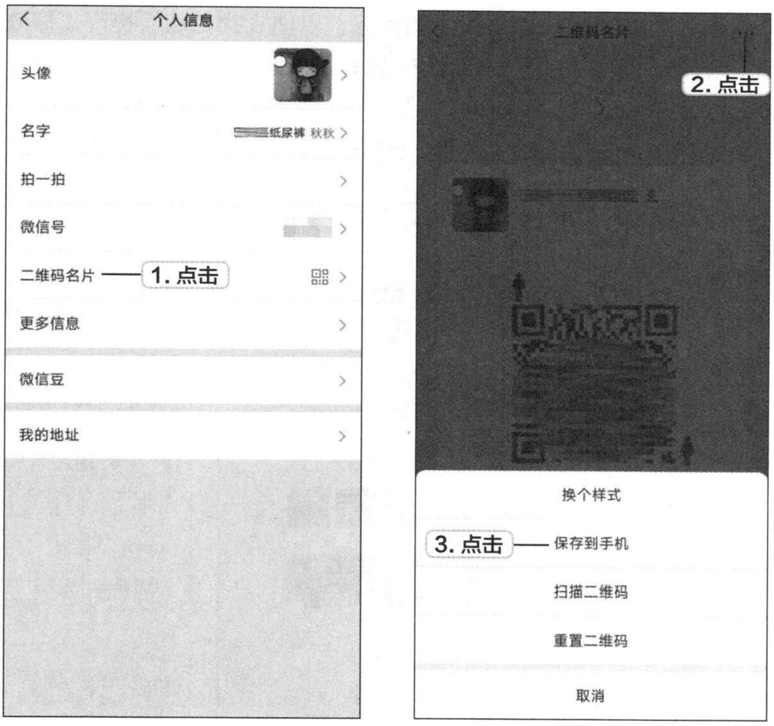

图5-21　保存二维码图片

　　在"二维码名片"界面，点击右上角的 ⋯ 按钮，在打开的面板中点击"换个样式"选项，可更换二维码的默认样式，让二维码的图案更美观。

5.2.3　维护微信好友

维护微信好友主要涉及两方面的内容：一是管理微信好友，其作用是提高开展营销活动的效率；二是与好友互动，其作用是增强与好友之间的联系，获得好友的信任，以便提升营销效果。

课堂讨论

你会怎样识别微信好友呢？你会经常与微信好友联系吗？

1．管理微信好友

添加微信好友后，为了方便开展营销，首要工作是管理微信好友。营销人员可以通过给微信好友添加备注并根据需求分组来管理微信好友。

（1）添加备注

微信好友越多，微信个人号的营销效果可能会越好，但是，当微信好友的数量过多，少则几百人多则上千人时，就需要为目标用户添加备注，以便查找，从而提高工作效率。方法是：打开微信主界面，点击底部的"通讯录"图标 ；打开"通讯录"界面，点击微信好友，打开微信好友主界面，点击"设置备注和标签"选项，打开"设置备注和标签"界面，在"备注"文本框中输入备注信息，点击 按钮，如图5-22所示。

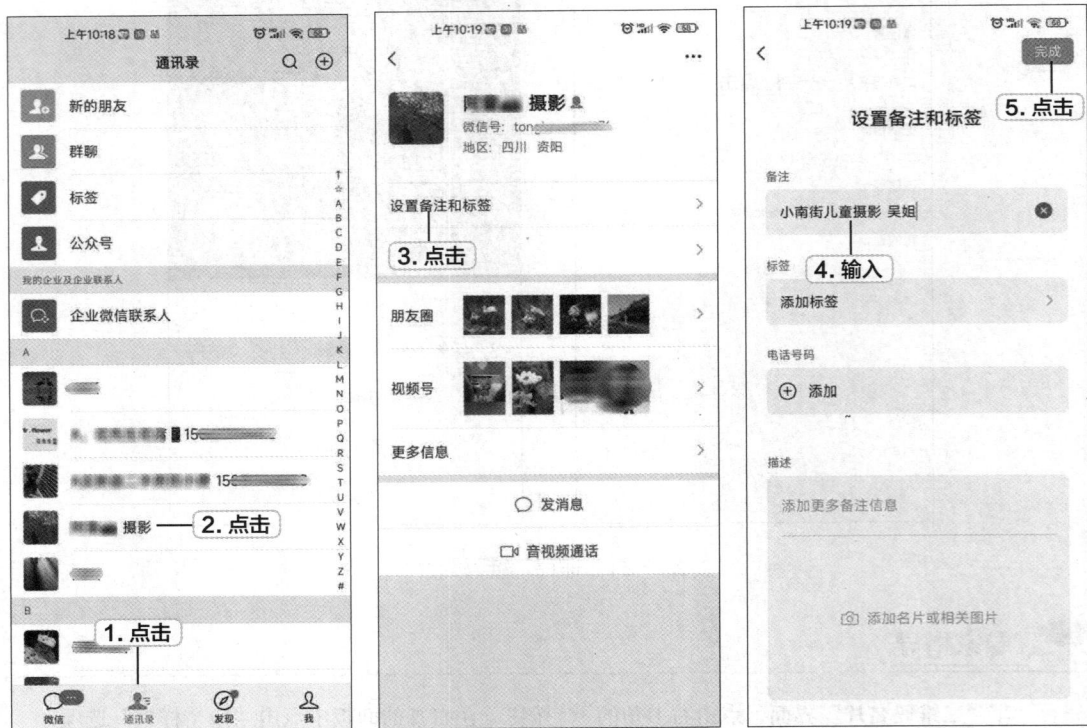

图5-22　为好友添加备注

（2）对好友分组

对微信好友进行分组，可以方便营销人员快速筛选并精准查找目标用户。在对微信好友进行分组时，可以将具有相同特征或需求的用户放在同一个标签下。方法是：打开"通讯录"界面，点击"标签"选项，打开"通讯录标签"界面；点击 +新建标签 按钮；打开"选择联系人"界面，依次选择需要放置在同一标签下的好友，完成后点击 完成(7) 按钮；打开"保存为标签"界面，在"标签名字"文本框中输入标签名字，点击 保存 按钮，如图5-23所示。操作完成后将自动返回"通讯录标签"界面，界面中将显示已创建标签的分组。

图5-23 好友分组

专家指导

在为好友添加备注时，可在备注信息的前面或后面添加分类前缀，如"B-补水"，进行简单的分组。这种方法适合初期用户数较少的情况。

2. 与微信好友互动

添加微信好友后，除了添加备注信息和分组外，还需要与微信好友进行良好的互动，以增强与微信好友之间的联系，进一步提升微信好友参与营销活动的积极性。营销人员与微信好友之间的互动可分为日常互动与朋友圈营销互动两种方式。

（1）日常互动

日常互动是保持微信个人号曝光度和获得微信好友好感的一种方式。日常互动的方式有两种。一是向微信好友发送关怀问候信息或优惠信息等，站在好友的角度，向其发送其所需求的优惠信息，这是拉近彼此社交关系的有效办法。例如，某好友对系列产品中的某款产品情有独钟，当该款产品正在打折促销时，及时向该好友发送消息，以获得好友的好感和认同感。二是营销人员点赞、评论或转发微信好友发布在朋友圈的内容，与好友互动。当然，营销人员也可以设计一些互动性的话题并将其发布到朋友圈（见图5-24），吸引好友主动互动。

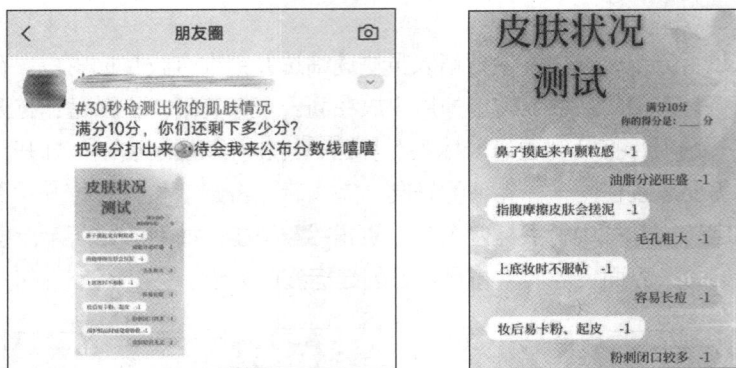

图5-24　互动性的话题

职业素养

　　营销人员与微信好友日常互动时要保持基本素养：有礼貌、用语文明、措辞恰当。同时，保护好微信好友的隐私，不要泄露给他人，也不要频繁给微信好友发送信息，以免打扰其日常生活。

　　（2）朋友圈营销互动

　　点赞/转发/评论可以用于日常互动，也是朋友圈营销互动的重要方式。除此之外，朋友圈营销互动还有试用、参与游戏等方式。

- **点赞/转发/评论**。营销人员在朋友圈发布营销信息后，可以邀请好友通过点赞、转发或评论的方式参与营销活动。例如，连续两天转发朋友圈内容送福利、转发朋友圈内容点赞数达到36个赠送礼品等。图5-25所示为邀请用户转发信息。

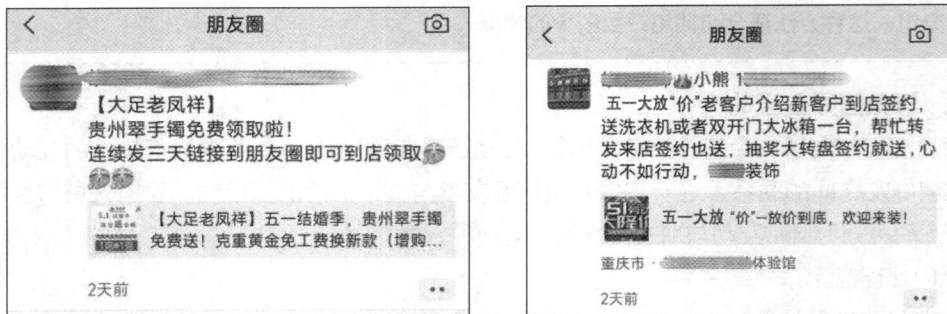

图5-25　邀请用户转发信息

- **试用**。试用是指免费或以优惠价为微信好友提供产品或服务，并让微信好友提交试用报告或结果的营销方式。试用不仅有利于推广产品或服务，同时，试用报告或结果还可以为其他微信好友提供参考意见。

- **游戏**。游戏一般包括看图猜字、接龙、知识问答等。如果技术支持，营销人员还可以设计一些小程序类的游戏，吸引微信好友参与。

5.2.4 朋友圈内容营销

微信朋友圈是微信个人号营销的重要阵地，因此，营销人员要掌握在微信朋友圈发布营销信息的要点。

1. 朋友圈内容策划

营销人员在朋友圈发布营销信息是一项常态化的运营操作。除了不时发布活动信息，与微信好友互动外，营销人员还会发布推广品牌和产品的营销信息，而营销信息内容的质量将直接影响微信个人号的运营效果。

营销人员在朋友圈发布营销信息时，尽量用"简短的内容+配图"（见图5-26）表达出产品特点，也可以用产品故事、人物生活等对营销信息进行包装（见图5-27）。另外，朋友圈不只是发布营销信息的地方，也是好友之间交流互动的场所。因此，营销人员可在朋友圈中分享一些生活小技巧、趣闻轶事、热点事件等，一方面可以吸引好友关注，增加微信个人号的曝光度，另一方面可与好友有效互动。图5-28所示为营销人员分享的节日祝福与职场小技巧。

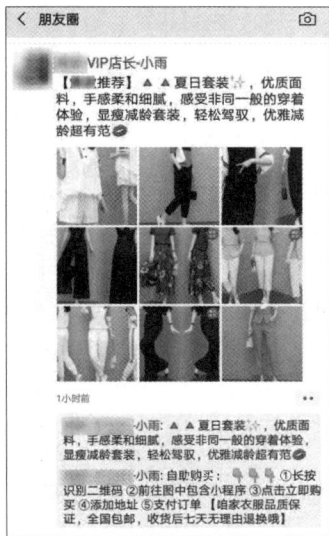

图5-26 简短的内容+配图　　图5-27 经过包装的营销信息　　图5-28 营销人员分享的节日
祝福与职场小技巧

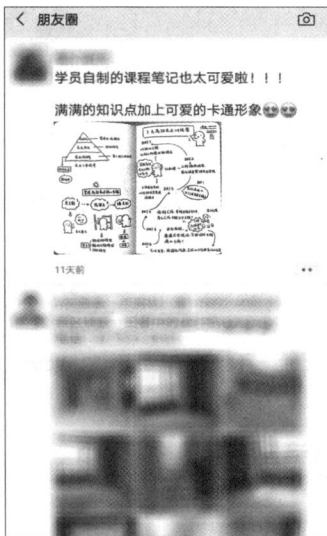

2. 营销信息发布时机

为了保证推广效果，营销人员要分析目标用户在朋友圈的活跃时间，在其浏览朋友圈的高峰期进行推广。适合朋友圈营销信息发布的时间段有8:00—9:30、11:30—13:00、17:00—18:30、20:00—24:00，大多数人会在这些时间段浏览微信朋友圈。当然，每个行业的作息时间会有所差别，针对不同的用户群，应有不同的发布时间。例如，对于上班族而言，7:00—9:00、21:00—23:00是其使用手机较频繁的时间段，适合发布营销信息；而对于学生而言，其周末休息时使用手机更为频繁。

3. 营销信息精准发布

为了更精准地发布营销信息，营销人员可以分组发布营销信息，提高信息发布的有效性。

例如，有的人偏好价格实惠的产品，有的人追求品质、偏好价格高的产品，发布价格实惠的产品内容时，可有针对性地发布给偏好实惠价格的组别。方法是：在编辑好朋友圈内容后，在下方点击"谁可以看"选项，在打开的界面中选中"部分可见"单选项，在"从通讯录选择"栏中勾选对应的分组，点击右上角的 完成 按钮，如图5-29所示，返回朋友圈内容发布界面，点击右上角的 发表 按钮。

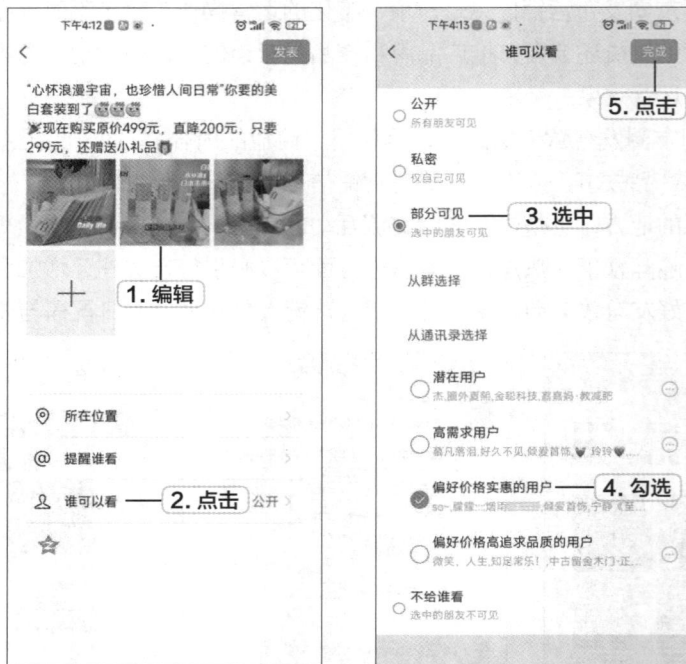

图5-29　分组发布营销信息

5.3 微信公众号营销

微信公众号是在微信App基础上开发的平台，可用于推送消息和提供交互服务。通过微信公众平台，个人或企业都可以打造专属于自己的特色公众号，并在公众号上通过文字、图片、音频、视频等形式，宣传品牌或产品。

课堂讨论

你有关注的微信公众号吗？你更喜欢哪些类型的微信公众号呢？

5.3.1　微信公众号的类型

企业或个人都可免费注册使用微信公众号。微信公众号主要分为订阅号、服务号、小程序和企业微信。每一种类型的特点、功能、适用对象有所不同，营销人员应选择适合的公众号类型。各类型微信公众号的特点、主要功能和适用对象如表5-1所示。

表5-1 各类型微信公众号的特点、主要功能和适用对象

账号类型	特点	主要功能	适用对象
订阅号	具有发布和传播信息的功能（类似报纸与杂志，提供新闻信息、娱乐资讯、知识等），每天可群发1条消息	向用户传达资讯	只想简单发送消息、宣传推广的个人、媒体、企业、政府或其他组织
服务号	具有用户管理和提供业务服务的功能，每月可群发4条消息	服务交互	具有开通微信支付、销售产品等需求，服务需求高的媒体、企业、政府或其他组织
小程序	一种开放功能，不用下载，可以在微信内被便捷地获取，相关信息可被快捷地传播	建立用户与企业之间的联系	有服务内容的个人、媒体、企业、政府或其他组织
企业微信	可以充当企业办公管理工具和用户管理工具，并与微信朋友圈、小程序、微信支付等互通	企业管理和沟通、用户管理	有内部通信和用户管理需求的企业

5.3.2 注册并设置微信公众号

了解微信公众号的类型后，营销人员可根据需要在微信公众平台上注册微信公众号。注册时，需要先选择账号类型，再填写邮箱地址、个人身份信息等。注册后还应对公众号的账号信息进行设置。下面以个人身份注册一个类型为"订阅号"、名称为"誉林卤味铺"的公众号，并设置账号头像和微信号等，具体操作如下。

注册并设置微信
公众号

步骤01 ▶打开微信公众平台官方网站，单击页面右上角的"立即注册"超链接，如图5-30所示。

步骤02 ▶打开微信公众号注册页面，选择"订阅号"选项，如图5-31所示。

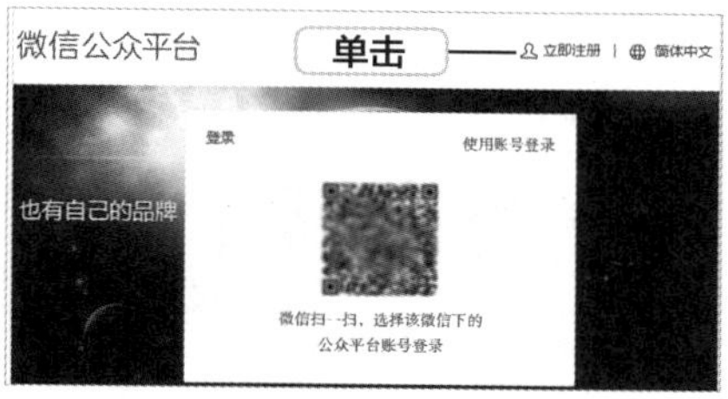

图5-30 单击"立即注册"超链接

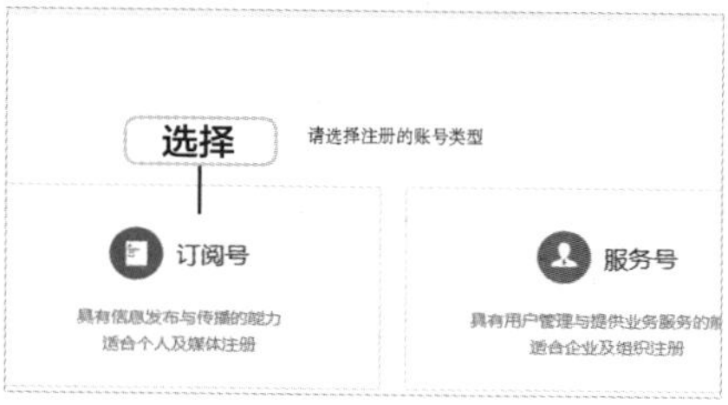

图5-31 选择"订阅号"选项

步骤03 ▶打开"基本信息"页面，在"邮箱"文本框中输入邮箱地址，单击 激活邮箱 按钮，如图5-32所示。

步骤04 ▶在打开页面的"验证码"文本框中输入验证码，单击 发送邮件 按钮，如图5-33所示。

图5-32 输入邮箱地址

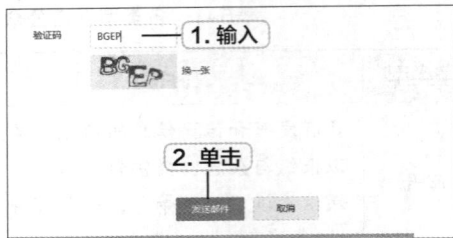

图5-33 输入验证码

步骤05 ▶登录注册时使用的邮箱，打开微信公众平台发送的邮件，查看验证码，然后返回"基本信息"页面，在"邮箱验证码"文本框中输入验证码，输入并确认登录密码，勾选"我同意并遵守《微信公众平台服务协议》"复选框，单击 注册 按钮，如图5-34所示。

步骤06 ▶打开"选择类型"页面，在下拉列表中根据实际情况选择注册地，单击 确定 按钮，如图5-35所示。

图5-34 填写验证码和密码

图5-35 选择注册地

步骤07 ▶在打开的页面中单击"选择并继续"超链接，如图5-36所示。

步骤08 ▶在打开的"温馨提示"对话框中，单击 确定 按钮，如图5-37所示。

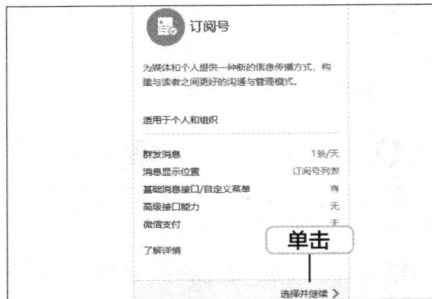

图5-36 单击"选择并继续"超链接

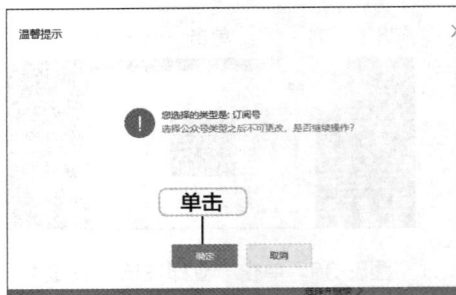

图5-37 确定类型

步骤09 ▶在打开的页面中根据需要选择相应的主体类型，如图5-38所示，这里选择"个人"选项。

步骤10 ▶打开确认身份页面，输入真实的姓名和对应的身份证号码，如图5-39所示。如果以企业为主体注册微信公众号，还需提交企业名称、营业执照等资料。

图5-38　选择主体类型

图5-39　输入身份信息

步骤11 ▶打开微信App，使用"扫一扫"功能扫描"管理员身份验证"栏提供的二维码（见图5-40），进行人脸验证。注意，需要使用绑定了管理员本人银行卡的微信个人账号进行扫描。

步骤12 ▶扫描后，手机上将打开"微信公众号注册身份信息确认"界面，确认信息无误后点击 确定 按钮，如图5-41所示。

图5-40　扫描二维码

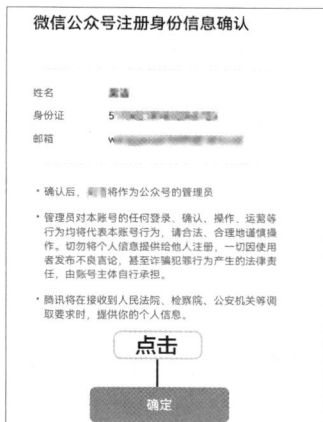

图5-41　确认身份信息

步骤13 ▶在打开的界面中选中"您知悉……"单选项，点击 下一步 按钮，如图5-42所示。

步骤14 ▶打开"人脸识别"界面，根据提示完成人脸识别，如图5-43所示，待提示验证通过后，点击 确定 按钮结束验证。

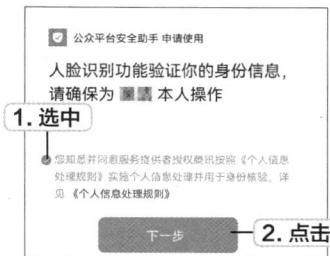

图5-42　点击"下一步"按钮

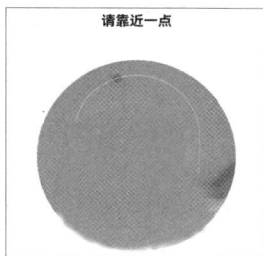

图5-43　人脸识别

步骤15 ▶ 此时，微信公众号注册页面将显示已确认管理员身份。输入管理员手机号，单击 发送验证码 按钮，在"短信验证码"文本框中输入验证码，如图5-44所示。

步骤16 ▶ 如果在其他平台进行过创作，可以单击"创作平台"下拉按钮，选择平台，然后输入创作者昵称，并单击 上传文件 按钮上传相应的证明资料（可以为所选创作平台的主页信息截图）。这里不填写，单击 继续 按钮进行下一步操作，如图5-45所示。

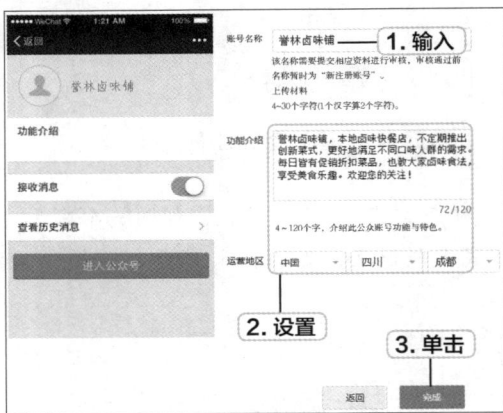

图5-44　输入管理员信息　　　　　图5-45　单击"继续"按钮

步骤17 ▶ 在打开的提示对话框中，提示"主体信息提交后不可更改"，确认后单击 确定 按钮。

步骤18 ▶ 在打开的页面中设置账号名称为"誉林卤味铺"，并设置功能介绍、运营地区等，单击 完成 按钮，如图5-46所示。

步骤19 ▶ 注册完成后，系统提示信息提交成功，如图5-47所示，在打开的提示对话框中单击 前往微信公众平台 按钮，可以前往微信公众平台。

图5-46　输入微信公众号信息　　　　　图5-47　提示信息提交成功

步骤20 ▶ 进入微信公众号首页，单击页面右上角的头像，在下拉列表中选择"账号详情"选项，如图5-48所示。

图5-48 选择"账号详情"选项

步骤 21 ▶打开"账号详情"页面，单击头像，如图5-49所示。

图5-49 单击头像

步骤 22 ▶打开"修改头像"对话框，单击 [选择图片] 按钮，如图5-50所示。

步骤 23 ▶打开"打开"对话框，选择所需的微信公众号头像图片后（资源配套:素材\第5章\誉林微信公众号头像.jpg），单击 [打开(O)] 按钮，如图5-51所示。

图5-50 修改头像

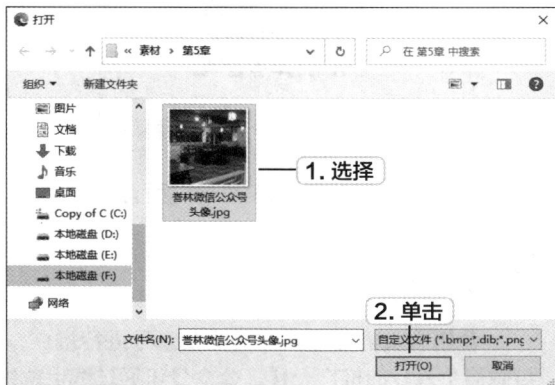

图5-51 选择头像

步骤 24 ▶返回"修改头像"对话框，调整头像显示框，然后单击 [下一步] 按钮，确定修改头像后在打开的页面中单击 确定 按钮，完成头像修改，如图5-52所示。

图5-52　完成头像修改

步骤25 ▶返回"账号详情"页面，单击"二维码"栏中的"设置"超链接，打开"验证身份"页面，如图5-53所示，使用微信App扫描二维码进行验证，扫描后在打开的"修改微信号"界面中点击 确认修改 按钮。

步骤26 ▶PC端将跳转至"检测有效微信号"页面，在"微信号"文本框中输入微信号，单击 检测 按钮，若微信号检测为可用，单击 下一步 按钮，如图5-54所示。在打开的页面中单击 下一步 按钮完成微信号的设置。微信号用于用户在微信上搜索该公众号。

图5-53　"验证身份"页面

图5-54　输入微信号并检测可用

🎓 专家指导

　　营销人员需要对新注册的公众号进行推广，吸引用户关注，即增加微信公众号的粉丝量。与微信个人号的推广一样，公众号可通过线上或线下推广，线上推广时可将公众号的微信号或二维码发布到其他平台上，邀请用户关注；线下推广时可将公众号二维码打印到纸质宣传海报上，邀请用户关注。在"账号详情"页面的"二维码"栏中单击"下载二维码"超链接，即可下载二维码图片。

5.3.3　设置自动回复

　　自动回复包括被关注回复、收到消息回复和关键词回复。其中，被关注回复是指用户关注微信公众号后，公众号自动回复信息给用户，收到消息回复是指用户发送聊天消息后，公众号回复已设置好的指定内容，关键词回复是指用户发送指定关键词后，公众号自动回复信息给用户。对于微信公众号营销而言，设置自动回复能够快速建立与用户之间的联系，传递品牌信息。下面为"誉林卤味铺"微信公众号设置被关注回复和关键词回复的具体操作。

设置自动回复

步骤01　▶登录微信公众号后台，在左侧导航栏中选择"自动回复"选项，在打开的"被关注回复"页面中单击　按钮开启自动回复功能，如图5-55所示。

图5-55　开启自动回复功能

步骤02　▶待　按钮变为　状态后，在"文字"栏中输入回复语，然后单击　保存　按钮，如图5-56所示。

图5-56　设置自动回复文字内容

专家指导

如果自动回复的内容为图片、音频或视频，可选择对应的选项设置内容。例如，选择"图片"选项，可通过"从素材库中选择"或"上传图片"的方式上传相应的图片内容，如图5-57所示。

图5-57　自动回复的其他回复内容设置

步骤03 ▶单击"关键词回复"选项卡，单击 添加回复 按钮，如图5-58所示。

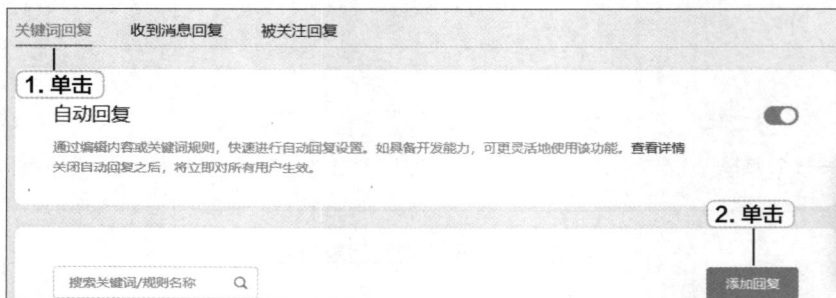

图5-58　设置关键词回复

步骤04 ▶打开"添加回复"页面，在"规则名称"文本框中输入规则名称，在"关键词"下拉列表中选择"全匹配"选项，在其后的文本框中输入关键词，选择下方的"文字"选项，如图5-59所示。

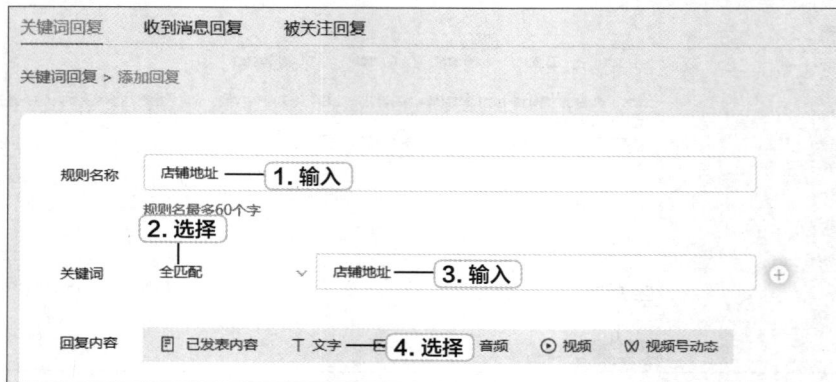

图5-59　设置规则名称和关键词

专家指导

全匹配下用户输入的内容与设置的关键词完全相同时公众号才会回复消息；半匹配下只要有部分内容相同公众号即会回复消息。

步骤05 ▶打开"添加回复文字"对话框，在其中输入回复的内容后单击 [确定] 按钮，如图5-60所示。如果想设置多条回复，需继续选择"文字"选项，并设置回复内容。

步骤06 ▶返回"添加回复"页面，因为只设置了一条回复内容，"回复方式"保持默认设置即可，单击 [保存] 按钮，如图5-61所示。

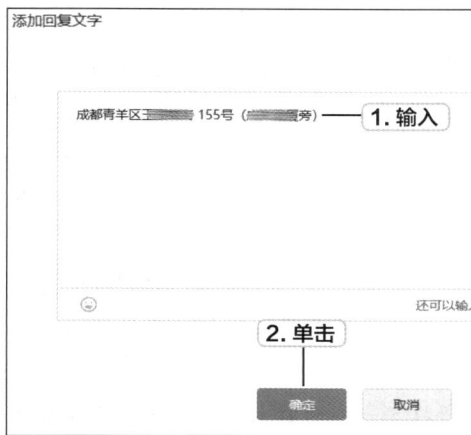

图5-60　设置关键词回复的内容

图5-61　默认关键词回复方式

步骤07 ▶使用相同方法设置另一条关键词回复内容，使关键词回复内容与被关注回复内容中的提示信息匹配。设置其他关键词回复内容效果如图5-62所示。

图5-62　设置其他关键词回复内容效果

5.3.4 策划微信公众号文章内容

微信公众号的主要功能之一就是向关注用户群发文章，如通知内容、活动内容、新品上架内容、优惠折扣内容或其他话题等，从而实现"点对多"的营销。为了增加文章阅读量，吸引更多用户关注，营销人员在正式发布微信公众号文章之前，需要策划文章内容。

一篇完整的微信公众号文章包括标题、封面图、摘要、正文4个部分。文章内容策划可以围绕这4个方面进行。

1. 标题

标题是吸引用户点击和阅读微信公众号文章的决定因素之一，营销人员可采用以下方法撰写出具有吸引力的标题。

- **设置悬念和提问**。在标题中设置悬念和提问可以诱发用户追根究底的心理，并引起用户注意。在创作这种标题时，营销人员应当掌握"悬"和"问"两个核心，一方面可以加入带有悬念的关键词，如"据说""万万没想到"等；另一方面可以提及用户关心的问题。如"不要再浪费时间做低效工作啦！PPT创意玩法了解一下？""闲暇时，如何收获知识拓宽视野？"。

- **使用数字**。数字可以把模糊的概念变得具体而精准，增强文字的说服力，让用户觉得更加真实可信。如"送你9个压箱底设计网站，每个设计效果都超赞！""用数据条对比数据，3招让你早点下班！"。

- **讲述故事**。在标题中加入故事，并不意味着要像讲故事一样长篇大论，而是要用讲故事的思维，在标题中突出故事性，以激发用户的阅读欲望和兴趣。如"那些年傍晚6点，你在电视机前等谁""我与她的甜蜜邂逅"等。

- **借助热点**。营销人员在创作标题时还可以借助热点，如图5-63所示。营销人员以热门事件和人物作为文章标题的创作源头，利用大众对社会热点的关注，引导用户关注文章，从而提高文章的点击率和增加文章的转发量。

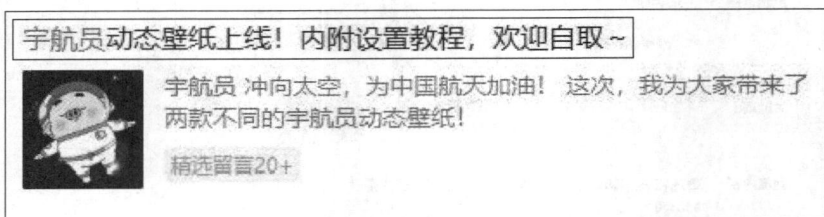

图5-63　标题借助热点

2. 封面图

封面图可以起到吸引用户视线和激发用户阅读兴趣的作用。封面图应与文章主题紧密相关，可以为产品图或产品使用场景图，也可以为具有趣味性、创意性或视觉冲击力的图片。例如，图5-64所示的两张封面图就融入了趣味元素，图5-65所示的两张封面图则是具有视觉冲击力的创意图片。

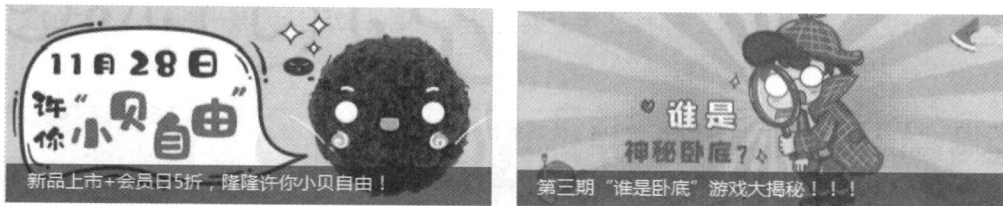

图5-64　具有趣味性的封面图

图5-65　具有视觉冲击力的创意封面图

职业素养

营销人员要养成创新意识，学会学习和借鉴他人优秀作品中的创意和方法，并联系实际，设计出有创意的封面图。

3.摘要

摘要是文案封面图下面的一段引导性文字（见图5-66），可以起到吸引用户点击文章的作用。营销人员可以利用摘要补充说明标题，或者揭示文案主旨、提问、展示"金句"或别人的评价等，写法多样，重点是要激发用户深度阅读文章的兴趣。如果编辑文章时不设置摘要，公众号就默认抓取正文开头的部分内容（前54字）作为摘要。

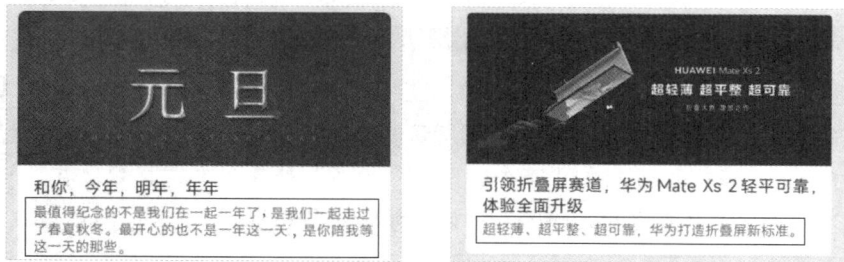

图5-66　摘要

4.正文

撰写公众号正文时营销人员可以选择总分的写作结构，也可以采取三段式写法，如开头引入、中间分段论述、结尾总结升华或引导行动等，主要是输出内容、传达信息，写法不限。一般来说，正文内容应尽量口语化，每句话不要太长，每句话在20个字以内为宜；一个段落的行数不能太多，且长短要有变化，不能让用户感到乏味。图5-67所示为某出版社公众号的文章，主要介绍了社内的年度好书评选。

图5-67　某出版社公众号的文章

专家指导

微信公众号文章的排版技巧：行间距可设置为行高的50%；文章的边缘要对齐，及时调整段落宽度、间距；文章的字体控制在2～3种，字体颜色不要太鲜艳，最好不超过3种颜色，以淡色调为主；尽量不要为文字添加视觉特效（特殊的产品除外）；段首不必缩进，大段文字的段落间可空一行；配图清晰，色彩要与文章整体风格搭配；可以适当放大需要强调的内容，并适当地搭配色彩；文章版面不要太花哨，排版上要主次分明、结构层次清晰。

5.3.5　撰写并发布微信公众号文章

在微信公众号后台可以直接编辑文章并发布，其文章编辑操作与编辑Word文档相似。在"誉林卤味铺"公众号中撰写并发布一篇与卤鸡爪有关的文章的具体操作如下。

步骤01 ▶登录微信公众号，进入微信公众号后台，选择页面右侧"新的创作"面板中的"图文消息"选项，如图5-68所示。

步骤02 ▶打开后台编辑页面，在"请在这里输入标题"处输入文章标题，在"请输入作者"处输入作者名称，输入后的效果如图5-69所示。

撰写并发布微信
公众号文章

图5-68　选择"图文消息"选项

图5-69 输入标题和作者

步骤03 ▶输入正文内容，这里首先输入引导内容（配套资源：素材\第5章公众号文字内容.docx），如图5-70所示。

图5-70 输入正文引导内容

步骤04 ▶选择输入的文字，单击工具栏中的"下划线"按钮 U，如图5-71所示，为文字添加下划线。

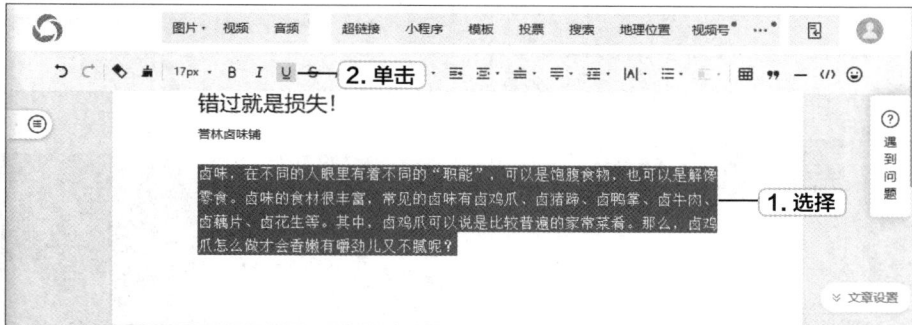

图5-71 添加下划线

步骤05 ▶在该段末尾处按【Enter】键换行，再次按【Enter】键空行，继续输入"食材用料"文字，按【Enter】键换行，继续输入食材用料的具体内容，如图5-72所示。

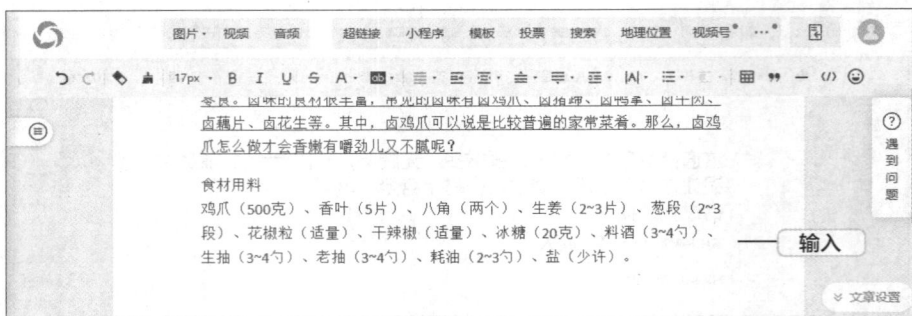

图5-72　输入食材用料的内容

步骤06 ▶在"盐（少许）。"后按【Enter】键换行，单击 图片· 按钮，在打开的下拉列表中选择"本地上传"选项，如图5-73所示。

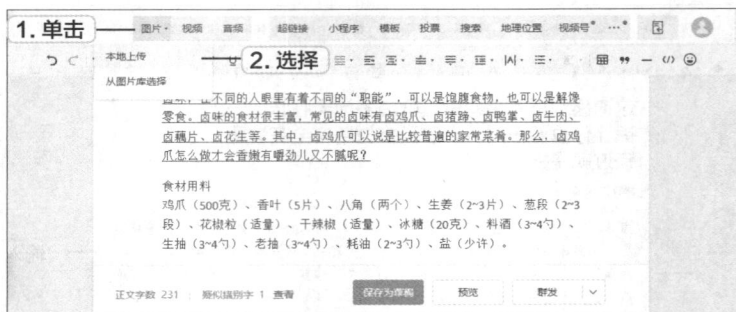

图5-73　选择"本地上传"选项

步骤07 ▶打开"打开"对话框，选择需要上传的图片（配套资源：素材\第5章\食材用料.png），然后单击 打开(O) 按钮，插入图片，如图5-74所示。

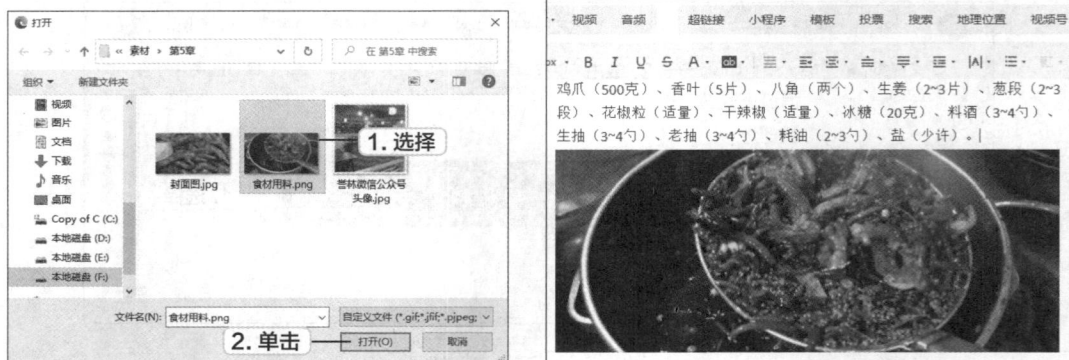

图5-74　插入图片

步骤08 ▶输入制作步骤的相关文字内容并配图（配套资源：素材\第5章\封面图.jpg），然后输入小贴士的相关内容，效果如图5-75所示。

图5-75　输入其他内容

步骤09 ▶选择"食材用料"文字，单击"序号列表"按钮≡·，在打开的下拉列表中选择"大圆圈"选项，如图5-76所示。

步骤10 ▶选择"食材用料"文字，单击"加粗"按钮B，加粗显示文字，效果如图5-77所示。

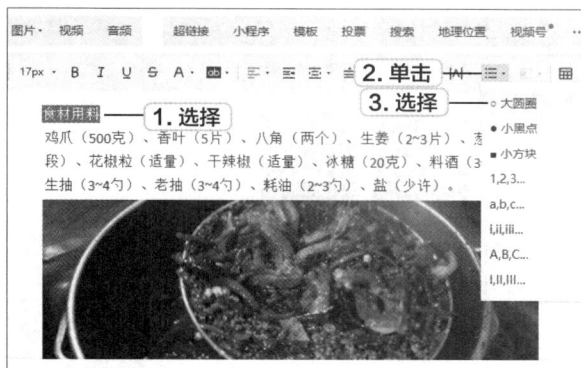

图5-76　选择"大圆圈"选项

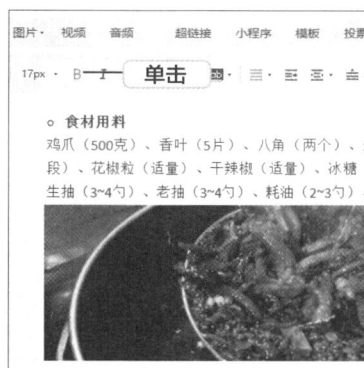

图5-77　加粗显示的效果

步骤11 ▶选择小贴士的相关内容，单击"对齐"按钮≡·，在打开的下拉列表中选择"居中对齐"选项，如图5-78所示，再单击"加粗"按钮B，加粗显示文字，效果如图5-79所示。

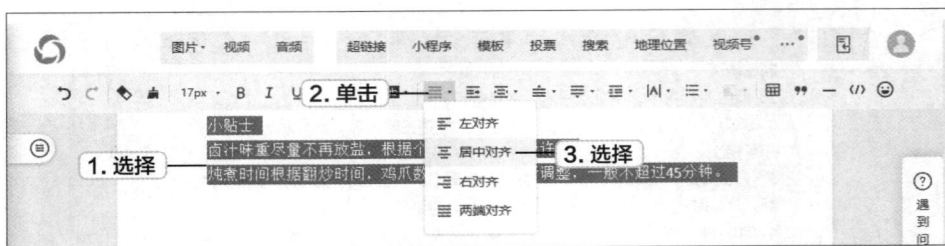

图5-78　居中对齐

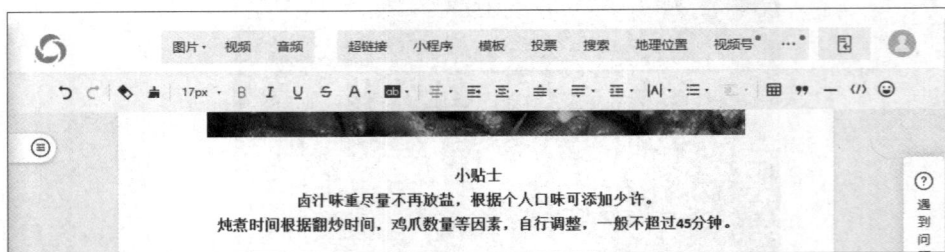

图5-79　居中对齐并加粗显示文字的效果

步骤12 ▶在页面下方"封面和摘要"栏中将默认设置的摘要内容修改为"5步让你做出香嫩不腻的卤鸡爪！"，然后将鼠标指针移到"选择封面"按钮╋上，在打开的下拉列表中选择"从正文选择"选项，如图5-80所示。

步骤13 ▶打开"选择图片"对话框，选择第2张图片，如图5-81所示，然后单击 下一步 按钮。

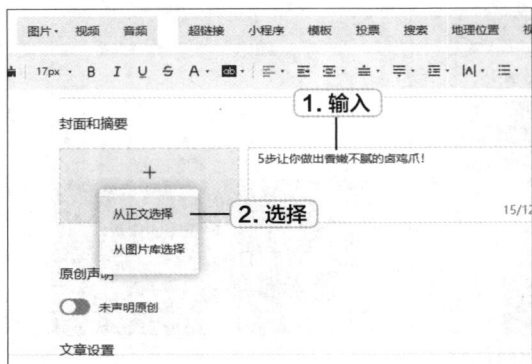

图5-80　设置摘要和封面

图5-81　选择第2张图片

步骤14 ▶在显示的页面中，拖动方框或调整方框的4个控制点可以调整图片显示的内容，此处不调整，直接单击 完成 按钮，如图5-82所示。

图5-82　确认封面图片

步骤15 ▶设置封面和摘要后，在页面左侧可预览封面和标题的效果图，单击 ┼ 新建消息 按钮可继续编辑新的文章。确认无误后，在底部单击 群发 按钮，如图5-83所示。

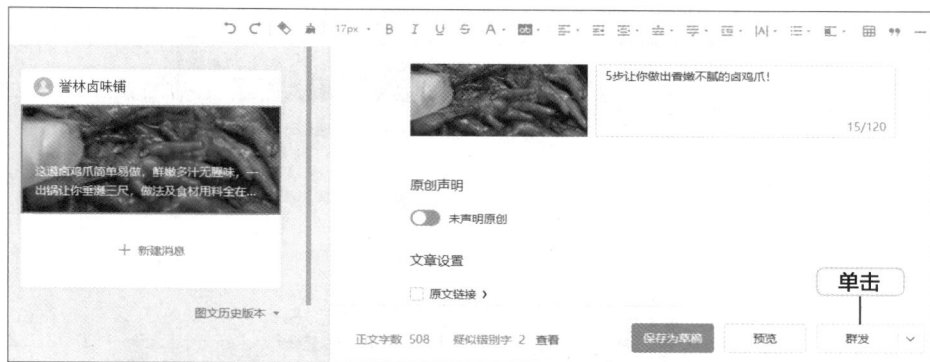

图5-83　选择群发文章

🎓 专家指导

单击 群发 按钮右侧的下拉按钮 ∨ ，在打开的下拉列表中可选择"发布"选项发布文章，不同于群发，发布的内容不会被推送给关注公众号的用户，不会展示在公众号主页，也不会占用群发的次数，营销人员每天可发布多篇内容。发布的内容可生成一个永久链接，可用于设置自动回复、自定义菜单等场景。

步骤16 ▶打开"群发消息"对话框，确认无误后单击 群发 按钮，如图5-84所示。

步骤17 ▶打开提示对话框，其中显示"消息开始群发后无法撤销"，单击 继续群发 按钮，如图5-85所示。

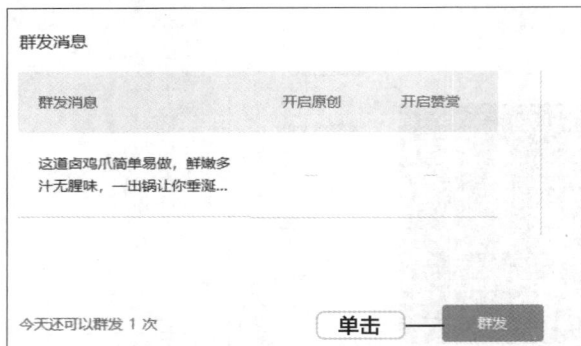

图5-84　开始群发

图5-85　继续群发

步骤18 ▶打开"微信验证"对话框，扫描二维码进行验证，此时手机微信中将显示确认信息，点击 确定 按钮，完成微信公众号文章的发布。

专家指导

　　微信公众号文章形式分为单图文（见图5-86）和多图文（见图5-87）。单图文即一次撰写并群发一篇文章。多图文即一次可群发多篇文章，每篇文章均可设置封面图和摘要，第一篇文章的封面图以大图显示，其余文章的封面图以小图显示。采用多图文形式的文章在微信公众号的用户终端上不显示摘要，文章被转载到外部平台时则显示摘要。

图5-86　单图文

图5-87　多图文

5.3.6 自定义菜单

设置公众号的自定义菜单时可添加分类板块，提供更多的内容和服务，吸引用户查看，彰显公众号的特色。下面为"誉林卤味铺"微信公众号设置"卤味食法""今日福利"两个菜单，具体操作如下。

步骤01 ▶登录微信公众号后台，选择左侧导航栏中的"自定义菜单"选项，在打开的"自定义菜单"页面中单击 +添加菜单 按钮，如图5-88所示。

步骤02 ▶在页面右侧的"菜单名称"文本框中输入菜单名称，此处输入"卤味食法"，在"菜单内容"栏选中"跳转网页"单选项，然后在下方单击"从已发表选择"超链接，如图5-89所示。

设置自定义菜单

图5-88 添加菜单

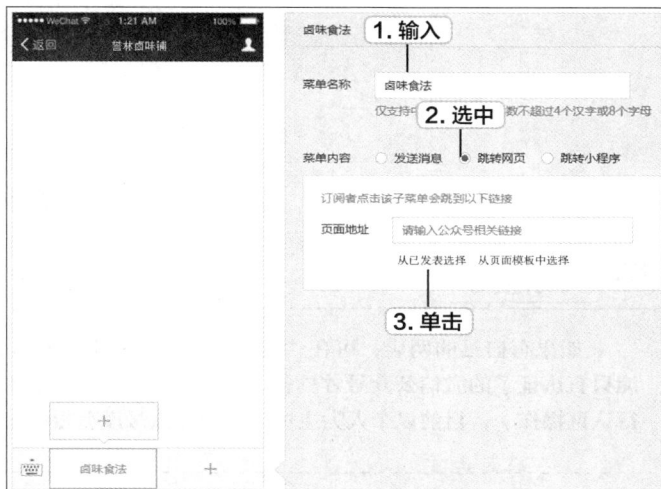

图5-89 编辑菜单

步骤03 ▶打开"选择已有图文"对话框，选中已发表的微信公众号文章，单击 确定 按钮，如图5-90所示。

图5-90 选中已发表的微信公众号文章

步骤04 ▶返回"自定义菜单"页面，此时"页面地址"栏中自动插入所选文章跳转网页的地址，如图5-91所示。用户单击该菜单就会跳转到相应的网页。

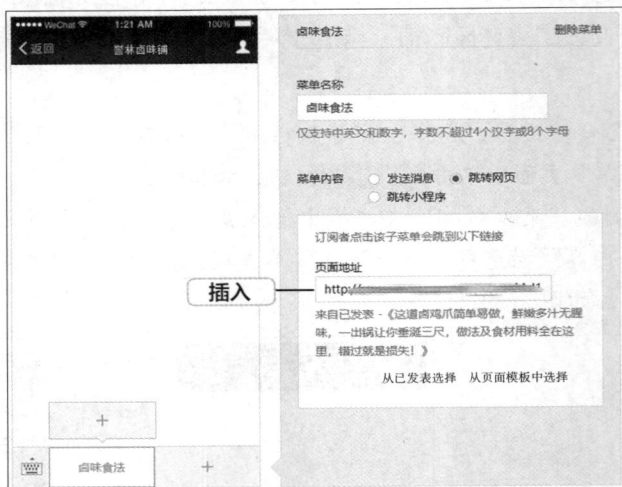

图5-91　插入跳转网页的地址

🎓 **专家指导**

如果有自己的网店，可在"页面地址"文本框中输入网店的网址，但跳转到外部网站的功能只有认证了的微信公众号才具备（在"账号详情"页面中单击"申请微信认证"超链接即可进行认证操作），目前以个人为主体注册的公众号没有权限进行认证。

步骤05 ▶单击"卤味食法"菜单右侧的 + 按钮，继续新增菜单。输入新的菜单名称为"今日福利"，选中"发送消息"单选项，选择"图片"选项，单击"上传图片"按钮⊠，如图5-92所示。单击"今日福利"菜单上方的 + 按钮可新增下一级菜单。

图5-92　新增菜单

步骤06 ▶打开"打开"对话框，选择要添加的图片（配套资源：素材\第5章\今日福利.png），单击 打开(O) 按钮，如图5-93所示。

步骤07 ▶成功上传图片，设置完毕后单击 保存并发布 按钮，自定义菜单设置效果如图5-94所示。

图5-93　上传图片

图5-94　自定义菜单设置效果

步骤08 ▶打开"温馨提示"对话框，单击 确定 按钮确认发布。

步骤09 ▶打开微信App，搜索并关注"誉林卤味铺"微信公众号，进入公众号后点击"今日福利"菜单，公众号将发送图文消息，如图5-95所示；点击"卤味食法"菜单，将跳转至文章地址所在界面，如图5-96所示。

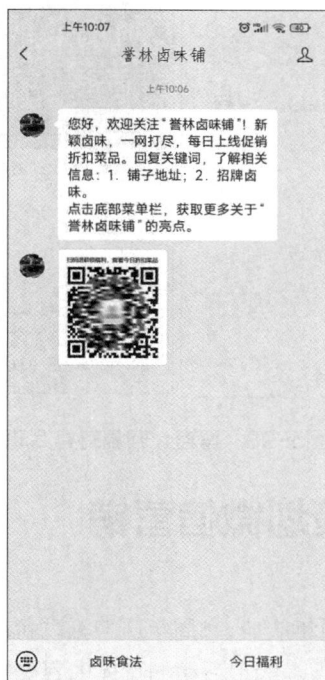

图5-95　发送图文消息

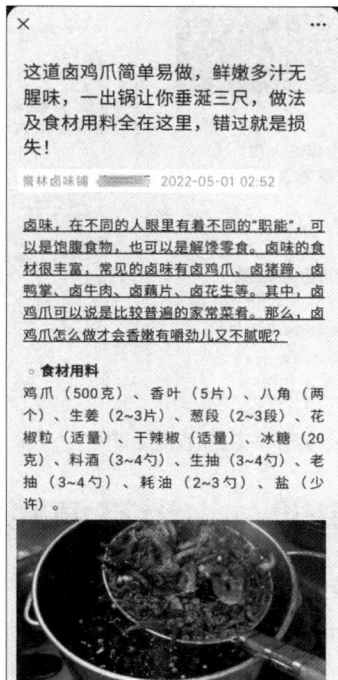

图5-96　跳转至文章地址所在界面

5.3.7　维护微信公众号粉丝

要想持续扩大微信公众号的影响力，除了稳定输出内容，还需要维护粉丝。对于微信公众号而言，开展各类活动是比较有效的互动形式。常见的活动包括比赛活动，留言、回复有礼活动，晒照有礼活动等。

- **比赛活动**。比赛活动是微信公众号中比较常见的一种活动，活动的形式较为简单，一般根据某一主题举行活动，并设立奖品，吸引粉丝报名参加，评选方式为其他粉丝投票或评委评分等，然后根据比赛成绩决定中奖者。图5-97所示为某微信公众号举办的比赛活动。

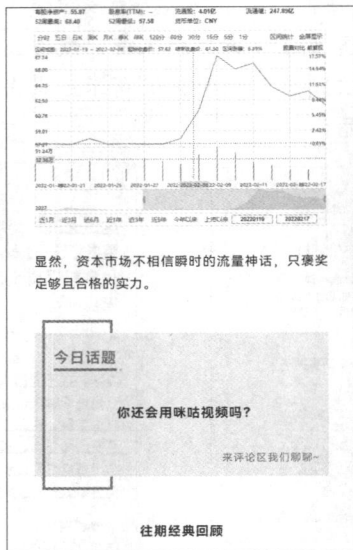

- **留言、回复有礼活动**。留言、回复有礼活动一般是根据当下热点、近期活动、节日庆典等，准备一个话题让粉丝在评论区留言，根据留言随机筛选或者按照点赞数等选取中奖者的活动，如图5-98所示。营销人员也可以直接要求粉丝留言或回复指定内容，再随机抽选中奖者。

- **晒照有礼活动**。晒照有礼活动一般有两种形式：一种是让粉丝将美食照、宠物照等不同主题的照片发送至公众号，营销人员按照活动规则抽选中奖者；另一种是让粉丝将某个指定图片、文章分享到朋友圈、微信群或者其他平台，进而截取相应的图片发至公众号，营销人员收到后再选取与奖励中奖者。

图5-97　某微信公众号举办的比赛活动

图5-98　留言、回复有礼活动

📈 本章实训——为某摄影店策划微信营销

【实训背景】

小文是某摄影店店长。目前，该摄影店迎来5周年庆典，5周年庆典活动包括线上和线下活动，线上活动通过微信平台展开，以扩大活动影响力。线上活动的具体内容安排如下。

- 活动时间为9月12日—9月20日。

- 参与活动的用户必须是微信公众号"亲恬摄影"的粉丝。
- 奖品包括价值1 999元儿童摄影套餐、价值2 999元情侣摄影套餐、价值5 999元家庭摄影套餐。
- 领奖人需持有效信息到门店领奖并进行摄影预约。

为此，小文一方面要通过自己的个人微信号发布活动信息，引导目标用户关注摄影店的微信公众号；另一方面要通过公众号群发活动详情，吸引更多用户参与活动。

【实训要求】

本实训的具体要求如下。

（1）管理微信好友，为好友分组，分组发布朋友圈内容。

（2）编辑活动推广文案，并群发消息。

【实施过程】

本实训分为在微信朋友圈发布活动信息和通过微信公众号群发活动推广文案两个部分。

（1）在微信朋友圈发布活动信息。

小文的微信好友数量众多，为了便于识别，小文首先为与摄影店建立联系或留有信息的用户设置分组，然后在朋友圈撰写活动信息并向该组发布信息，具体操作如下。

步骤01 ▶打开微信App，点击底部的"通讯录"图标👥，打开"通讯录"界面，点击"标签"选项，如图5-99所示。

步骤02 ▶打开"通讯录标签"界面，点击＋新建标签按钮，如图5-100所示。

步骤03 ▶打开"选择联系人"界面，依次选择需要放置在同一标签下的好友，完成后点击 完成(71) 按钮，如图5-101所示。

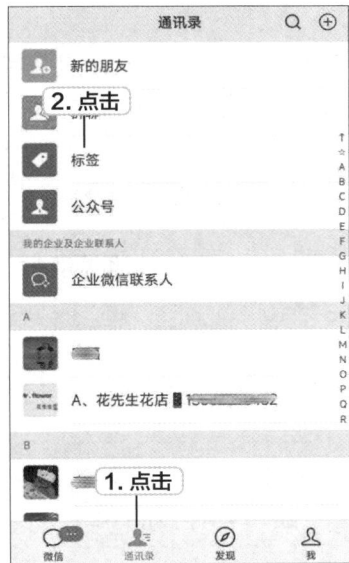

在微信朋友圈发布活动信息

| 图5-99　点击"标签"选项 | 图5-100　新建标签 | 图5-101　选择好友 |

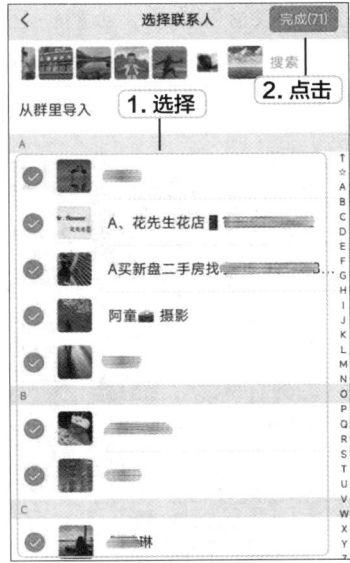

步骤04 ▶在"标签名字"栏中输入标签名字，点击 保存 按钮，如图5-102所示。

步骤05 ▶在微信主界面底部点击"发现"图标 ⊘，打开"发现"界面，点击"朋友圈"选项，如图5-103所示。

步骤06 ▶在打开的界面中点击右上角的 🔳 按钮，在打开的面板中点击"从相册选择"选项，如图5-104所示。

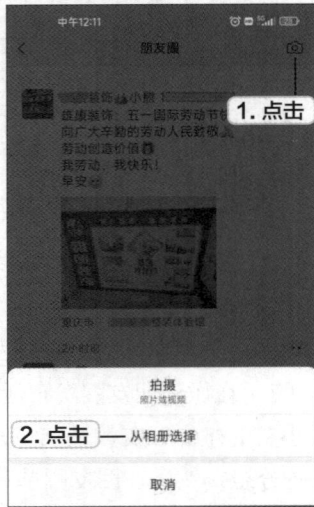

图5-102　点击"保存"按钮　　图5-103　点击"朋友圈"选项　　图5-104　点击"从相册选择"选项

步骤07 ▶在打开的界面中选择所需图片（配套资源：素材\第5章\周年庆.jpg、摄影店二维码.png），点击 完成(2/9) 按钮，如图5-105所示。

步骤08 ▶在打开的界面中输入活动内容（配套资源：素材\第5章\店庆文本.txt），点击下方"谁可以看"选项，如图5-106所示。

步骤09 ▶在打开的界面中选中"部分可见"单选项，在"从通讯录选择"栏中勾选分组微信好友，点击 完成 按钮，如图5-107所示。返回朋友圈内容发布界面，点击 发表 按钮完成发布。

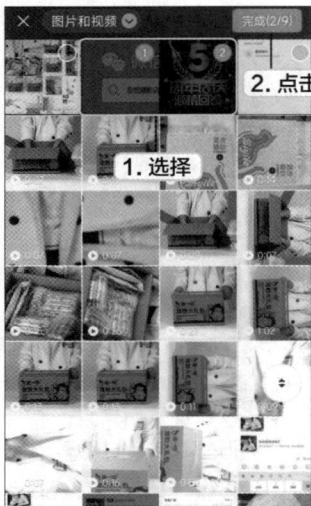

图5-105　选择图片　　　　图5-106　输入活动内容　　　　图5-107　设置分组发布信息

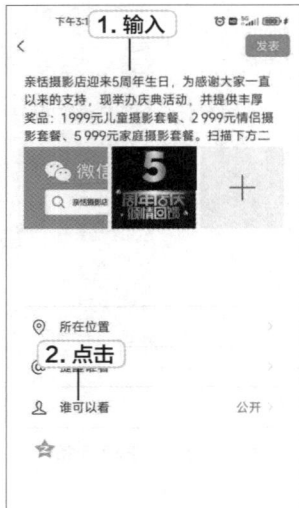

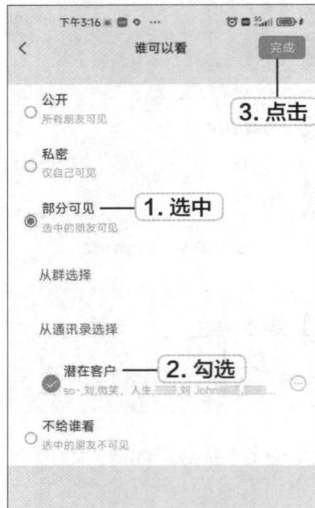

（2）通过微信公众号群发活动推广文章。

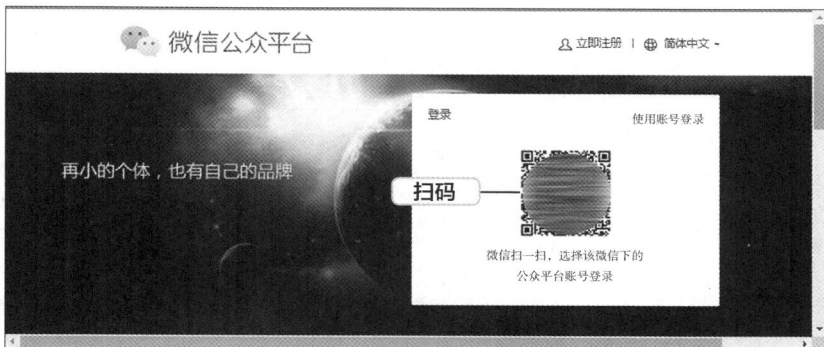

登录微信公众号后，首先输入活动内容，然后插入图片，最后设置格式并群发文章，具体操作如下。

通过微信公众号群发活动推广文章

步骤01 ▶扫码登录微信公众号，如图5-108所示，进入微信公众号后台。

图5-108　扫码登录微信公众号

步骤02 ▶在微信公众号后台首页"新的创作"面板中选择"图文消息"选项，打开后台编辑页面，输入文案标题、作者名称和正文（配套资源：素材\第5章\亲恬摄影周年庆.docx），如图5-109所示。

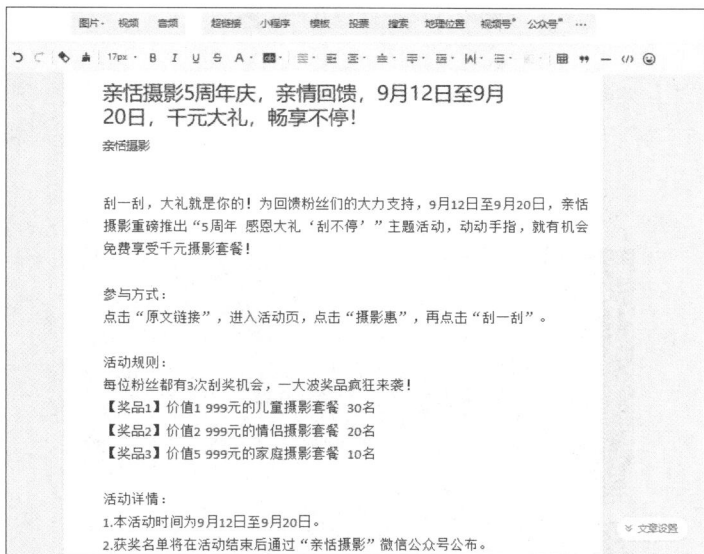

图5-109　输入文案标题、作者名称和正文

步骤03 ▶在"【奖品1】价值1 999元的儿童摄影套餐　30名"末尾处按【Enter】键换行，单击 图片 按钮，在打开的下拉列表中选择"本地上传"选项，如图5-110所示。

步骤04 ▶打开"打开"对话框，选择需要上传的图片（配套资源：素材\第5章\儿童摄影.jpg），然后单击 打开(O) 按钮，插入图片，如图5-111所示。

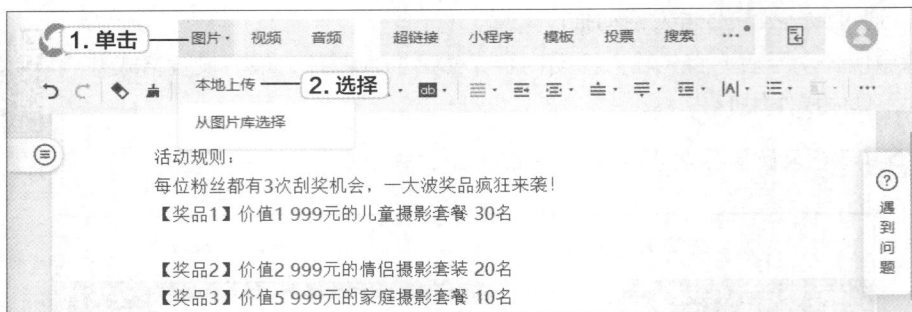

图5-110 选择"本地上传"选项

图5-111 选择并插入图片

步骤05 ▶分别在"【奖品2】价值2 999元的情侣摄影套餐 20名""【奖品3】价值5 999元的家庭摄影套餐 10名"段落下方插入图片（配套资源：素材\第5章\情侣摄影.jpg、家庭摄影.jpg），效果如图5-112所示。

图5-112 插入其他图片的效果

步骤 06 ▶选择"参与方式："文字与符号，单击"加粗"按钮 **B**、"下划线"按钮 **U**，将文字与符号加粗显示并添加下划线，如图5-113所示。使用相同方法为"活动规则："和"活动详情："文字与符号设置相同格式。

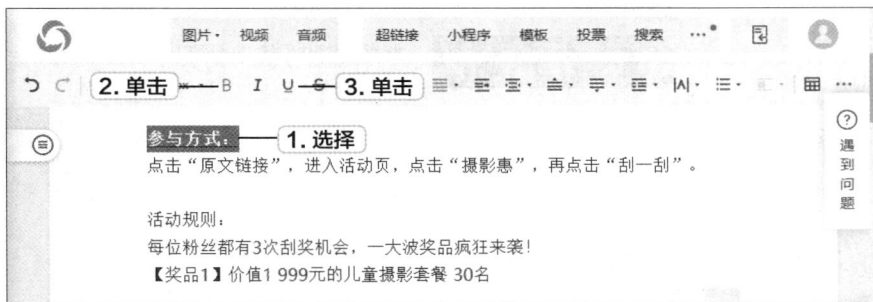

图5-113 加粗显示并添加下划线

步骤 07 ▶将鼠标指针移到"封面和摘要"栏中的"选择封面"按钮 **+** 上，在打开的下拉列表中选择"从正文选择"选项，如图5-114所示。

步骤 08 ▶打开"选择图片"对话框，选择第3张图片，然后单击 下一步 按钮，如图5-115所示。

图5-114 设置封面

图5-115 从正文中选择封面图片

步骤 09 ▶在打开的页面中，默认封面裁剪设置，单击 完成 按钮。

步骤 10 ▶返回文案编辑页面，在"封面和摘要"栏中将默认设置的摘要内容修改为"可中奖用户多达60名，机不可失！"，然后勾选底部的"原文链接"复选框，在打开的"原文链接"对话框中输入活动页的网页地址，单击 确定 按钮，如图5-116所示。原文链接地址没有限制，既可以是公众号平台内部的文案地址，也可以是外部网站地址。

步骤 11 ▶完成原文链接设置后，单击 群发 按钮，如图5-117所示，打开"群发消息"对话框，确认无误后单击 群发 按钮。

步骤 12 ▶打开提示对话框，其中显示"消息开始群发后无法撤销"，单击 继续群发 按钮。

步骤13 ▶打开"微信验证"对话框，扫描二维码进行验证，此时微信App中将显示确认信息，点击 确定 按钮，完成微信公众号文案的发布。

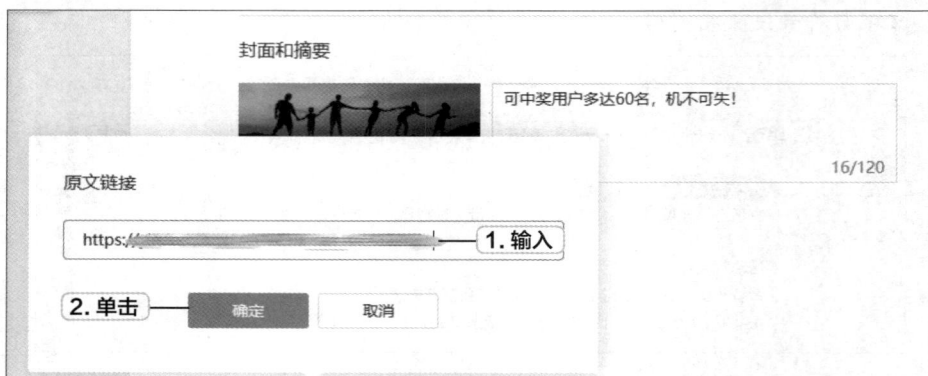

图5-116　设置摘要和原文链接

图5-117　群发文案

🎓 **专家指导**

如果公众号通过认证并开通微信支付，营销人员可以在文章编辑页面中单击 超链接 按钮，以文字或图片的方式插入外部链接，用户单击设置了链接的文字或图片可跳转到外部网站。如果公众号不具备在文章中插入链接的权限，营销人员除了采用原文链接的方式外，还可将外部网站的网页地址生成二维码，插入文章中，引导用户扫描二维码进入外部网站。

拓展延伸

营销人员在开展微信营销的过程中可能会遇到一些问题，如怎么快速找到高频联系好友、如何为新申请的微信公众号设置名称等。下面将介绍这两个问题的解决办法。

1. 如何快速找到高频联系好友

对于微信中高频联系的好友或特别重要的用户，营销人员可以采用以下两种方式为其设置重点标记。

- **星标朋友**。将好友设置为星标朋友后，好友会出现在通讯录的最前面，打开微信通讯录后即可快速找到好友。方法是：打开与好友的聊天界面，点击好友的头像，在打开的界面中点击右上角的 **...** 按钮，打开"资料设置"界面，点击"设为星标朋友"栏后的 ⚪ 按钮，如图5-118所示，按钮变为 🔵 状态即表示设置成功。

- **置顶聊天**。置顶聊天的好友会始终出现在微信主界面的最前面。方法是：在与好友的聊天界面中点击右上角的 **...** 按钮，在打开的"聊天信息"界面中点击"置顶聊天"栏后的按钮 ⚪ ，如图5-119所示，待按钮变为 🔵 状态即表示设置成功。

‹ 资料设置	
设置备注和标签	Spriky ›
朋友权限	›
把她推荐给朋友	›
添加到桌面	›
设为星标朋友	⚪
加入黑名单	⚪

图5-118　设为星标朋友

‹ 聊天信息	
孙畅洋 ＋	
查找聊天记录	›
消息免打扰	⚪
置顶聊天	⚪
提醒	⚪

图5-119　置顶聊天

2. 如何为新申请的微信公众号设置名称

对于新申请的微信公众号，营销人员可以结合以下几种方法来设置名称。

- **根据微信公众号所定位的目标用户的需求来设置名称**。例如，面向爱猫人士的公众号可设置名称为"猫来了""猫宠物"等；一个提供趣味信息的公众号可设置名称为"幽默寓言""搞笑屋"等。

- **根据地域设置名称**。例如，"成都生活""上海美食攻略"等。除了直接使用地域名称之外，还可以使用景点、食物名称和方言等。

- **根据某个事件或场景设置名称**。例如，"枕边音乐""十点读书"等，定时将用户带入一个生活习惯或生活场景中，可以增强用户黏性，同时也方便用户根据自己的需求进行搜索。

- **根据细分领域设置名称**。例如，服装搭配领域的"裤装搭配指南""裙子搭配技巧"等。细分领域的优点是目标定位更精准。一般来说，名称范围越大，重复性就越高，竞争也会越激烈。在一些热门领域中，细分领域反而能更精准地吸引更优质的用户。

📖 课后练习 ●●●●●●

纽扣油蟠桃是近年来比较畅销的一种桃子，其个头比较小、含糖量高、口感好。纽扣油蟠桃的成熟季节早，成熟期很短。大学毕业后，小杨为振兴家乡，在当地政府和村干部的帮助下开设了一家水果店，同时也在线上开设了网店，专门销售纽扣油蟠桃等当地特色水果。为进一步打开销路，小杨决定把微信作为主要营销平台开展网络营销活动。请根据以下情景为小杨提供对应的方案。

（1）小杨的微信个人号应如何设置？请将设置的内容填写在表5-2中。

表5-2　小杨微信个人号设置

昵称	头像	微信号	个性签名

（2）小杨可以采用什么方式与好友开展朋友圈营销互动？请将思考结果写在下方的横线上，并说明理由。

方式1：_____

_____

_____

方式2：_____

_____

_____

（3）小杨如果要开设微信公众号，该如何设置该公众号的名称、头像和功能介绍内容？该公众号可以通过哪些途径引流？

（4）假设此时正值纽扣油蟠桃上市，小杨决定在微信公众号开展"关注+转发"有礼活动，中奖用户可以获得"纽扣油蟠桃5千克"。请为此次活动写作微信公众号文章。

第6章 短视频与直播营销

视觉化营销时代下，营销越能快速吸引用户，给用户带来惊喜，就越能起到明显的效果。信息表现形式逐渐多元化，集文字、图片、音频等于一体的短视频和直播迅速应用于各种营销场景。凭借着强大的传播力和影响力，短视频和直播逐渐成为当下主流的营销方式，并广泛运用于众多营销场景。

学习目标

- 了解短视频营销、直播营销的特点与常用平台。
- 熟悉短视频营销的账号定位、内容分类与展现形式。
- 掌握短视频营销的方式和获取流量的技巧。
- 掌握直播营销的方式、引流技巧、活动策划与粉丝维护。

素养目标

- 遵守法律法规、平台规范。
- 创作和传播积极、正能量的内容，引导用户树立正确的价值观。
- 不断提升自身的专业能力。

案例导入

VISA携手中国建设银行玩转"冬奥营销"

2022年北京冬奥会，吉祥物"冰墩墩"受到了众人的喜爱，周边产品纷纷售罄。一"墩"难求的背后，折射的是人们的奥运情怀以及对冰雪运动的热爱。冬奥会吸引着全世界的目光，为企业开展营销提供了机遇。冬奥会开赛之前，奥林匹克合作伙伴VISA携手中国建设银行推出了VISA龙卡北京2022年冬奥会主题信用卡（以下简称"冬奥卡"），卡面是憨态可掬的冰墩墩。除此之外，VISA还举办了"办VISA龙卡，享冰墩墩自由"好礼活动——用户使用冬奥卡可以以较优惠的价格在全国各地的滑雪场地畅玩冰雪项目，这调动了持卡用户畅享冬奥会的热情。

VISA携手中国建设银行推出冬奥卡产品之后，又陆续开展了以"冬奥梦起 冰雪自来"为主题的系列营销活动。冬奥会伊始，VISA和中国建设银行合作上线了冬奥主题系列趣味短视频，描述了"网络红人"、程序员和快递员等不同职业的人群对冬奥会的热情和对冰雪世界的向往，图6-1所示为以快递员为主人公拍摄的短视频画面。为让更多人参与到活动中，VISA和中国建设银行编排了"冰雪热身操"，并在抖音开设了"VISA龙卡邀你上冰雪"话题活动，邀请"达人"（在某一领域很专业的人）推广。仅一周时间，抖音上附带"VISA龙卡邀你上冰雪"话题的视频总播放量就超过2 000万次，千万用户感受到了冬奥的魅力。

图6-1　以快递员为主人公拍摄的短视频画面

【思考】

（1）VISA和中国建设银行的系列趣味短视频为什么会受到众人的喜爱？

（2）该系列短视频为什么能快速传播？

6.1 短视频营销

互联网技术的发展和短视频平台的兴起，让观看短视频成为众多用户日常网络活动中的重要组成部分，这种普遍的网络行为催生了短视频营销。

课堂讨论

　　某位旅行"达人"通过手机将自己旅行途中的趣事录制成短视频，然后发布到短视频平台上，这属于营销吗？

6.1.1 短视频营销的特点

　　短视频是一种视频时长以秒计数，主要依托于移动智能终端实现快速拍摄和编辑，可在社交平台上实时分享的新型视频形式。短视频不同于文字、音频单一的内容模式，其融合了文字、音频和视频，能让用户接收的内容更加多元化。同时，优质的短视频内容也可借助社交媒体的渠道优势实现病毒式传播。短视频营销是借助短视频这种媒介形式进行营销的一种方式。短视频营销人员主要借助短视频确定目标用户，并通过目标用户传播有价值的内容，吸引他们了解产品或服务，最终促成交易。

　　短视频营销具有以下两个显著特点。

- **目标精准**。不同用户偏好的内容有所差别，有人喜欢励志情感，有人喜欢科技产品，还有人喜欢美食等。短视频内容多种多样，营销人员通过视频标签化、垂直运营等手段，可以确定目标用户，实现精准营销。

- **传播速度快**。简洁的短视频符合人们在移动互联网环境下碎片化的阅读习惯，深受用户青睐。富有创意、内容实用、能引起用户情感共鸣的优质短视频能够被广大网友转发，得到迅速传播。

6.1.2 短视频营销常用平台

　　短视频的爆发式增长，催生了众多短视频平台。目前主流的短视频平台有抖音、快手等。

1. 抖音

　　抖音，是字节跳动于2016年9月推出的一款面向年轻人群体的音乐创意短视频社交平台。从用户性别分布上看，抖音男性用户与女性用户的比例基本持平，男性用户偏好游戏、汽车、电子产品等内容，女性用户偏好时尚、美妆、母婴、穿搭、美食等内容。从用户年龄分布上看，抖音用户的年龄主要在18～35岁，其中，18～24岁的用户喜欢新鲜事物及追赶潮流，25～35岁的用户偏好生活技巧和情感内容。从用户地域分布上看，抖音用户主要来自一、二线城市及沿海城市，这部分用户文化水平较高、消费能力较强。

　　抖音已成为用户日常生活中使用较频繁的软件之一。

2. 快手

　　快手，其前身是诞生于2011年3月的"GIF快手"，是北京快手科技有限公司推出的一款用来制作、分享GIF图片的手机应用软件。2012年11月，快手从图片软件转型为短视频平台，用于记录和分享生活。整体上，快手用户呈现年轻化态势。从用户性别分布上看，快手男性用户与女性用户的比例基本持平，用户整体上偏好生活、娱乐类内容，偏好大众品牌、看重性价比。从用户年龄分布上看，快手用户的年龄主要在18～35岁，这个年龄段的用户数远多于其他年龄段的用户数。从用户地域分布上看，快手用户主要来自二线及以下城市，对商业信息接受度较高。

与"时尚化"的抖音相比，快手更加"生活化"。

6.1.3　短视频营销账号定位

短视频营销账号需要有清晰的定位。如果账号没有明确的定位，短视频内容就会杂乱无章，只能在短时间内吸引一些流量，无法长期为账号吸引流量，且很难吸引垂直领域的用户。

企业可以从以下3个方面入手为短视频营销账号定位。

- **行业定位**。行业定位是指根据企业所属的行业来确定账号发布的内容。例如，美妆类企业要开设短视频营销账号，就可以将短视频账号定位为美容护肤类账号。
- **产品定位**。产品定位是指通过分析企业自身产品形态来选择合适的表现方式。例如，若企业主要经营服饰、鞋包类产品，其短视频账号可以定位为穿搭类账号；若企业主要经营数码类产品，其短视频账号可以定位为测评类账号。
- **人群定位**。人群定位是指根据企业目标用户的喜好来确定账号发布的内容。例如，企业主要经营厨房用具，其目标用户主要是对美食制作感兴趣的美食爱好者，其短视频账号就可以定位为美食制作教程类账号。

专家指导

> 对于短视频的个人运营者而言，其可以根据个人的特长、爱好进行账号定位。例如，美食爱好者将账号定位为美食分享类账号，待有一定知名度后可为美食类品牌推广品牌或产品。

6.1.4　短视频营销内容分类与展现形式

短视频的创作门槛较低，人人都可以成为短视频内容的生产者。这使得短视频相比于传统的视频类型，形式更丰富，内容更多样，并且可以通过不同的形式展现。

1. 短视频营销的内容分类

短视频的内容非常多，总的来说，比较热门的、用户量大的、能够较快获得用户关注的内容主要有以下几类。

- **旅游类**。旅游类短视频主要分享旅途见闻、旅游攻略、景点介绍等内容。在短视频平台上一些分享"奇景""异景"的短视频，一经发布就能快速吸引用户，获得众多用户的关注。
- **美食类**。美食类短视频主要分享探店、美食制作等与美食有关的内容，能够快速吸引美食爱好者的关注。一些特色美食类短视频，还能够获得其他用户群体的关注，如某美食短视频创作者在美食制作过程中融入田园生活、原生态生活，获得了广泛关注。
- **趣闻类**。趣闻类短视频主要分享有趣事件、搞笑的话、搞笑情节剧等内容。此类短视频覆盖范围广，用户群体广泛，常被用于消遣时间。

- **情感类**。情感类短视频主要用于传递正能量，内容包括分享见义勇为、乐于助人、甘于奉献的人物或事件，或者分享情感话题，如友情、亲情、爱情。传递正能量的内容很容易引起用户情感上的共鸣，并促进短视频传播。

- **才艺类**。才艺类短视频主要分享如唱歌、跳舞、器乐演奏等才艺表演。才艺类短视频的用户面广；不过，要创作这类短视频，表演者需要具备一定的才能。

- **儿童/宠物类**。儿童/宠物类短视频内容通常是家中孩子或宠物的日常生活片段。儿童/宠物类短视频的用户面较广，展现孩子或宠物天真、乖巧的内容在短视频平台上很受欢迎。

- **实用知识类**。实用知识类短视频注重内容的实用性，能够快速触发目标用户的收藏与转发行为。实用知识类短视频内容丰富，各类实用培训教程、资源集合、生活技巧、职场技巧等短视频都可以归于此类。例如，美妆/穿搭类短视频可以展示护肤、化妆的技巧或服饰鞋包的搭配。虽然部分实用知识类短视频内容的目标用户数量有限，但目标用户更加精准，可以带来更多转化量。

- **开箱测评类**。开箱测评类短视频一般会从拆开快递包裹开始，逐步展示产品外观，介绍产品特点，简单试用产品并对产品做出正面评价，以激发用户的购买需求。

2. 短视频营销内容的展现形式

短视频营销内容的多元化发展也使得其展现形式变得多元化。总体上，短视频营销内容主要有以下4种展现形式。

- **图文拼接**。图文拼接是短视频所有展现形式中较简单和易操作的一种类型，营销人员只需要将一些图片或视频截图拼接起来，并添加背景音乐、说明文字，就可以制作出一条短视频。

- **视频记录**。视频记录即通过拍摄视频记录日常生活，是一种"随拍"展现形式。例如，旅游"达人"以视频记录的形式展现其在旅途中的所见所闻；美食"达人"以视频记录的形式展现其试吃经历、探店经历或美食制作过程；美妆"达人"以视频记录的形式展现其日常的化妆技巧；宠物"达人"以视频记录形式展现宠物的日常生活片段等。

- **脱口秀**。脱口秀是目前短视频营销内容比较常见的一种展现形式。实用知识类短视频就常采用这种展现形式，向用户分享一些实用的知识技能。采用脱口秀这一展现形式，短视频须向用户传递有价值的信息，这样才能让用户有所收获，才能得到用户的认可和持续关注。

- **情景短剧**。情景短剧的创作难度较大，需要一定的资金和人力支持，在剧情写作、场景设计、视频拍摄、视频剪辑等方面要求严格。情景短剧能够更清晰地表达短视频的主题与情感，更容易引起用户的共鸣。

6.1.5　短视频营销的方式

作为网络营销中常用且有效的营销渠道，短视频可以在短时间内实现大范围、低成本的快速传播，为企业带来巨大的营销价值。常见的短视频营销方式有以下几种。

1. 短视频电商

如今，电商的发展方向越来越多元，如跨境电商、社交电商、分销电商、拼购电商、精选电商等，细分领域越来越多，短视频电商便是其中一个细分领域。短视频电商是指在短视频中植入电商营销元素，在给电商平台带货、缓解获客压力的同时，实现短视频的流量变现，达成双赢。另外，用户可以通过短视频了解产品，然后通过短视频提供的购买方式购买产品。

例如，用户在抖音或快手观看短视频时，有的短视频下方会显示对应产品的链接。图6-2和图6-3所示分别为抖音、快手产品链接，产品来源于抖音小店、快手小店或其他电商平台（如京东），用户点击产品链接即可进行购买。

图6-2　抖音产品链接　　　　　图6-3　快手产品链接

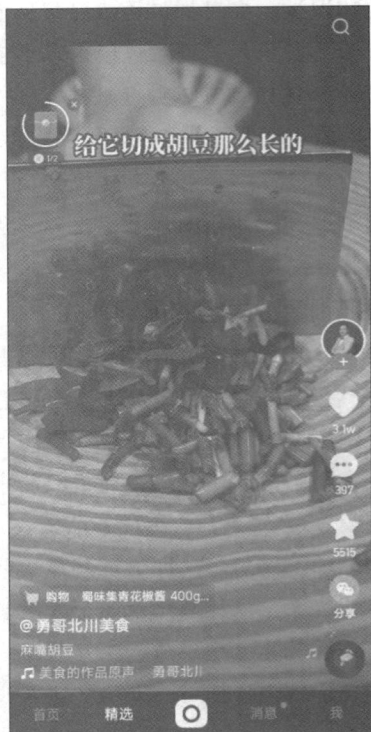

短视频电商注重结合如使用场景、体验场景、情绪场景等各类场景来展示产品的卖点、细节，营销人员实施短视频电商带货时，需要精心设计视频内容，将产品与各类场景相融合，让用户直观地感受产品特点，为后续的交易提供支持。实际运营中，营销人员通常将短视频电商与直播相结合，短视频更多起到为直播引流的作用。

2. 品牌植入

品牌植入是指将品牌标志、名称等植入短视频的场景中。此类方式适合已经具有一定品牌影响力的企业，且拍摄内容要与品牌内涵相符，一定要有趣、新奇或紧跟热点。图6-4所示为OPPO发布的品牌植入短视频。该短视频以猫的视角展开，讲述了大排档店家与猫之间的温情故事，在短视频末尾清楚地标出品牌名称"OPPO"。清晰的画面与充满创意的内容让该短视频备受好评。

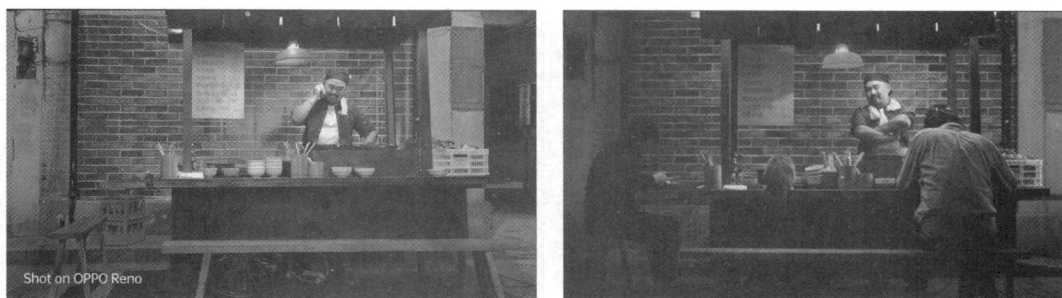

图6-4　OPPO发布的品牌植入短视频

3. "短视频+线下活动"营销

"短视频+线下活动"营销是一种简单高效的营销方式，即通过邀请名人、艺人出席企业的线下活动，并拍摄视频，将精彩部分剪辑成短视频，上传到网上进行二次传播。例如，童装品牌balabala携手"抖音超品日"在长城开展"羽你相绒"梦幻大秀，在直播走秀时，也通过短视频在各社交平台上进行宣传，如图6-5所示，此次营销活动使该品牌抖音账号新增粉丝数超过50万人。

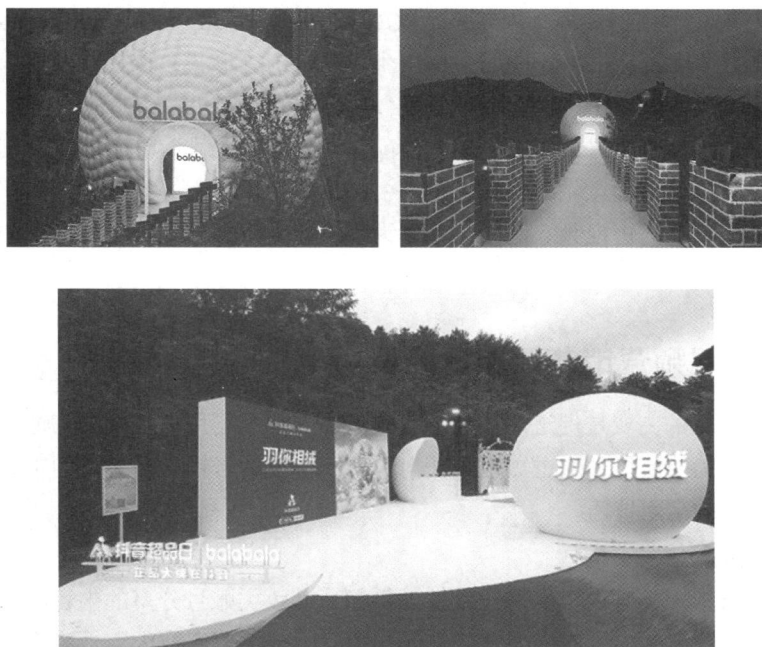

图6-5　"短视频+线下活动"营销

4. 短视频互动营销

短视频互动营销通常是由企业发起活动，借助短视频平台和短视频"达人"的影响力，带动用户参与活动，并实现短视频的快速传播的营销方式。图6-6所示为小米手机的短视频互动营销活动，该活动号召用户用各种夸张的方式（如用高跟鞋踩踏、用锤子敲等）对新品手机"小金刚"进行测试，再与小米官方互动，该短视频互动营销活动起到了很好的传播效果。

图6-6　小米手机的短视频互动营销活动

5. 短视频创意定制营销

短视频创意定制营销指短视频内容采用PGC（Professionally Generated Content，专业生产内容）和UGC（User Generated Content，用户生成内容）等形式，按企业的要求生产定制内容的营销方式。创意定制的短视频可以最大限度地体现内容的价值，让营销信息植入得更加自然。例如，某美食短视频账号凭借"针织方便面""瓷砖烤牛排"等系列富有创意的美食短视频快速树立了其个性化、创意化的账号形象，引起了华为、九阳等品牌的关注，让其为品牌产品生产了一些创意定制的短视频。例如，将华为手机作为案板处理食材、用水冲洗，用九阳小黄人豆浆机制作香蕉豆奶等。

6.1.6　短视频营销获取流量的技巧

短视频营销的目的主要是促进短视频的有效传播，加强与用户之间的沟通，提升营销的效果。随着短视频营销的流行，通过短视频获得更多流量成为营销人员关注的重点。下面介绍短视频营销获取流量的常用技巧。

1. 内容垂直运营

内容上的垂直指短视频内容保持一致性。例如，美妆类账号分享的内容应该与护肤、化妆相关，才艺类账号分享的内容应该与才艺表演相关。为什么要保持内容上的垂直呢？一方面，短视频平台倾向于推荐垂直类内容；另一方面，方便用户对账号进行归类，以便用户快速联想并准确地找到账号，使账号更容易获得精准粉丝。

营销人员进行内容垂直运营时只需要更新与当前账号定位的领域相关的内容。这种方式的操作门槛相对低，账号运营起来更轻松，也更有利于涨粉、引流、变现。

2. 找好选题

找好选题是打造优质短视频的关键。选题反映了短视频内容的主题思想，也为营销人员提供了短视频内容创作的方向。

一个好的短视频选题应具备以下两个基本要素。

- **选题覆盖面广**。一个好的选题要保证覆盖足够多的用户，营销人员可选择与用户生活联系紧密、与热点事件等相关的选题。
- **选题能引起共鸣**。选题能引起用户共鸣，才能产生好的传播效果。共鸣可以是观念上的共鸣、遭遇上的共鸣、经历上的共鸣、身份上的共鸣。例如，感人瞬间和正能量事件，就会引起不少人情感上的共鸣，可以将其纳入选题范畴。

3. 设计具有吸引力的标题

标题是推动短视频传播的引线，标题有吸引力、能抓住用户的眼球至关重要。标题起得越好，观看短视频的用户越多，获得的点击量就越多，就越容易获得短视频平台的推荐，进而促进营销。

营销人员可采用以下技巧设计短视频的标题。

- **突出稀缺程度**。在标题中突出对象的稀缺程度，能够促使用户立马采取行动。图6-7所示的短视频的标题就突出了该家餐厅的烤鸡运用的是独家秘方，让用户对其口味产生好奇，吸引用户前往品尝。
- **融入新鲜元素**。对新鲜的人和事物感兴趣是人会存在的心理，在标题中融入新鲜元素往往能够快速引起用户的注意。图6-8所示的标题中的"新产品""黑科技"等词语便具有一定的新鲜感。

图6-7　突出稀缺程度　　　　图6-8　融入新鲜元素

- **借助名人**。名人是大众所关注的对象，很多广告都会利用名人的影响力。在短视频的标题中也可以体现名人，以增加短视频的播放量，但短视频内容应与名人有所关联。如果标题中涉及名人的观点，那么可以将其姓名直接加入标题中。

- **使用数字**。数字化标题即将短视频的重要内容用数字体现出来。用户用于浏览内容的时间一般很短，数字化标题直观、明了，能够让用户瞬间抓住短视频内容的关键信息，并决定是否继续浏览。图6-9所示的标题便使用了数字，简洁明了地说明了内容主题。

- **设置疑问**。在标题中设置疑问，可以引起用户的好奇心，激发用户的点击欲望，从而增加短视频的播放量。图6-10所示的短视频标题便设置了疑问，容易吸引目标用户点击。

- **表明利益**。企业发布的推广产品的短视频，可以以"利"诱人，在标题中直接表明产品利益点。图6-11所示的短视频标题便突出了产品的利益点——低价，容易吸引有购买需求的用户点击。

图6-9　使用数字　　　　　　图6-10　设置疑问　　　　　　图6-11　表明利益

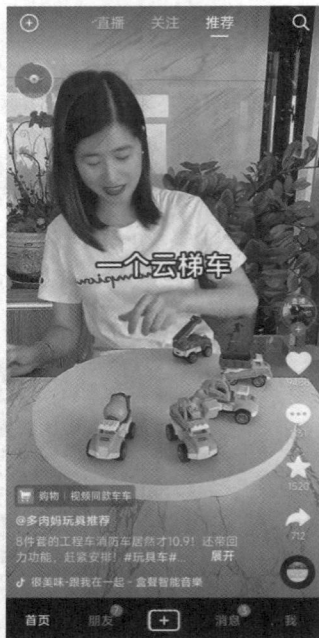

4. 优化封面

用户在选择是否观看短视频时，首先会注意短视频的标题和封面。封面比标题更加直观，一张具有吸引力的封面会为短视频加分。封面一般是从短视频中截取的画面，除了保证封面清晰和完整外，在封面的选取上，还应注意两点：一是封面要体现短视频内容；二是封面要展现实用且有价值的信息。

5. "蹭"热点

"蹭"热点是短视频营销快速获取流量的一个便捷方法。只要热点和短视频账号运营内容相关，营销人员就可以通过"蹭"热点来获得关注，但需要注意以下几点。

- **从热点本身出发**。热点往往会快速吸引大量营销人员的注意。这时，营销人员需要从热点本身出发，科学地去"蹭"这些热点。要"蹭"有效的热点，并避开负面的、不适用于营销的热点。

- **把握时机**。热点往往在短时间内流行，一段时间之后就会有新的热点代替之前的热点。所以，营销人员要第一时间抓住热点，快速推出短视频。
- **学会借势**。"蹭"热点有一定的方法，可以加入与热点相关的字词、人物、事件等，以引起用户的关注。例如，图6-12所示为借势2022年北京冬奥会的相关短视频；图6-13所示为借势2022年卡塔尔世界杯的相关短视频。

图6-12 借势2022年北京冬奥会的相关短视频

图6-13 借势2022年卡塔尔世界杯的相关短视频

另外，还可在发布短视频时添加热门话题，为短视频营销引流。

6. 发布系列短视频

营销人员如果打算使用系列短视频内容来引流，应当连续发布短视频。第一段视频达到浏览量目标后，立即上传第二段视频，以维持热度。系列短视频发布的间隔时间不宜过长，否则短视频将失去热度，用户的热情也会减少。

7. 多渠道传播

短视频的传播渠道对短视频营销非常重要。很多时候，单一的传播渠道往往无法取得良好的营销效果，因此，营销人员应采用多渠道传播方式，除了将短视频发布在短视频平台外，还可以发布到微博、微信、视频网站等平台，以扩大短视频的影响范围。

职业素养

青少年是短视频的主要用户群体之一。因此，营销人员除了要严格遵守法律法规、平台规范外，还要积极创作和传播充满正能量的短视频内容，帮助青少年树立正确的价值观等。

6.2 直播营销

直播营销是在现场随着事件的发生、发展同时制作和播出的视频营销方式，以直播平台为载体，具有直观的场景表现力。从广义上讲，可以将直播营销看作以直播平台为载体而进行的营销活动。企业通过直播可以更加立体化地展示企业文化，传递品牌信息，开展各种营销活动。

课堂讨论

你经常观看直播吗？你会因为主播的推荐而购买某产品吗？

6.2.1 直播营销的特点

随着互联网的发展，直播营销以直观即时、设备简单、内容真实等特点广受企业青睐。

- **直观即时**。直播营销可以实现信息即时共享，为用户带来直观的场景化体验，使用户产生沉浸感，让用户真切地了解产品的外观、功能、使用效果等。
- **设备简单**。直播营销的设备很简单，常见的有智能手机、计算机等。基于互联网的直播营销，可以直接通过智能手机来开展。
- **内容真实**。直播营销不会对直播内容进行剪辑和加工，播出的内容与用户看到的内容是完全一致的。

真实、直观的展示方式更易打动用户，激发其购物欲望。因此，开展直播营销前，营销人员应当把握好直播流程，避免出现直播失误，给用户留下不好的印象。

6.2.2　直播营销的账号设置

不同直播平台的账号设置板块略有差异，但基本都包含账号名称、账号简介、账号头像和头图（指账号头像上方的背景图片）、置顶视频（指账号主页视频列表中置于顶部的视频）等元素。图6-14和图6-15所示分别为快手平台上个人账号和企业账号的主页。

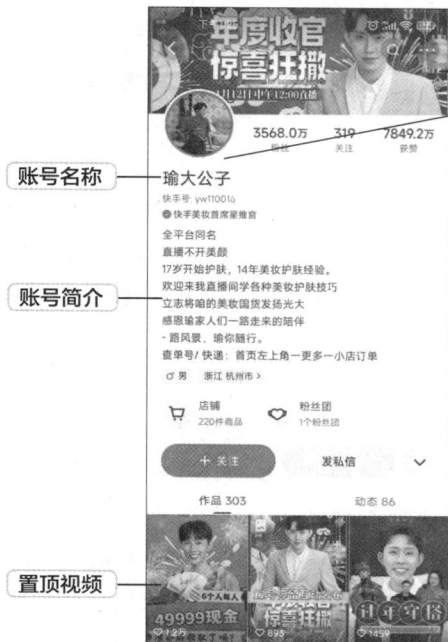

图6-14　个人账号主页　　　　　　　图6-15　企业账号主页

- **账号名称**。个人账号的名称应体现个人特色，便于理解、记忆和传播，如"丽江石榴哥""虎哥说车""老爸测评"。有一定知名度的主播，其个人账号也常使用自己的真实名字。企业账号通常为企业名或店铺名，如"某某服饰""某某旗舰店"，或者为能体现产品特色的名称。

- **账号简介**。个人账号一般通过简短的内容告诉用户该账号的定位，展示个人特色和专长。企业账号则多直接说明企业品牌和产品的特点，以及企业实力等。

- **账号头像和头图**。个人账号的头像一般为真人照片，企业账号的头像一般为企业的品牌标志。个人账号的头图一般为真人照片或生活场景图，也可为展示主播特长、联系方式等信息的图片。企业账号的头图一般为品牌标志或产品图片，或者为展示企业形象的创意图片。

- **置顶视频**。置顶视频可以是拍摄的短视频，或剪辑的往期直播片段。个人账号的置顶视频最好能体现出自己的人设，同时点赞数较多。企业账号的置顶视频一般是体现企业品牌和产品特色的视频，或用于推广新产品的视频。

6.2.3　直播营销常用平台

直播营销带来的巨大营销效果，使得各类平台纷纷布局直播，催生出了众多直播平台。目前，常见的直播平台有娱乐类直播平台、游戏类直播平台、电商类直播平台、短视频类直播平台、社交类直播平台和教育类直播平台等。

- **娱乐类直播平台**。娱乐类直播平台兴起于PC端的秀场直播，是直播行业中发展较早的平台类型，入驻门槛低、用户流量大、主播数量较多。娱乐类直播平台直播类目以休闲娱乐、社交互动为主，涵盖才艺展示、聊天互动、户外活动、美食、体育、科技等内容。目前，具有代表性的娱乐类直播平台有YY直播、花椒直播、一直播、映客直播、酷狗直播等。其中，映客直播在2019年10月正式上线直播带货功能——嗨购，布局直播电商，进行新商业模式的探索。

- **游戏类直播平台**。游戏类直播平台是以实时直播游戏为主要内容的平台类型。全球电竞业的发展促进了游戏直播行业的发展，游戏直播成为直播产业中不可忽视的力量。游戏类直播趣味性强，颇受游戏爱好者的喜爱。目前，具有代表性的游戏类直播平台有斗鱼、虎牙直播、战旗直播等。其中，斗鱼在2020年3月正式上线直播带货功能——斗鱼购物，布局直播电商，进行新商业模式的探索。

- **电商类直播平台**。电商类直播平台是由电商平台孵化出来的，作为电商平台吸引流量、提高转化率的工具，帮助实现企业边直播边销售、用户边观看边购买的营销目的。电商类直播平台的直播内容以直播带货为主。目前，主流的电商类直播平台有点淘、京东直播、多多直播（拼多多直播平台）、蘑菇街、苏宁直播等。

- **短视频类直播平台**。短视频平台主要以输出短视频为主，但随着直播行业的发展，很多短视频平台适时推出了直播功能，平台上的用户除了可以上传、发布短视频内容外，还可以直播。与电商类直播平台专注于直播带货不同，短视频类直播平台的直播场景更丰富、直播内容更多元。目前，具有代表性的短视频类直播平台有抖音、快手、西瓜视频、腾讯微视等。

- **社交类直播平台**。社交平台是互联网上基于用户关系的内容生产与交换平台，用户在社交平台可以分享各类信息。在直播营销飞速发展的形势下，微信、微博等社交平台也上线了直播功能，搭建起了社交直播营销内容生态。

- **教育类直播平台**。目前，教育类直播平台可以分为两类：一类是在传统教育平台的基础上增加直播功能的平台，如网易云课堂、CCtalk等；另一类是独立的教育类直播平台，如荔枝微课、千聊、小鹅通等。除了支持实时互动、分享知识之外，教育类直播平台还提供教学服务，包括课后答疑、作业批改、出题考试，甚至就业帮助等。

不同类型的直播平台的目标用户不一样，输出的内容也不同。营销人员在开展直播营销时，应根据企业的营销目的、品牌的特征，并结合直播平台的类型、用户特征等选择直播平台。

课堂讨论

除了上文介绍的几类直播平台，你还知道哪些直播平台类型？说说其特点并列出两个有代表性的平台。

6.2.4 直播营销的方式

直播营销的方式在很大程度上影响直播的效果。对于企业来说，要根据营销的目的、前期的策划来选择合适的直播营销的方式。常见的直播营销的方式主要有以下5种。

1. 直播电商

直播电商是直播和电商相结合的产物，是一种以直播的方式销售实体产品和虚拟产品的营销活动。直播带货便是直播电商的典型，直播带货也是企业较为常态化的直播营销手段。与传统电商主要通过产品详情页引导用户购买产品不同，直播电商中，主播可以把产品的优缺点、使用效果等都通过直播直观地展现出来，实现实时互动，完成导购。

根据主播主体的不同，直播电商分为企业自播和"达人"直播两种模式。这两种模式的特点如表6-1所示。

表6-1 企业自播和"达人"直播的特点

模式类型	说明	特点
企业自播	由企业组建直播团队进行直播营销	①主播一般由企业内部人员如导购担任，也可以招聘专职主播 ②观看直播的用户多是品牌的粉丝，他们对品牌有一定的忠诚度，对品牌的产品有一定需求 ③依托自身的品牌效应，可以将非粉丝用户转化为品牌粉丝 ④产品展示方式模式化，直播内容较单一 ⑤可由多人轮流直播，以实现24小时在线直播
"达人"直播	由"达人"担任主播介绍各类产品	①主播一般没有自己的货源，需与企业做好对接，才可在直播间内直播销售企业的产品 ②直播产品品牌多样，产品上新速度较快，但受限于企业提供的产品款式 ③主播需要凭借自身能力实现流量的转化 ④用户购买产品主要基于对主播的信任 ⑤单人直播，直播时长有限

总体上，越来越多的企业开始搭建自运营团队进行产品和品牌推广，企业自播将成为未来直播电商的发展趋势。其背后的原因主要有以下几点。一是企业与"达人"主播合作需要缴纳佣金或坑位费，佣金根据主播的级别和产品类别的不同而不同，坑位费则是指企业要让产品出现在主播的直播间，需要向主播缴纳的产品上架费。企业缴纳坑位费后，主播只保证在直播间销售产品，不保障最终的销量。二是面对热门主播，企业通常需要面临严格的选品环节，其结果往往是经过主播推荐的产品能够取得不错的销量，而未经主播推荐的产品则销量不佳。三是"达人"主播的粉丝对品牌缺少忠诚度，难以将观看直播的用户转化为品牌粉丝，不利于企业的品牌建设和品牌影响力的传播。

目前，从平台的用户活跃数和直播带货能力上看，在直播电商行业，点淘、抖音、快手是表现不错的直播平台。图6-16、图6-17和图6-18所示分别为点淘、抖音、快手直播带货。

图6-16 点淘直播带货　　　图6-17 抖音直播带货　　　图6-18 快手直播带货

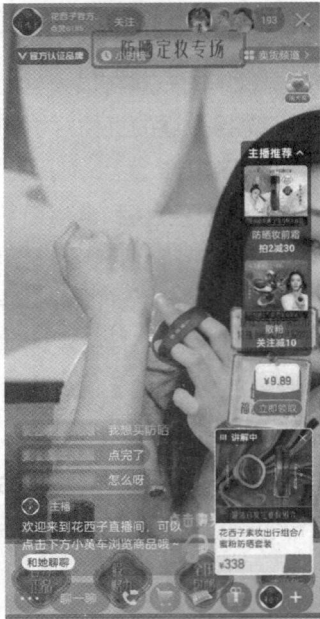

2. 直播+广告植入

"直播+广告植入"是指在直播过程中主播自然而然地推荐产品或品牌，摆脱广告的生硬感，从而获得用户好感的直播营销方式。例如，很多主播通过直播给用户分享化妆技巧，然后在分享的过程中植入面膜、保湿水、洁面乳等护肤产品的广告，自然而然地推荐产品或品牌，这样更容易使用户接受。在植入广告的过程中，还可以附上购买链接，促进产品的成交转化。

3. 直播+发布会

"直播+发布会"是品牌常用的直播营销方式之一。直播地点不再局限于直播间，互动方式也更多样和有趣。"直播+发布会"可以对产品进行直观展示和充分说明，结合电商平台等，直接变现直播流量。例如，小米无人机和小米10、小米Max系列手机的新品发布会均采用在线直播的方式，都取得了不错效果。图6-19所示为小米10新品直播发布会。

4. 直播+企业日常

在社交时代，直播营销强调人性化。企业可以分享日常生活，与用户建立密切的联系。例如，为了宣传新一代MINI CLUBMAN，宝马MINI联手《时尚先生Esquire》杂志在映客上连续3天直播，介绍拍摄现场，最终获得了530多万人次的在线观看量。

图6-19 小米10新品直播发布会

5. 直播+访谈

"直播+访谈"营销方式下，访谈对象可以是企业的高层管理人员，由企业内部管理人员

分享企业文化、发展战略、企业动态等，可信度较高，同时企业的高层管理人员一般是知名公众人物，影响力较大；访谈对象也可以是行业意见领袖、特邀嘉宾、专家、路人等，从第三方的角度来阐述观点和看法，可以增加直播的可信度，对于传递企业文化、提高品牌知名度、塑造良好的企业形象有着促进作用。

职业素养

　　对于营销人员而言，在开展直播营销的过程中，要努力学习，不断提升专业能力，同时要抵制诱惑，坚守法律和道德底线。

6.2.5　直播营销的引流技巧

对于直播营销而言，流量非常重要。要为直播引流，一是进行直播预热，二是设计吸引人的标题和封面。

1. 直播预热

直播开始前，营销人员可以在企业网站、微博、微信、QQ等平台发布信息，广而告之。例如，将直播预告信息一键发布到微信、微博等平台上。同时，很多直播平台还提供付费推广服务，如抖音的"DOU+上热门"、快手的"小火苗+上热门"，营销人员可以购买这些服务进行直播预热。

2. 设计吸引人的标题和封面

直播标题和封面决定了用户对直播间的第一印象。好的标题和封面能够大大提高直播间的点击率。设计短视频标题的方法同样适用于直播标题设计，图6-20所示的直播标题便通过"5折"字样表明利益，图6-21所示的直播标题通过数字"120万"突出产品受欢迎程度。封面可以为真人出镜的实拍图或者生活照，这样更具有真实感，或者为能够直接体现直播内容的图片，如户外直播的封面图应与户外旅游相关，美食直播的封面图要有食材或食物成品元素等。

图6-20　表明利益的直播标题　　　　图6-21　使用数字的直播标题

6.2.6　直播营销活动策划

直播营销需要在明确营销目的、目标用户的基础上进行策划。一般来说，直播营销活动策划可以分为直播开场、直播过程和直播结尾3个阶段，每个阶段的内容安排有所不同。

1. 直播开场

直播开场的目的是让用户了解直播的内容、形式和组织者等信息，向用户展现直播价值，并引导用户观看直播。直播开场主要有以下5种方式。

- **直接介绍**。在直播开始时直接告诉用户本次直播的相关信息，包括直播互动话题、时间节点等。但这种方式比较枯燥，容易消磨部分用户的耐心，因此建议添加一些有吸引力的活动环节，如抽奖、发红包、请出特约嘉宾等，以尽可能地留存用户。

- **提出问题**。提问可以引发用户思考，带动主播与用户之间互动，使用户有一种参与感；同时，又能通过用户的反馈预测本次直播的效果。

- **展示数据**。对于专业性较强的直播活动，可以通过展示数据的方式来开场，增加直播的可信度。注意，数据必须真实可靠，否则容易为直播带来负面影响。

- **以故事开场**。趣味性、传奇性的故事可以快速引发用户的讨论，为直播活动营造一个良好的氛围。注意不要选择争议性太大的故事，这类故事容易引起用户的激烈讨论，使其不会关注直播主题，得不偿失。

- **借助热点**。参与直播营销的用户大都喜爱上网，对当前的热点事件比较熟悉，借助热点事件开场可以快速吸引用户，拉近与他们之间的距离。

2. 直播过程

无论采用哪种方式开展直播营销，最终目的都是推广品牌、销售产品，直播过程作为直播营销活动的关键环节，在推广品牌、销售产品方面起着至关重要的作用。因此，在直播过程中可采取一些方法或策略，调动直播间内用户参与直播的热情，从而实现营销目的。

- **赠品营销**。用各式各样的赠品吸引用户，让用户享受到实在的优惠，出色的赠品营销策略，可以有效吸引用户下单。

- **饥饿营销**。所谓饥饿营销，就是通过强调产品数量的有限性、产品优惠价格的时效性，实现增强产品吸引力、增加产品销量的目的的营销策略。

- **夸张营销**。夸张营销就是借助想象，合理地夸大产品的特性，以加深或者刷新用户对产品特性的认知，如"接触到你的嘴巴上，就变成了水"等。合理地夸张，不会引起用户的反感，反而因为新鲜，更能引起用户的注意。

- **真诚营销**。目前，很多主播为了增加直播间销量，常常过分夸大产品的效果、功能等，导致退货率极高。切记，真诚才是建立用户信任、成功带货、实现涨粉良性循环的合理方法。

- **互动营销**。互动营销的方法很多：弹幕互动，即主播在直播过程中挑选弹幕中的一些评论与用户互动；派发红包，即主播通过发红包等方式来与用户互动，增加直播的人气；发起任务，即让用户按照指定的方式完成任务，如让用户分享直播间等。

3. 直播结尾

在直播活动的结尾，要尽可能地把剩余流量利用好，主播可以从以下两方面入手。一是可以引导用户关注直播间，或者将企业的微信公众号、微博账号等告知用户，引导用户关注，使其成为自己的粉丝，便于后期维护粉丝；二是可以预告下一场直播的时间、内容、优惠活动等，为下一场直播预热，增强用户的黏性。

6.2.7　直播营销粉丝维护

营销人员如果想把通过直播活动获取的粉丝转化为忠实粉丝，就需要细心维护，常用方法包括开展线上活动与线下活动、分享信息、邀请粉丝参与直播策划等。

- **开展线上活动与线下活动**。线上活动包括折扣促销、抽奖、有奖问答等。常见的线下活动主要有聚会、观影等，在开展线下活动时可以给予参加活动的粉丝一些福利，如试用新品、优惠券等，同时利用这种面对面的交流机会获取粉丝的反馈意见，为企业下一阶段的直播营销策划做好准备。
- **分享信息**。粉丝比普通用户具有更强的消费能力。营销人员可以及时将企业的营销信息告知粉丝，并提供一些专属服务，如在粉丝群中分享企业最新资讯、专属折扣链接等，让粉丝感受到企业的诚意，增加粉丝的忠诚度。
- **邀请粉丝参与直播策划**。邀请粉丝参与下一场直播的策划，将粉丝的意见与创意融入策划中，这样既可以缓解企业营销人员的压力，又可以让粉丝产生参与感和归属感。一般来说，在直播的筹备阶段，粉丝可以参与选题、文案策划、海报设计等环节。

📈 本章实训——抖音平台流量变现体验

【实训背景】

小艾是一名音乐学院的大学毕业生，有一定的歌唱功底，平时喜欢使用抖音，也时常在抖音上发布自己生活片段和才艺表演的短视频，积累了一批粉丝。如今，小艾想要将流量变现。

在抖音，参与平台发布的营销活动是一种较为简单的流量变现方式。一些企业会在抖音发起短视频创意定制活动，邀请用户发布相关短视频，小艾可以通过这种方式，迈出流量变现的第一步。除了创作短视频，直播也是抖音流量变现的一种方式。在抖音直播的主播，可通过才艺展示、技巧分享等方式得到用户认可，从而获得用户的"打赏"。小艾抖音账号已经有了一定的粉丝基础，加之她唱歌好听，可以开通抖音直播功能，依靠自己的才艺实现流量变现。

【实训要求】

本实训的具体要求如下。

（1）查找抖音发布的拍摄视频类的营销活动，拍摄并发布创意定制短视频。

（2）开通直播功能，在直播中展示才艺，与用户互动，获得用户"打赏"。

【实施过程】

根据实训要求，本实训分为参与抖音平台发布的营销活动，以及在直播中展示才艺，获得用户"打赏"两个部分。

（1）参与抖音平台发布的营销活动。

参与抖音发布的营销活动，首先要查找到感兴趣的短视频拍摄任务，然后根据要求拍摄并发布短视频，具体操作如下。

步骤01 ▶打开抖音App，点击"我"图标，在打开的账号主页中点击 ≡ 按钮，再在打开的侧边栏中点击"创作者服务中心"选项，如图6-22所示。

步骤02 ▶进入创作者服务中心后，点击"全民任务"按钮，如图6-23所示。

步骤03 ▶打开"全民任务"界面，点击"拍摄任务"选项，点击想要拍摄的视频任务选项，如图6-24所示。

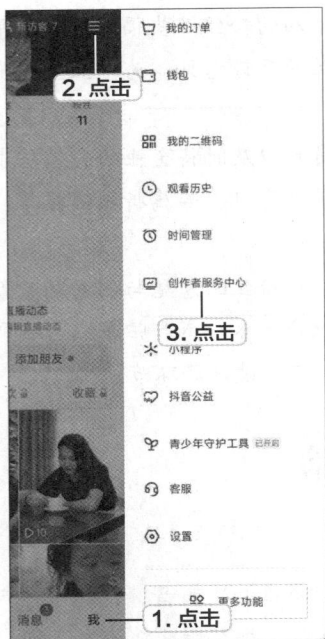

图6-22　进入创作者服务中心　　图6-23　点击"全民任务"按钮　　图6-24　点击"拍摄任务"选项

步骤04 ▶打开"任务详情"界面，点击"任务玩法"选项卡，查看任务要求和规则说明，如图6-25所示。

步骤05 ▶在"任务详情"界面中点击"精选视频"选项卡，如图6-26所示，查看其他创作者拍摄的短视频，借鉴视频拍摄方法和内容选取技巧等。

步骤06 ▶在"任务详情"界面中点击"立即参与"按钮，打开拍摄界面，点击 ◉ 按钮，开始拍摄短视频，如图6-27所示。

步骤07 ▶结束短视频拍摄后，点击 下一步 按钮，如图6-28所示。

步骤08 ▶打开"发布"界面，标题文本框中已默认添加指定话题和@账号，输入标题内容后，点击 发布 按钮，如图6-29所示。

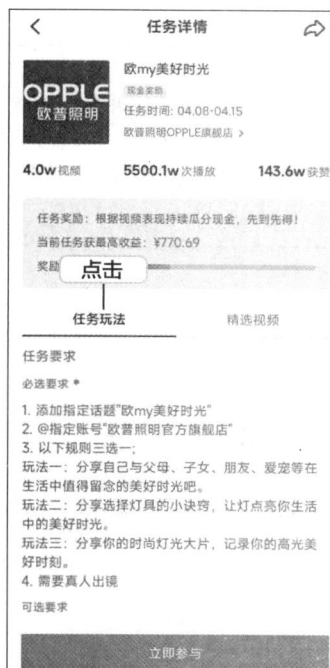

图6-25 查看任务要求和规则说明

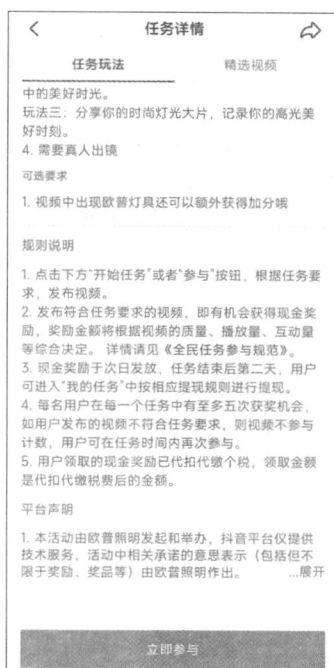

图6-26 查看精选视频

图6-27 开始拍摄

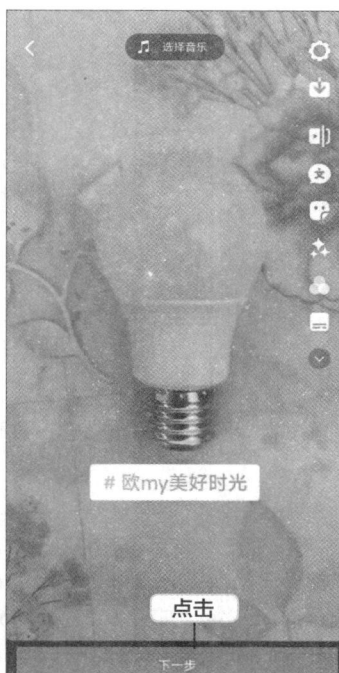

图6-28 点击"下一步"按钮

图6-29 发布短视频

专家指导

在抖音短视频"发布"界面，点击"你在哪里"选项可添加地点定位，以丰富短视频信息，并得到抖音的精准推荐，即短视频会被推荐给此地点附近对其感兴趣的用户；点击"申请关联热点"选项，可申请关联抖音热搜榜上的话题，以增加短视频的曝光度。需要注意的是，申请关联热点对短视频质量要求较高，发布的内容应与热点紧密相关。

（2）在直播中展示才艺，获得用户"打赏"。

在抖音平台，实名认证后即可开通直播功能成为一名"达人"主播，进而通过在直播中展示才艺，获得用户"打赏"，实现流量变现。具体操作如下。

步骤01 ▶打开抖音App，点击"我"图标，在打开的账号主页中点击■按钮，再在打开的侧边栏中点击"设置"选项，如图6-30所示。

步骤02 ▶打开"设置"界面，点击"账号与安全"选项，如图6-31所示。

步骤03 ▶打开"账号与安全"界面，点击"实名认证"栏中的"未认证"选项，如图6-32所示。

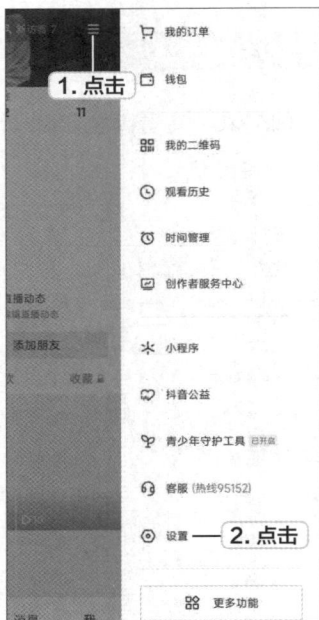

图6-30　点击"设置"选项　　图6-31　点击"账号与安全"选项　　图6-32　点击"未认证"选项

专家指导

主播为单场直播需做以下准备：一是要策划直播内容，如准备表演内容、聊天话题；二是设计与用户互动的方式，以活跃直播间气氛，如连麦PK、发放福袋等。主播只有做好充足准备，才能有效输出优质的直播内容，不至于使粉丝一无所获，这样自然可以获得粉丝的"打赏"。

步骤04 ▶打开"实名认证"界面，输入真实姓名和身份证号，勾选"已阅读并同意《人脸验证服务协议》"，点击"同意协议并认证"按钮，如图6-33所示。

步骤05 ▶完成认证后，在抖音App主界面点击"拍摄"按钮 ⊞ ，如图6-34所示。

步骤06 ▶在打开的界面下方点击"开直播"选项，如图6-35所示。

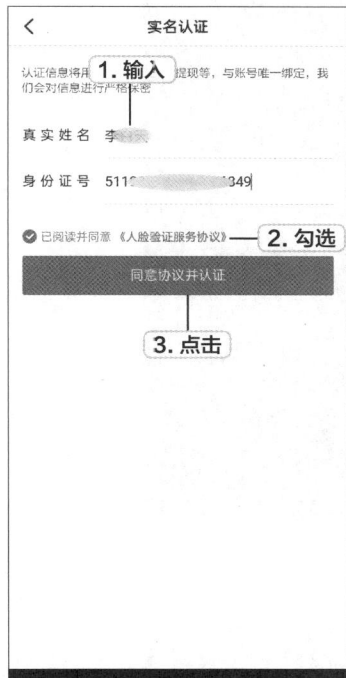

图6-33　输入认证信息　　　　图6-34　点击"拍摄"按钮　　　　图6-35　点击"开直播"选项

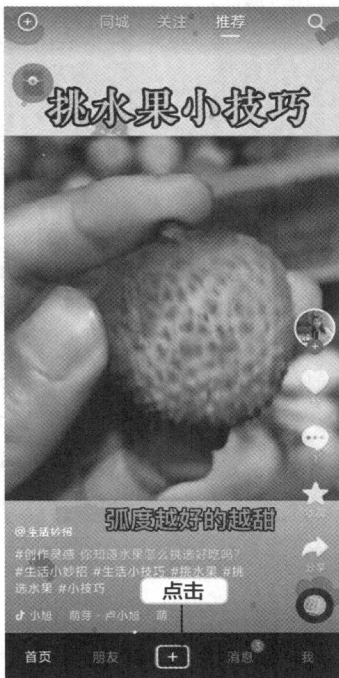

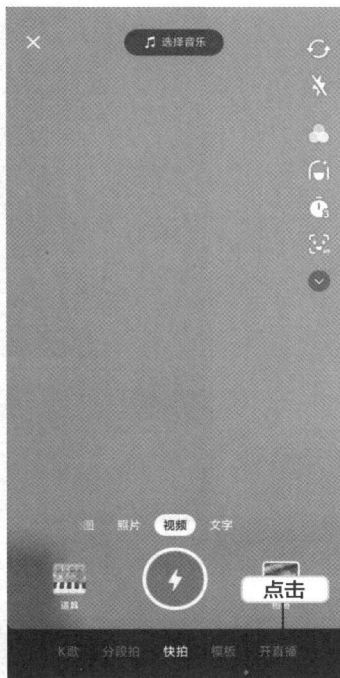

步骤07 ▶打开"开直播"界面，在上方设置直播封面，输入直播标题"本次才艺定时开放"，将直播类目设置为"唱歌"，然后点击下方的"开始视频直播"按钮，如图6-36所示。

🎓 **专家指导**

　　　直播时，可以发起连麦PK。连麦PK就是一个主播在直播时，可以对另一个直播间的主播发起挑战。一旦对方接受挑战，两个直播间的主播就开始进行连麦互动，直播界面一分为二，同时显示两个主播的画面，两方粉丝也会进入同一个直播间。连麦PK一定程度上可以看作两位主播的资源置换，相当于各自增加一个曝光的广告位。

步骤08 ▶在抖音直播间右下角点击 ••• 按钮，在打开面板的"互动能力"栏中点击"评论"选项，如图6-37所示。

步骤09 ▶在打开的界面中开启评论功能，输入评论内容，然后点击"发送"按钮 ⊕ ，如图6-38所示。此时，直播间中就会滚动出现此条评论，如图6-39所示。

图6-36　点击"开始视频直播"按钮

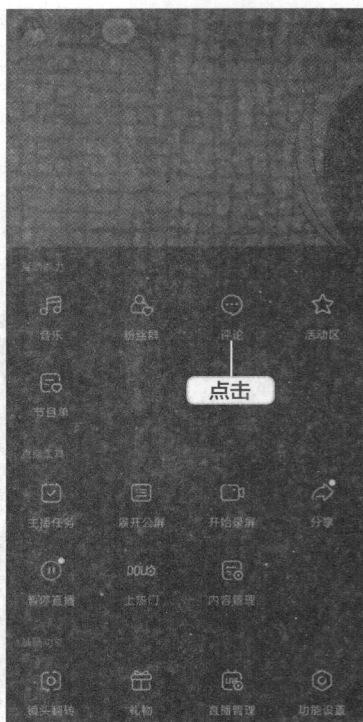

图6-37　点击"评论"按钮

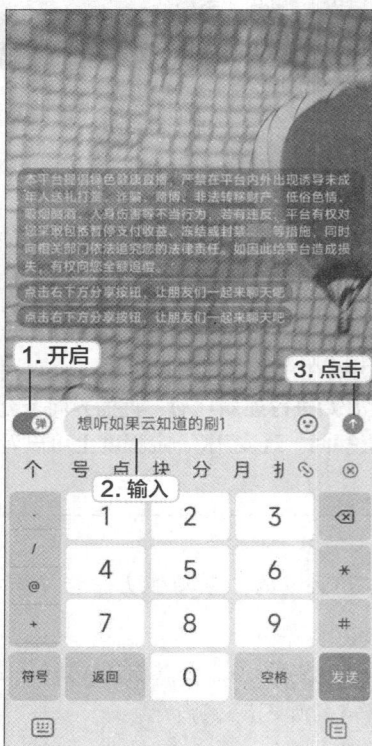

图6-38　发布评论内容

图6-39　显示评论

步骤 10 ▶在直播间界面下方点击"功能"按钮 ⌚，在打开的"功能"面板中点击"福袋"按钮，如图6-40所示。

步骤 11 ▶打开"抖币福袋"面板，设置人均可得抖币数量（1抖币等于0.1元，可提现）、参与对象、可中奖人数、参与方式等，然后点击 发起福袋(100抖币) 按钮，如图6-41所示。此时，直播间的用户可参与抢福袋，倒计时结束后将展示幸运用户名单。

步骤 12 ▶完成直播后，在直播间界面下方点击"电源"按钮 ⌚，在打开的"提示"面板中点击"确定"按钮结束直播，如图6-42所示。

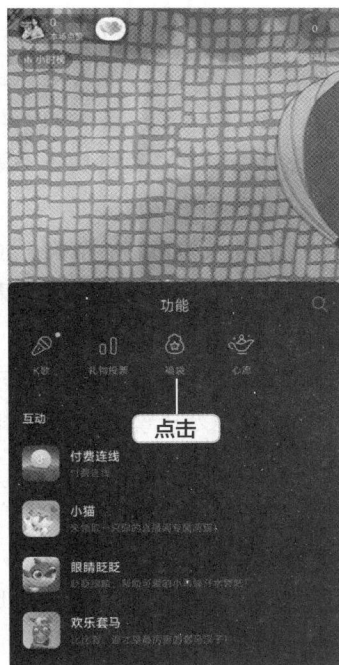

图6-40 点击"福袋"按钮   图6-41 设置并发起福袋   图6-42 结束直播

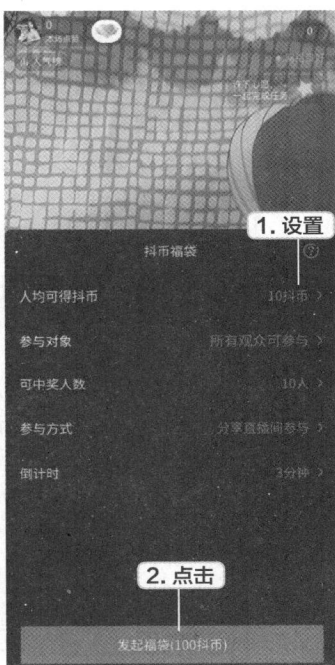

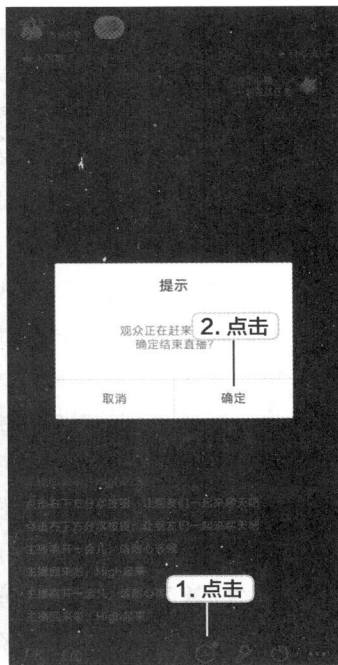

小艾在直播间积累了一些忠实粉丝，拥有一定直播经验后，还可开通抖音的直播带货权限，通过直播销售产品，获得更多流量变现可能。开通抖音的直播带货权限，要求主播个人主页的视频数量≥10条，账号粉丝数量≥1 000人。

🎓 **专家指导**

如果要长期直播，营销人员需要做好两方面的准备。一是要规划直播间，基本要求是直播间干净整洁，光线充足柔和，室内直播一般采用环形灯或柔光灯进行光源补充。二是要准备直播设备，便于歌舞等才艺展示，除了高像素的手机，还需要支架、话筒、监听耳机等设备。其中，支架用于固定手机、话筒等；话筒用于提升直播的音质，使声音更有层次，听起来饱满、圆润；监听耳机用于听自己的声音，以便更好地调整自己的音调、分辨伴奏等。

拓展延伸

企业如何稳定输出短视频，如何选择合作主播，如何提高直播间权重，下面将针对这些问题提供一些解决方法。

1. 如何稳定输出短视频

营销人员运营短视频账号时，需要持续更新、稳定输出短视频内容，这样才能持续获得稳定的流量，持续涨粉。想要保持定期定量地输出内容，营销人员的工作量不小、工作强度也不低。因此，营销人员需要掌握一定的技巧。

- **建立素材库**。只靠灵感或者临时查找资料对创作短视频来说是远远不够的。在网络平台上收集素材，建立素材库有助于创作短视频。收集素材的方向有：一是收集各种热点新闻；二是收集幽默搞笑的内容；三是收集身边真实发生的情感故事。收集素材后还要挑选，以便更好地使用。挑选后的素材既要有新意，又要符合短视频内容的主题。

- **以时间为核心策划内容**。营销人员应只保留符合短视频平台时间规定的内容。如果一条短视频不足以表达清楚内容，可以做成系列短视频。这样，既可以保证短视频稳定更新，又可以增强用户黏性。

- **精简内容**。营销人员在创作短视频时一定要把好的部分放进短视频，把不必要的部分删掉。剪辑短视频时，不要加太多内容，片头、片尾、音乐、特效等尽量套用模板。此外，一条短视频最好只讲述一个主题，多了会显得内容混乱。

- **深挖内容**。深挖账号垂直领域的内容，这样既保证短视频不会偏题，又能把短视频做得更有深度、更专业，同时还能保证有足够的素材持续更新短视频。

- **拍"同款"视频**。如果苦于拍摄不出理想的短视频内容，那么可以先模仿短视频平台上的热门短视频，以此来保持短视频的稳定输出。

2. 如何选择合作主播

企业可选择与外部主播合作，当企业对主播不够了解时，可通过直播平台的官方平台筛选主播，如阿里V任务、磁力聚星和巨量星图分别是淘宝、快手和抖音官方推出的企业与主播的合作平台。企业可以通过这些平台发布直播任务、寻找合作主播。此外，企业还可借助第三方直播数据分析工具来了解主播信息，如灰豚数据、飞瓜数据、蝉妈妈等。这些工具的使用方法类似，部分功能需要付费使用。下面以灰豚数据为例讲解在其中查询淘宝平台上主播信息的具体操作。

步骤01 ▶登录灰豚数据官方网站，在灰豚数据主页（见图6-43）显示了 `抖音版` 按钮、`快手版` 按钮、`小红书版` 按钮、`淘宝版` 按钮，分别用于对应平台的直播数据分析，这里单击 `淘宝版` 按钮。

步骤02 ▶打开淘宝直播数据的分析页面，在左侧列表的"播主分析"栏中选择"播主查询"选项，在"淘宝主播"栏中选择主播，如图6-44所示。在上方的"行业分类"栏中可选择主播所属的行业类别，在"筛选条件"栏中可根据播主类型、播主等级、播主层级、粉丝数等条件筛选主播。

图6-43 灰豚数据主页

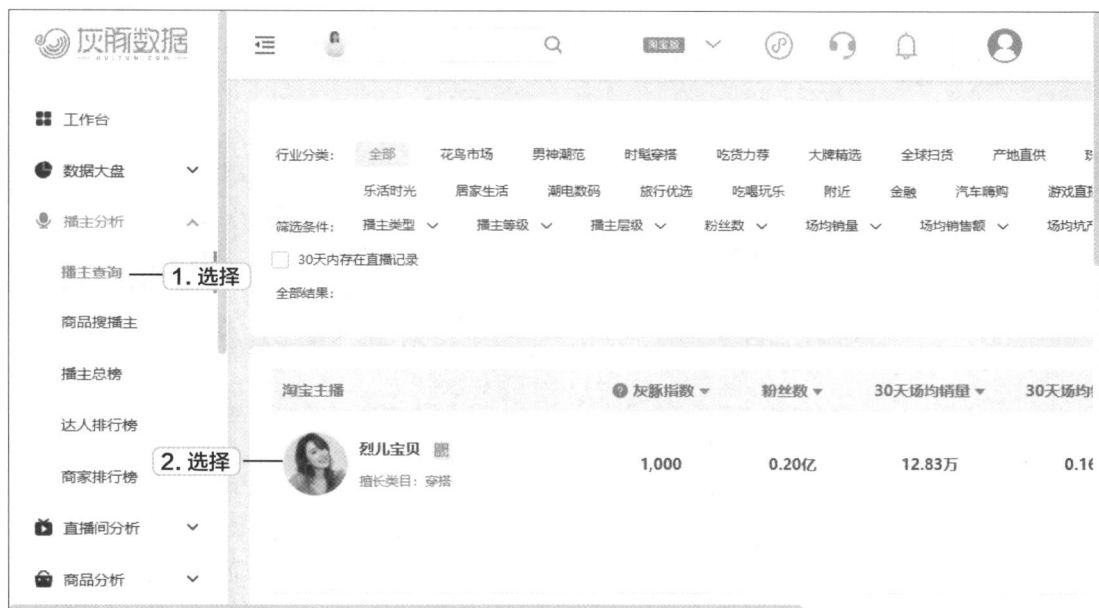

图6-44 选择主播

步骤03 ▶在打开的主播个人信息页面上方可以查看主播的基本信息，如图6-45所示，包括主播等级与类型、所属机构、擅长领域等。单击"合作咨询"按钮可进行合作咨询。页面下方的"数据概览"栏中默认显示主播近7天的直播带货数据，包括场均观看次数、场均销量等。

步骤04 ▶在主播个人信息页面中向下滑动鼠标滚轮，可进一步查看主播的直播数据。如单击"粉丝画像"选项卡，可查看主播的粉丝特征，包括性别占比、年龄分布等，如图6-46所示。

图6-45　主播个人信息页面

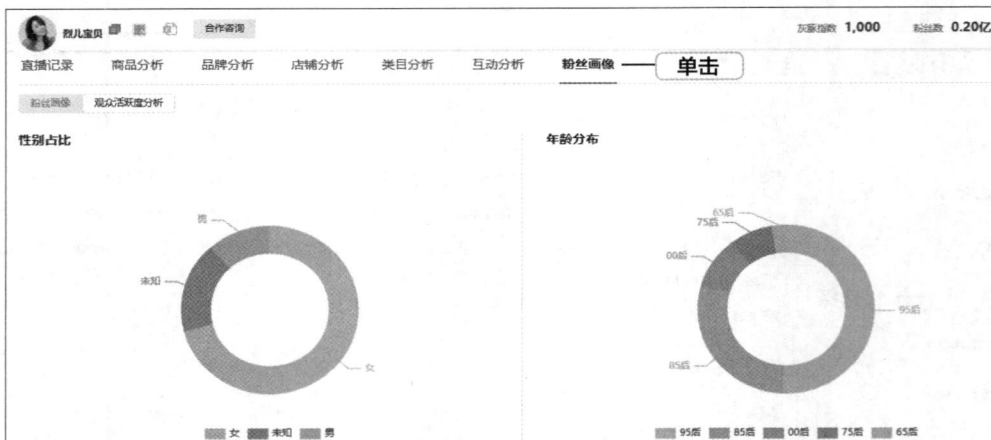

图6-46　主播粉丝画像

通过查询主播信息，企业可以清楚地了解主播在行业内的影响力、擅长推荐的产品品类、粉丝的覆盖面、带货效果等信息，然后根据自己的产品定位、目标用户定位与直播目标找到合适的主播。

3. 如何提高直播间权重

直播间权重是指直播平台给直播间赋予的权威值，是对直播间权威的评估。一个直播间的权重越高，直播间的排名就越靠前，就越有利于获取流量。

影响直播间权重的因素有很多，企业要提高直播间权重可以从以下几方面入手。

- **保证直播频次**。新创建的直播间在直播初期一般会得到直播平台的流量扶持，即直播平台会给直播间推荐目标用户。因此，营销人员应抓住直播平台给予的流量扶持机会，获取更多推荐，增加直播间的热度。首先，营销人员在开播后，应尽量保证每天直播，或者一周坚持直播3次以上。其次，需保证直播的规律性。例如，固定星期一至星期五直播，或每间隔一天直播，且固定每次直播的时间，如每天19:00或20:00开始直播，以便培养用户观看直播的习惯。

- **保证直播时长**。一般来说，每次直播时长应尽量达到2小时及以上，最少也要直播30分钟，以便充分利用直播平台给予的流量扶持机会。

- **打造精品直播内容**。刚开始直播时，直播间的在线人数可能很少，此时立即带货不利于留存用户。因此，开播前期可以多分享一些有价值的、有趣的内容，多与用户互动，如设计连麦互动、关注有礼、点赞抽奖、观看直播领券等互动环节，以增加直播间的热度，延长用户在直播间停留的时间，增加直播间的点赞数、关注量，提高与用户的互动频率等，进而提高直播间权重。

- **利用第三方平台引流**。直播时要充分利用各种第三方平台，如微信、微博等，为直播间引流。

- **付费推广**。直播初期，可投入一定的资金，在直播平台上付费推广，为直播间引流。

- **避免违规降权**。直播时一定要遵守直播规范，如遵守直播间的着装规则、用语规则等，否则可能会被直播平台做出降权处罚。为了避免违规，可以多查看直播平台上的直播规则公告信息。

📖 课后练习

小陈是一名普通的农家小伙儿，在农村管理自家的果园。他性格开朗热情，熟知水果的保鲜、挑选、食用方法等知识，将果园打理得井井有条。一天，小陈发现快手上很多与他年龄相仿的农村年轻人都在利用短视频和直播推销自家的农产品，因此小陈也决定效仿，为自家的水果拓宽销路。请根据小陈的个人情况为其实施短视频和直播营销出谋划策。

（1）小陈想在快手上把自己打造成一位"水果达人"，充分展示自己在水果种植、水果培养、水果保鲜、水果与健康养生等方面的专业知识。那么，他该如何设置个人账号呢？请将账号信息填入表6-2中。

表6-2　账号信息设置

设置项目	内容说明
账号名称	
账号简介	
账号头像	
账号头图	

（2）为了提高账号的人气、推销自家水果，小陈可以发布哪些短视频内容？请将内容写在下方横线上。

内容1：_____

_____

内容2：_____

_____

内容3：_____

_____

（3）小陈在直播过程中可以采取哪些策略增加水果销量？请将内容写在下方横线上。

策略1：_____

_____

策略2：_____

_____

策略3：_____

_____

第7章

其他网络营销

随着网络营销的逐步完善和发展，网络营销的各种方法呈现出不同的发展趋势。一方面，电子邮件营销等方式日渐式微，搜索引擎营销、软文营销等方式被频繁使用。另一方面，App营销、LBS营销、大数据营销、社群营销等新的网络营销模式逐渐涌现，并在企业的营销活动中起着重要的作用。同时，在网络营销多元化发展的现在，单一的营销模式已经失去了竞争优势，多种营销模式相结合，才能使企业在网络营销中占据更有利的位置。

学习目标

- 了解搜索引擎营销的特点和实现过程。
- 掌握LBS营销的模式。
- 掌握App的推广介绍、推广方式及以App为载体的营销模式。
- 掌握大数据营销的运营方式、关键要素和精准营销策略。
- 掌握社群营销的方法、关键要素、推广策略及文案撰写与活动策划。
- 掌握软文的类型、营销策划与撰写方法。

素养目标

- 传播正能量，引导用户积极向上。
- 合理、合法地利用技术，不侵犯用户的合法权益。

案例导入

"凯叔讲故事"社群营销

"凯叔讲故事"的创始人王凯毕业后长期从事配音工作，还曾担任中央电视台经济频道《财富故事会》的主持人，能力出众。

王凯经常给自己的小孩讲故事，为此他阅读了很多故事绘本，并了解了小孩喜欢的故事题材。由于王凯出差时不能及时给孩子讲故事，他便录制一些故事，由妻子放给孩子听。后来，王凯把音频发在了孩子幼儿园的家长微信群里，深受家长们的喜爱，王凯也被孩子们亲切地称为"凯叔"，"凯叔"之名由此而来。同时，他还将音频发到微博上，每条音频的转发率都很高。这种情况下，王凯意识到很多小孩和家长都有听故事的需求。于是，从中央电视台辞职后，王凯凭借着多年的主持经验和讲故事的心得体会，于2014年4月开设了"凯叔讲故事"微信公众号，通过该公众号给小朋友们讲睡前故事。短短两年时间，该微信公众号就积累了超过400万个粉丝，由此"凯叔讲故事"被打造成知名的互联网亲子社群。2016年，"凯叔讲故事"推出同名App。在"凯叔讲故事"用户规模不断扩大的过程中，王凯对音频产品做了调整，从讲故事延伸到讲古诗词和四大名著，并开启付费模式；同时还成立了童书出版部门，与出版社、动画片制作方等展开合作，推出了漫画绘本和动画片等周边产品。

经过多年经营，"凯叔讲故事"已发展成拥有"凯叔讲故事"公众号、"凯叔加油站"公众号、"凯叔讲故事"App、"凯叔讲故事商城"小程序（原"凯叔优选商城"）等的知名品牌，专注打造优质原创儿童内容，为0～12岁的儿童提供音频、图书及衍生产品。其中，"凯叔讲故事"微信公众号，专注于育儿内容的原创和分享，与家长共享儿童心理、带娃妙招、亲子关系培养等内容。目前该公众号已成为母婴类、生活类知名公众账号。"凯叔讲故事"的自定义菜单可链接至"凯叔讲故事"App和"凯叔讲故事商城"小程序；"凯叔讲故事"App设置了儿童内容、亲子课程等板块，让孩子可以畅听各类故事，也让家长可以为孩子选择各类有趣课程，此外，"凯叔讲故事"App中也设立了游戏乐园，以趣味游戏的方式，让孩子"玩中乐，乐中学"；"凯叔讲故事商城"小程序则为家长提供各类亲子产品。

截至2022年3月，"凯叔讲故事"App累计播出超过30 000个儿童音视频内容，全站总播放量超过145亿次，用户平均日收听时长达70分钟，总用户超过6 000万人。

【思考】

（1）"凯叔讲故事"的创始人王凯的身上有哪些闪光点？

（2）"凯叔讲故事"是如何一步步实现商业变现的？

7.1 搜索引擎营销

搜索引擎营销（Search Engine Marketing，SEM），是网络营销早期经典的营销方式，它是在网络营销诞生之初的第一代营销工具——搜索引擎的基础上发展而来的。直到今天，搜索引擎营销仍然是企业开展网络营销活动的常用方式。

你经常使用百度、搜狗等搜索引擎查找信息吗？一般会在什么情况下使用呢？

7.1.1　搜索引擎营销的特点

搜索引擎是指根据一定的策略，运用特定的计算机程序从互联网上搜集信息，为用户提供检索服务的系统。搜索引擎可以检索海量的信息，是人们生活和工作中必不可少的工具之一。目前，常用的搜索引擎有百度、搜狗、360搜索等，大多数企业都会选择与这些有一定实力的搜索引擎合作，开展搜索引擎营销。

一般来说，搜索引擎营销的目的是以较小的投入获得较多的访问量，并产生商业价值。用户在检索信息时所使用的关键词反映出了用户对产品的关注点，这也是搜索引擎被应用于网络营销的根本原因。与其他营销方式一样，搜索引擎营销具有非常广泛的用户基础，可以为企业带来很多新用户。搜索引擎营销主要具备以下特征。

- **搜索引擎营销的基础是企业网络营销信息**。企业网络营销信息包括内部信息和外部信息。两者都可利用搜索引擎实现信息传递，前提是信息发布的网站具有良好的网站优化基础。因此，无论是通过企业官方网站、关联网站还是第三方平台发布信息，都要求信息发布平台具有搜索引擎优化基础，因为这是企业网络营销信息利用搜索引擎取得推广效果的基础。
- **传递的信息只发挥向导作用**。搜索引擎检索的是网页信息的索引，一般是某个网站或网页的简要介绍，或者是搜索引擎自动抓取的少量内容，因此搜索结果只能发挥向导作用。企业在进行搜索引擎营销时，要思考如何将有吸引力的索引内容展现给用户、如何通过简单的信息吸引用户进入网页继续获取信息、如何给用户提供所期望的信息等问题。
- **借助精准的定位**。借助搜索引擎，营销人员可以对用户行为进行准确分析，并实现精准定位。尤其是如果搜索结果页面中的关键词广告与用户检索关键词高度相关，那么营销效果就会大大增强。

7.1.2　搜索引擎营销的实现过程

搜索引擎营销就是以搜索引擎为基础的网络营销。搜索引擎营销的基本思路是当用户使用搜索引擎检索信息时，系统会将企业的营销信息展示到检索结果中。搜索引擎营销的实现过程主要包括图7-1所示的几个阶段。

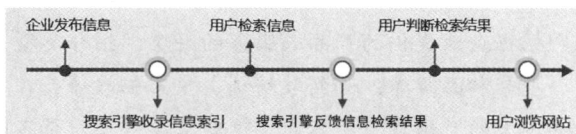

图7-1　搜索引擎营销的实现过程

- **企业发布信息**。企业将信息发布在网站上，该信息成为以网页形式存在的信息源。

- **搜索引擎收录信息索引**。搜索引擎将网站或网页信息收录到索引数据库。

- **用户检索信息**。用户利用关键词进行检索，对于分类目录则逐级进行目录查询。

- **搜索引擎反馈信息检索结果**。搜索引擎在用户的检索结果中罗列出相关索引信息及链接URL。

- **用户判断检索结果**。用户对检索结果进行判断，选择有兴趣的信息并单击链接URL进入信息源所在网页。

- **用户浏览网站**。用户浏览企业官方网站、相关网站或第三方平台，实现访问量转化。

🎓 专家指导

> URL（Uniform Resource Locator）指统一资源定位器，是用户在浏览器地址栏中输入的网站网址，互联网上的每个文件都有唯一的URL。

7.1.3　搜索引擎营销的方法

搜索引擎营销有一定的方法，目前，搜索引擎营销的常用方法是搜索引擎竞价和搜索引擎优化。

1. 搜索引擎竞价

搜索引擎竞价是指需推广的网站通过竞价付费的形式被搜索引擎收录，从而获得靠前的排名。

（1）竞价方式

搜索引擎一般利用关键词进行竞价，参与竞价的企业为自己的网站购买相关产品或服务的关键词，从而让广告展现在搜索引擎的搜索结果页面中。搜索引擎广告按效果付费，也就是按用户单击次数付费，展现则不需要付费。一般来说，付费越多，可能获得的排名就越靠前。为了保持靠前的排名，企业可以根据实际竞价情况调整用户每次单击的出价，控制竞价关键词在特定关键词搜索结果中的排名。

企业购买关键词投放竞价广告后，用户通过搜索引擎输入关键词搜索，搜索结果页面将显示企业竞价广告。

（2）关键词策略

关键词是进行搜索引擎竞价的基础，关键词设置得当，营销效果将很明显。因此，营销人员不能只凭喜好和直觉随意选择关键词，而要考虑用户的搜索习惯与需求，选取用户容易想到的、大概率会使用的关键词，从而定位有意向的潜在用户。一般来说，营销人员可以采用以下5种关键词。

- **产品词**。产品词即根据企业提供的产品或服务的种类、细分类型来确定的关键词，可以具体到产品类目、型号和品牌等，如驾驶培训、皇家猫粮等。在不同的行业中，产品或服务的种类和细分类型的关键词有所不同，这就需要营销人员了解用户的搜索习惯。产品词具有明显的定位意向，因此需要着重突出产品特色，明确传达出价格、功能等卖点信息，抓住潜在用户的需求点。

- **通俗词**。很多用户在使用搜索引擎搜索信息时，会使用比较口语化的表达方式。如"怎样学好英语"，这类关键词便是通俗词。这类网络用户一般以获取信息为目的，对商业推广的关注度不高。因此，在吸引这类用户时，营销人员应该主要为用户提供有价值的信息，解决用户的问题后，再引导用户关注网站信息。

- **地域词**。营销人员可以将产品词、通俗词与地域相结合，针对某个地域的用户进行推广，如"上海舞蹈培训班""上海哪个舞蹈培训班好"。搜索这类关键词的用户通常有较强的目的性，希望在某地域内获得服务。营销人员在营销时需要突出产品或服务的地域性。

- **品牌词**。企业拥有一定的品牌知名度之后，其品牌名称便会成为品牌词，如"海尔""华为""小米"。此外，企业拥有的专业技术、专有品牌资产等名称，也可以成为品牌词，以吸引对品牌感兴趣的潜在用户。

- **人群相关词**。很多用户在使用搜索引擎时，可能不会直接表达出对产品或服务的需求，但是其搜索行为会传达出特定的信息。这些信息可能会与企业推广信息重合，使用人群相关词可以将用户变成企业的潜在用户。

课堂讨论

一家驾驶培训机构开展搜索引擎竞价推广时，可以选择哪些关键词？请说明理由。

2. 搜索引擎优化

搜索引擎优化（Search Engine Optimization，SEO）就是对网站进行优化设计，使网站信息在自然搜索结果中靠前显示。SEO作为一种免费营销方式，在搜索引擎营销中发挥着重要的作用。SEO涉及的内容较多，主要包括网站结构优化、网站页面优化、网站链接优化等。

（1）网站结构优化

网站结构是指网站文件夹及文件所存储的真实位置所表现出来的结构，一个结构良好的网站，便于用户获取所需信息，也便于搜索引擎抓取网站数据。网站结构包含扁平网站结构和树形网站结构两种。

- **扁平网站结构**。扁平网站结构是指网站的所有页面文件都保存在网站根目录的结构。用户只需要访问一次就能浏览这种结构的网站中的所有页面，这种结构有利于检索信息和提升网站排名。图7-2所示为扁平网站结构。通常，扁平网站结构更适用于较为简单的小型网站，由于大型网站的网页数量较多，若大量页面文件都保存在网站根目录下，就会增加整个网站组织、查找和维护的难度。

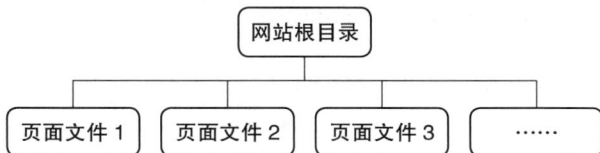

图7-2　扁平网站结构

- **树形网站结构**。树形网站结构是指将网站中的页面文件按照类别及从属关系保存到不同文件夹和子文件夹中的结构。树形网站结构层次清晰、识别度高，便于管理和维护。图7-3所示为树形网站结构，这种结构适用于内容类别多、内容量大的综合性网站。

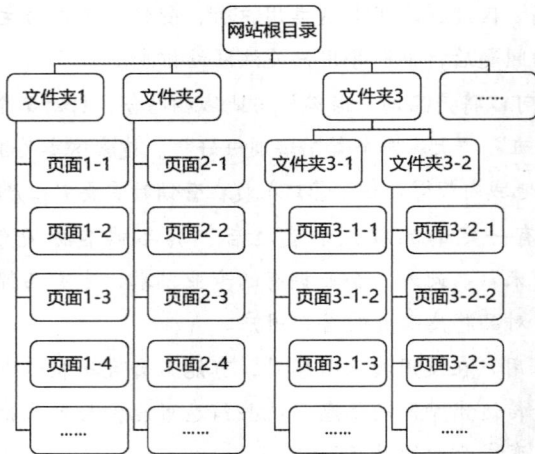

图7-3　树形网站结构

无论采用哪种网站结构，优化的核心都是确保结构的清晰化，以便营销人员在后期进行维护和优化。

（2）网站页面优化

网站页面优化直接与用户体验和搜索引擎的抓取效果相关。网站页面优化主要包括两个方面的内容：一是页面结构优化，二是页面内容优化。

页面结构优化涉及很多方面，主要包括页面标题、页面描述及页面图片等的优化。

- **页面标题**。页面标题会在搜索引擎的标题栏中显示，也会在搜索引擎的搜索结果页面中以超链接的形式显示。营销人员在设置页面标题时，主题要明确，应包含网页的重点要素；内容要使用用户所熟知的语言进行描述，要对用户有吸引力；如果网站名称比较有名，可以将其加入标题，从而吸引用户。需注意，页面标题字数不能太多，最好不超过30个中文字符，多余的字符不会显示出来。图7-4所示为在百度搜索关键词"会计考试资料"所得出的两个搜索结果，其中，第2个结果的标题超过了30个中文字符，没有显示完整。

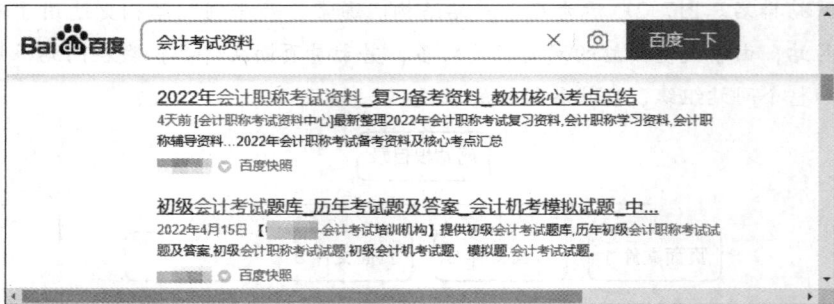

图7-4　在百度搜索关键词"会计考试资料"所得出的两个搜索结果

- **页面描述**。页面描述是对页面内容的精准提炼和概括，不会显示在网页中，但搜索结果中的摘要说明来自页面描述，优质的页面描述会提升网页的排名。在设置页面描述时语句要通顺连贯，字数要合理，可以融入必要的关键词，可以为网站中每个页面设置单独的描述。

- **页面图片**。优质的页面图片能够在第一时间吸引用户，增加网站的访问流量。图7-5所示为在百度中搜索关键词"连衣裙"后的结果，有图片和没有图片的效果不一样。页面图片的尺寸和格式要合适，既要能清晰地显示图片的内容，又不能影响页面的加载速度。

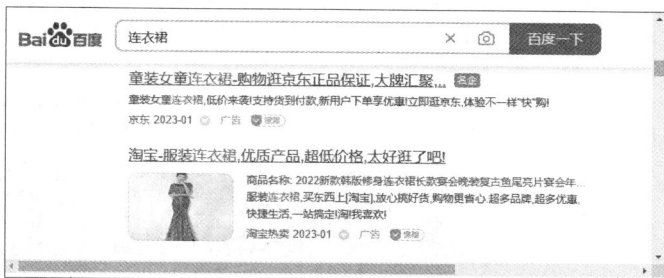

图7-5　在百度中搜索关键词"连衣裙"后的结果

在页面内容优化方面，营销人员可适当增加优质且原创的内容，这样有利于开展搜索引擎营销，获得靠前的排名。另外，无论是用户还是搜索引擎，均不可能对一个长期不更新的网站产生兴趣，因此，营销人员要持续更新网站页面内容。网站页面内容的更新不仅要持续，还要有规律。

（3）网站链接优化

互联网中有很多网站，每个网站又有很多网页，这些网站和网页之间通过链接（也称"超链接"）连接在一起并形成一张网。要想搜索引擎能够顺利地搜索到网站，并访问网站中的所有页面，完成对网站信息的抓取和收录，营销人员就必须对链接进行优化。网站链接通常分为内部链接和外部链接，在对不同链接进行优化时营销人员会采取不同的方式。

内部链接是指网站内部各页面之间的链接，内部链接的优化内容包括导航栏优化和锚文本优化等。

- **导航栏优化**。网站导航栏是网站不可缺少的部分，位于网站顶部。搜索引擎会优先抓取网站导航栏中的信息，并给予相当高的权重。网站的导航栏一般使用文本链接，同时导航栏的顺序应符合用户从左向右看的视觉习惯，把较重要的栏目放置在导航栏的左侧，把次要的栏目放在导航栏的右侧。图7-6所示为某网站的导航栏，该导航栏中包括活动和特惠、设计和服务、新品等栏目，用户通过导航栏可以迅速找到想要了解的信息，并进入相关页面，这样既有利于提升用户体验，又做了很好的内部链接。

图7-6　某网站的导航栏

- **锚文本优化**。锚文本是一种特殊的文本链接，是网页中的关键词做成的链接，用于指向网站中的其他页面。图7-7所示为一篇介绍装修报价明细的文章，其中的"现代简约"和"装修细节"等链接就是锚文本。使用关键词作为锚文本，能够提升锚文本所在网页和所指向网页的关键词的重要程度，从而提高关键词排名。锚文本可以是单独关键词，也可以是组合关键词，文本长度在12个字以内为宜。同一个网页中某个关键词如果出现了多次，不要把每次出现的关键词都做成锚文本，否则不仅没有任何作用，甚至可能会被搜索引擎判定为作弊。

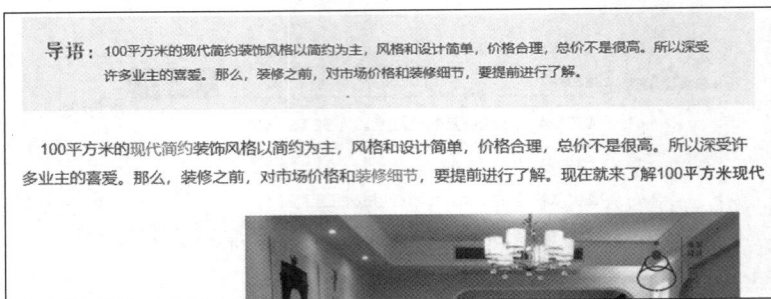

图7-7　一篇介绍装修报价明细的文章

外部链接主要具有提高网站权重、增加网站的曝光度、提升关键词排名、增加网站流量以及提升被网站收录的概率等作用。总体来说，外部链接来源网站越权威效果越好、来源域名越广泛越好、锚文本越多样越好、链接网页越分散越好、链接位置越多越好、内容相关性越高越好、外部链接数量越多越好。

7.2 LBS营销

LBS（基于位置的服务）是企业先通过电信、移动等运营商的无线通信网络（如4G、5G）或外部定位方式（如全球定位系统）获取移动终端用户的位置信息，之后在地理信息系统（Geographic Information System，GIS）平台的支持下，为用户提供相应服务的一种增值业务。LBS有两个核心内容：一是确定移动设备或用户所在的地理位置，二是提供与位置相关的各类信息服务。LBS营销就是企业借助互联网，在固定用户或移动用户之间完成定位和服务销售的一种营销方式。

课堂讨论

在生活中你使用过哪些软件提供的定位服务？这些定位服务为你带来了什么样的便利？

7.2.1　LBS营销的特点

LBS营销的产生和发展离不开移动互联网技术和移动电子商务的支持，同时精准营销思维在网络营销活动中的普及，也为LBS营销的发展提供了巨大的动力。基于定位，营销人员可以开展更个性化的LBS营销。

与其他营销方式相比，LBS营销因为定位的特殊性，具有以下几个特点。

- **精准营销**。LBS营销是一种十分精准的营销，可以将网络和实际地理位置相结合。营销人员可以通过用户的签到、点评等抓取用户的消费行为轨迹、时间和地点等信息。营销人员可以掌握用户的生活方式和消费习惯，从而有针对性地为用户推送精准的营销信息，还可以根据用户的消费特质制定更加准确、有效的营销策略。
- **重视培养用户习惯**。LBS营销有两个基本前提：一是用户主动分享自己的地理位置，二是用户允许接收企业的推广信息。进行LBS营销时，营销人员要重视用户的习惯培养，要让用户乐于接收基于位置提供的营销信息，这样才能更好地发挥LBS营销的价值。
- **涉及隐私**。LBS营销是基于用户定位的营销方式，不可避免地涉及用户位置隐私。营销人员在开展LBS营销时，如果不能妥善地处理好用户隐私问题，就会造成用户兴趣爱好、运动模式、健康状况、生活习惯、年龄、收入等信息的泄露，甚至造成用户被跟踪、被攻击等严重后果。因此，采用这种营销方式时营销人员必须用严密的手段保护好用户隐私。

7.2.2 LBS营销的模式

根据应用的领域不同，LBS营销可以大致划分为LBS+地图模式、LBS+O2O模式和LBS的广告推送模式。每种模式并非各自独立的，可以进行组合。

1. LBS+地图模式

如今，LBS几乎成为所有App的底层工具，LBS营销离不开实时地图功能的支持。因此，基于智能移动端的"LBS+地图"应用不仅是LBS营销的核心模式，也是LBS营销的基础。LBS+地图模式几乎可以在所有移动电子商务领域使用，以下所示为LBS+地图模式的应用领域。

- **导航服务**。导航服务即电子地图的基本服务，如高德地图的导航功能。
- **生活服务**。餐饮、住宿、娱乐、出行等生活服务几乎都需要用户提供地理位置信息。如利用百度地图查找附近的酒店，如图7-8所示。
- **持续定位**。跑步、步行等运动类数据的提供，物流类的车联网、公交换乘等服务也需要借助LBS和地图。
- **安全设备**。现在很多设备都具有定位功能，可以方便用户实时获取地理位置信息，如一些儿童手表。
- **社交**。LBS和地图有助于实现定位服务和社交功能的组合，从而使网络社交顺利地完成从虚拟社交到现实社交的转变，并打通社交和营销的渠道，如很多社交工具具有的"查找附近好友"功能。

图7-8 利用百度地图查找附近的酒店

2. LBS+O2O模式

LBS+O2O模式是传统团购模式的进一步延伸，目前多应用于生活服务方面。LBS+O2O模式是LBS从线上到线下的一种闭环营销模式，可以缩短用户和企业之间的距离，让用户及时看到企业信息并产生消费，多见于本地化产品和服务。它要求对用户的地理位置进行定位，然后根据用户的需求推送周边的企业服务，如外卖订餐、打车等。常见的LBS+O2O模式有以下几类。

（1）LBS+O2O的餐饮模式

LBS+O2O的餐饮模式是现在常见的一种营销模式。根据用户需求，企业利用LBS，能搜索附近或指定区域内的餐厅，然后推送符合搜索条件的餐厅，进行精准营销。利用LBS，用户不仅可以了解餐厅的基本信息，还能查看餐厅的口碑和评价，选择优质餐厅，并根据菜单订餐，然后通过移动支付功能完成付款。整个交易流程都可在订餐平台上完成，提升了用户的服务体验。图7-9所示为在美团上订餐，订餐后便可到实体店就餐。

（2）LBS+O2O的商店模式

LBS+O2O的商店模式主要是企业利用LBS向超市或便利店附近的用户推送超市或便利店的销售信息的一种营销模式。例如，发送新品信息、打折信息、优惠券等，用户可享受相关优惠，从而实现商家线上销售、线下送货或用户自提。例如，京东的O2O平台"京东到家"主要向用户提供一定范围内生鲜、鲜花、蛋糕等的配送服务，两小时内送达，用户可以借助LBS在"京东到家"平台上搜索附近商店，在线上购买产品。图7-10所示为使用"京东到家"订购附近鲜花店的鲜花。

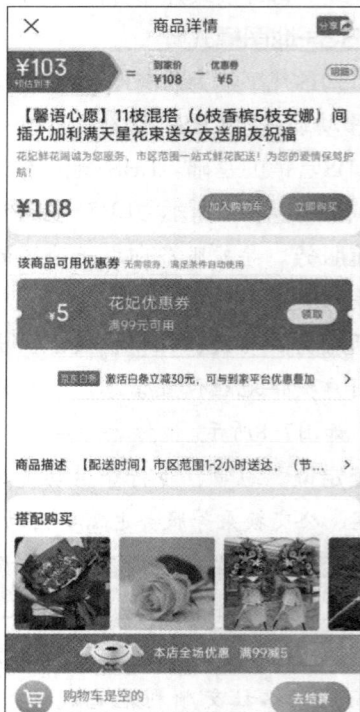

图7-9　在美团上订餐　　　　图7-10　使用"京东到家"订购附近鲜花店的鲜花

（3）LBS+O2O的交通模式

LBS+O2O的交通模式是指用户利用打车软件发送打车请求，打车软件利用LBS对用户进行定位后，通知附近车主，使用户获取打车服务的模式。例如，各类打车软件，其运作模式就是用户利用LBS发布请求、寻找司机，平台派单，司机完成接送。这样，企业可以建立起一个从线上至线下、司机与用户都可以控制的信息流，将打车服务、时间和地点紧密结合起来，从而为用户提供良好的服务体验。

🎓 专家指导

LBS+O2O模式的应用范围很广，除了餐饮、商店、交通领域之外，服装、娱乐、住宿等领域也运用了这一模式。用户可以定位某个地方，查看周边的店铺信息，还可以通过访问店铺相关App查询具体产品或前往店铺进行消费等。

3. LBS的广告推送模式

LBS的广告推送模式是指企业和LBS平台合作，向某个既定区域内的用户推送广告的一种模式。根据应用方式不同，LBS的广告推送可以分为地理感知广告推送、地理围栏广告推送和位置图谱广告推送。

- **地理感知广告推送**。地理感知广告推送指根据用户地理位置的动态调整，确定用户与目的地之间的距离，并投放特定广告信息给用户的一种广告形式。例如，华为推出的"华为广告"服务，利用地理定位功能，根据用户的实际位置显示其附近相应的广告内容，从而有效提高用户对广告的关注度和点击率。

- **地理围栏广告推送**。地理围栏广告推送指向某个特定地域（如一个城市、地区或特定购物场所）的用户推送广告的一种广告形式。当用户进入该区域或在该区域活动时，即可通过移动终端接收相应的广告信息。

- **位置图谱广告推送**。位置图谱广告推送指对某个特定区域内具有某些共同特征的用户推送广告的一种广告形式，如针对区域内具有相同消费偏好的用户或某个年龄段的用户推送广告等。位置图谱广告推送可以提高广告推送的精准度。

7.3 App营销

App营销是基于智能手机和移动电子商务的发展而兴起的移动营销活动。App营销的核心对象是手机用户。企业将开发的App投放到手机或其他移动设备上，用户通过下载并使用App来获得信息或达到其他目的；企业则以App为载体开展营销，以期达到推广品牌、挖掘新用户的目的。

📢 课堂讨论

你手机中安装的哪些 App 是常用的？你手机中的 App 都是在什么情况下安装的？

7.3.1　App营销的特点

随着移动互联网的快速发展，人们对智能手机的依赖性越来越强，各类手机App常见于人们的日常生活中。使用App开展营销的企业越来越多，App营销成为企业网络营销中的一种重要的营销方式。App营销的特点如下。

- **流量丰富**。App的种类十分丰富，包括购物、社交、拍照、学习、游戏、教育等不同种类，能够为企业带来不同类型的网络用户和大量流量。有效挖掘这些用户和合理利用流量，可以为企业培养更多忠实用户，实现企业品牌的传播。
- **信息展示全面**。App中展示的信息非常全面，包含图片和视频等类型。用户可以快速、全面地了解产品或企业信息，从而打消对产品的顾虑，增强对企业的信心，提高对企业的忠诚度。
- **方式灵活**。App的营销方式较为灵活。用户可通过多种方式搜索、下载并安装App。企业可以通过手机或计算机后台发布、管理App中展示的内容。同时，企业可以统计分析用户在App中的注册、浏览等活动产生的数据，以更好地进行用户行为分析，改善营销策略。
- **能提供良好的用户体验**。App的界面一般简洁清晰，主要是为了展示App的核心功能和特点。企业利用App除了可以满足用户各种生活、娱乐的需求外，还能通过App的评论、分享等功能与用户互动，从而提升用户的使用体验。
- **精准度高**。App一般是用户根据自己的需求搜索并下载的，这意味着App的下载对象是潜在的目标用户，企业利用App可以实现较精准的营销。

7.3.2　App的推广介绍与推广方式

App在各种应用商店的排名越靠前，其曝光机会越多，自然流量就越大。要想获得靠前的排名，营销人员首先需要撰写App的相关介绍信息，然后通过各种途径推广App。

1. App的推广介绍

App的主标题、副标题、关键词、描述，以及App应用截图及预览视频、用户评价、App下载量等都会影响其排名。

（1）App的主标题

App的主标题即App名称，是影响排名的核心因素，应简洁明了，简单易记。如果App发展成熟或拥有一定知名度，如"闲鱼""拼多多"等，那么其App主标题可使用品牌词，这样既可以吸引用户群体，又能节省推广成本，如图7-11所示。如果App尚没有名气，那么可以在主标题中突出产品功能或亮点，如"美图秀秀"早期的名称为"美图秀秀大师"，后更名为更直接的"美图秀秀"，更名后用户量明显增长。另外，若主标题无法表达完整的核心信息，尤其是App新上线时，可以为主标题添加后缀，如图7-12所示。

（2）App的副标题

App的副标题具有补充说明App功能和亮点的作用，也是影响App排名的重要因素。通常，App的副标题有3种设置方法。

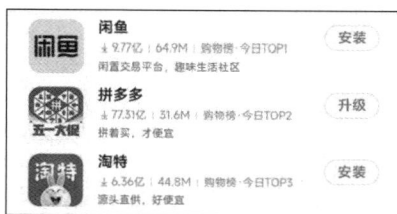

图7-11 以品牌词设置主标题

图7-12 为主标题添加后缀

- **关联品牌**。App的副标题关联品牌，可以加强用户对品牌的印象。例如，京东App直接使用品牌标语"不负每一份热爱"为副标题，如图7-13所示；阿里巴巴App的副标题"阿里巴巴旗下专业批发采购平台"再次强调了"阿里巴巴"这一品牌词，如图7-14所示。

图7-13 使用品牌标语为副标题

图7-14 强调品牌词的副标题

- **突出功能或亮点**。App的副标题可进一步凸显或说明App的功能或亮点。例如，图7-15中橙光阅读器App的"沉浸式互动阅读"、美团外卖App的"极速送达"、盒马App的"买菜买水果来盒马"。

- **强调优惠活动**。App的副标题可展示App上近期开展的优惠活动，以此吸引用户下载App。图7-16所示的App的副标题就通过短句说明了App近期上线的优惠活动。

图7-15 突出产品亮点的副标题

图7-16 强调优惠活动的副标题

🎓 **专家指导**

> 需注意，主标题或副标题不宜过长，否则不易通过审核，甚至导致App被直接下架。同时，主标题不宜频繁更换，特别是建立用户认知后。主标题的后缀与副标题可以随着App功能的更新或新活动的推出实时更换，以便覆盖相关的关键词，加大被搜索到的可能性。

（3）App的关键词

App的关键词主要体现在App的主标题和副标题中。据统计，60%以上的用户通过输入关键词搜索和下载App，因此，关键词优化是App推广优化的重要内容。如何挑选关键词呢？一是"蹭"知名品牌的热度，如"淘特""点淘"之于"淘宝"，"微信读书"之于"微信"

等；二是搜索同类App使用的关键词和潜在用户关注的关键词。例如，输入"聊天交友""健身"等关键词搜索排名靠前的App，找出与本App相关性高的关键词，以此建立本App的热词库。

（4）App的描述

标题和关键词的优化有助于增加流量，App描述的优化则可以在一定程度上增加App的下载量。App的描述内容一般控制在300～500字，对功能的描述应简明扼要，便于理解和阅读。并且，App的描述一定要让用户知道App的价值，即能够给他带来的好处、能够帮助他处理的问题。另外，在描述内容的末尾可添加企业的联系方式，如微信公众号、微博账号等。

（5）App应用截图及预览视频

App应用截图及预览视频可以展示App的功能和界面，是对App的进一步描述，如图7-17所示。精心设计的预览界面，能够体现出App的主要功能，并影响用户的下载选择。因此，展示出来的前两张应用截图应该体现出App最重要的功能或特点。

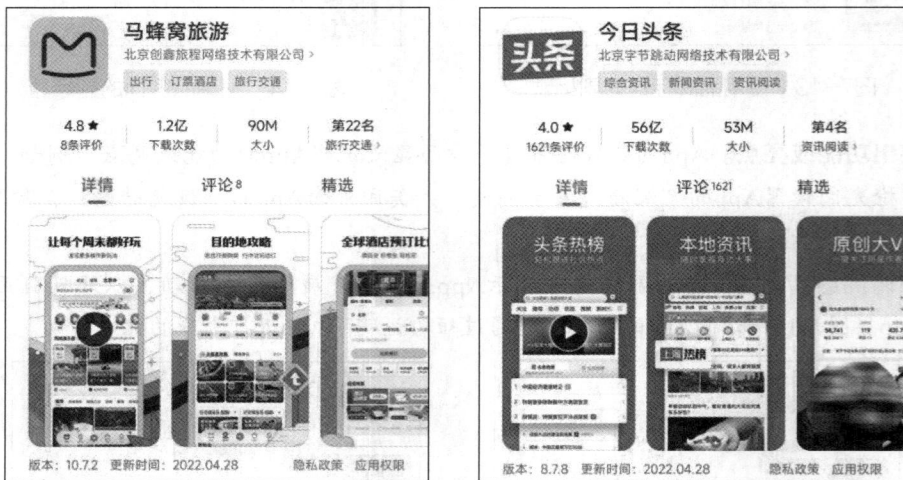

图7-17　不同App的应用截图及预览视频

（6）用户评价

App的用户评价也会影响其他用户的下载决策。App的评论量少，会让用户觉得使用该App的用户少；差评过多，用户可能会选择放弃下载。在设计App时，可设置弹窗，提示用户对App做出评价。

（7）App下载量

App下载量在一定程度上体现了App在市场上被认可、受欢迎的程度，是影响App排名的重要因素，也是与App成功运营相关的关键因素。要增加App的下载量，根本上还是要开发者潜心打磨产品，完善产品功能，以提升用户体验。

2. App的推广方式

App的推广方式十分多样，常见的有以下几种方式。

- **首发申请**。App首发是指App新品或新版本在一段时间内仅在首发应用市场上出现，用户无法在其他应用市场上下载。首发应用市场会给首发App提供免费展位，在一定程度上可增加App的曝光度。目前，首发分为App新品首发和新版本首发两种。新品首发是指产品还未在任何渠道上线，申请门槛相对较低，企业可选择在360手机助手、应用宝等数据量大的应用商店首发。新版本首发是指每次更新版本时的首发，为了增加申请通过的概率，企业可以多申请几个应用商店的首发或在同一应用商店多次申请首发。

专家指导

> 首发是性价比较高的推广方式，目前多数应用商店都支持企业免费申请首发，如应用宝，以及小米、魅族、OPPO、华为等手机中的应用商店。其中，应用宝、华为商城需要通过后台申请首发，小米、魅族、OPPO等手机中的应用商店则需要通过邮件申请首发。首发申请的预约时间为一周左右，首发申请周期则大多为半个月或一个月，各应用商店的开发者中心也会对首发申请时间进行详细介绍。

- **新品自荐**。新品自荐是应用商店为鼓励App开发者的创新精神，为一些优质新品App设立的一个绿色通道。开发者可以按照要求推荐自己开发出的新品，应用商店经过评估后，会给予质量优异的App一部分推荐位。目前，魅族、小米、360手机助手、华为等应用商店都支持新品自荐申请。
- **网络广告**。企业可以通过投放网络广告推广App。
- **社交媒体推广**。企业可通过在微博、微信等社交媒体平台上撰写推广文案推广App。
- **资源互推**。很多企业旗下不止一个品牌，此时可以让各品牌之间进行资源互推，实现双赢，如快手在其短视频平台上推广资讯内容App——快看点。
- **限时免费**。对于部分收费App来说，可通过开展限时免费等活动来吸引用户下载和使用App，后续可通过功能、界面、服务等方面的优势引导用户开通付费功能。
- **线下预装**。有实力的企业可和手机厂商合作，在手机出厂前将App预装到手机里，这样购买了手机的用户就有可能直接成为该App的用户。
- **开展线下活动**。开展线下活动也是一种常用的推广手段，如在店铺内引导用户通过扫描二维码下载App后，赢取领取小礼品等。

7.3.3 以App为载体的营销模式

随着移动互联网的兴起，越来越多的互联网企业和传统企业开始将App作为营销的主要阵地之一。App成为连接企业与用户的重要纽带和连接线上、线下的天然枢纽，App营销也应用得越来越广泛。为了取得良好的营销效果，企业需要为不同的App设计不同的营销模式。

1. 品牌模式

目前，大部分企业都拥有自己的品牌App。为企业量身定做的App更容易体现品牌特性，可起到较好的品牌宣传效果，帮助企业深化品牌形象。

2. 广告模式

广告模式是功能性App和游戏App常用的一种营销模式。企业在动态广告栏链接中植入广告，当用户单击广告栏链接的时候就会进入指定的页面，了解广告详情或参与活动。这种营销模式操作简单、适用范围广，企业只要将广告投放到与广告目标用户匹配的热门App上，就能取得良好的传播效果。但这种营销模式影响用户的使用体验，不利于App的持续发展。

为了保证广告的效果和App的寿命，营销人员需要对广告内容进行规划，使广告植入得更自然。例如，在拼图游戏中植入品牌或产品图片，让游戏用户组合碎片，最终拼成一张完整的品牌或产品图片。

3. 内容模式

内容模式是指企业通过优质内容吸引精准用户和潜在用户，从而实现营销目的的一种营销模式。在App中进行内容营销时，企业需要准确定位目标用户，这样才能策划出有效的营销内容，同时还需要进行市场调查，分析市场数据，确定内容主题、营销平台等。例如，一些介绍服饰搭配知识的App通过为用户提供实在、有效的搭配技巧，吸引有服饰搭配需求的用户，然后向其推荐合适的产品。另外，内容模式下，部分内容或功能需要额外付费，这也使得变现更容易。

4. 用户模式

用户模式常用于网站移植类和品牌应用类App。这种模式通常没有直接的变现方式，主要是为了让用户了解产品、扩大品牌的影响力、增加用户的忠诚度。企业设计出对用户具有一定价值和作用的App供用户使用，用户通过该App可以直观地了解企业信息，与企业产生更多联系。例如，某化妆品品牌为吸引目标用户下载该品牌App，在App中设计了一些化妆、搭配、时尚等游戏内容，让用户在游戏过程中，不断深化对品牌的印象，以培养更精准的潜在用户群。

5. 购物网站模式

购物网站模式多为购物网站使用，购物网站一般开发出自己网站的相关App，投放到各大应用商店供用户免费下载使用。用户可以利用该App随时随地浏览产品等信息，并完成交易。对于用户而言，购物网站模式方便其选购产品；对于购物网站而言，购物网站模式大大增加了流量和提高了转化率。

课堂讨论

你手机中的 App 的类型是固定不变的还是经常更换的？

(7.4) 大数据营销

大数据营销依托多平台的数据采集及大数据工具的分析和预测功能，使企业的营销更加精准，为企业带来了更多投资回报。无论是在线上还是在线下，大数据营销的核心都是基于对用户的了解，在合适的时间、合适的地点，通过合适的载体将营销内容传递给合适的人。

课堂讨论

你在新闻客户端浏览新闻、在抖音上浏览视频、在网易云音乐上听音乐时，是否总是能看到或听到自己感兴趣的内容？

7.4.1 大数据营销的内涵及特征

大数据重构了精准营销模式。在大数据时代，企业有更多机会去了解用户，甚至可能比用户还要了解其真正的需求。之前，企业一般通过用户管理系统获取用户信息、市场促销信息、广告活动以及企业官网中的某些数据。通常，这些信息只能满足企业的部分营销管理需求。而其他类型的用户数据，如社交媒体数据、邮件数据、地理位置等，更多地以图片、视频等形式存在，在实际营销中难以运用。大数据工具具有更强大的分析功能，能够采集和分析更多用户数据，洞察这些数据之间的联系或规律。

包括沃尔玛、麦当劳等知名企业在内的一些企业安装了收集运营数据的装置，用于跟踪用户互动、店内客流和预订情况。营销人员可以将菜单变化、餐厅设计和用户意见等数据与交易记录结合起来，然后利用大数据工具展开分析，从而在销售哪些产品、如何摆放产品及何时调整售价上获得指导意见，最终为用户提供较优的优惠策略和个性化的沟通方式。

简单地讲，大数据营销就是通过互联网采集大量用户行为数据，帮助企业找出目标用户，以此为基础预判与调整广告投放的内容、时间、形式等，完成广告精准投放的营销过程。大数据营销具有以下4个特征。

- **个性化**。网络营销从"媒体导向"向"用户导向"转变。以往的营销活动主要以媒体为导向，企业主要选择知名度高、浏览量大的媒体进行广告投放，用户被动接收信息。如今，企业以用户为导向进行大数据营销，利用大数据技术为浏览同一界面的用户提供不同的广告内容，实现精准化推荐和个性化营销。

- **时效性**。大数据营销具有很强的时效性。在网络时代，用户的消费行为和购买方式极易在短时间内发生变化。企业借助大数据营销通过技术手段充分了解用户的需求，并在第一时间推送广告。

- **关联性**。关联性是指大数据营销能够让用户看到的上一条广告与下一条广告之间存在某种联系。这是因为在采集大数据的过程中，大数据工具可快速得知目标用户关注的内容，以及知晓用户所在位置和消费特征等，这些有效信息可使投放的广告产生关联性。例如，大数据工具通过观察用户购物车中的产品和下单产品，分析出用户的基本消费习惯和消费规律，从而制定出相关产品营销策略。

- **多平台数据采集**。大数据营销的数据来源是多样化的，从多平台采集数据，有助于更加全面和准确地刻画用户画像。这些平台包括互联网、智能电视以及户外智能终端等。

7.4.2 大数据营销的运营方式

大数据营销的开展得益于数据。企业开展营销活动时，由于获取用户数据方式的不同，形成了不同的大数据运营方式。

- **自建平台运营方式**。自建平台运营方式是指企业构建自己的大数据平台，从企业集中管理的数据中获取用户信息，通过精准的营销策略实施大数据营销，与目标用户建立信任关系，提高用户忠诚度，为企业创造出长期的商业价值。企业如果具备了大数据营销所需的人力、财力等资源，并建立了大数据营销运营机制，就应采用这种运营方式。

- **数据租赁运营方式**。数据租赁运营方式是指企业通过租赁付费的方式，通过专业的大数据营销平台及其提供的潜在目标用户数据，向潜在目标用户精准投放企业广告的运营方式。这种方式主要面向目标用户增加企业的曝光度，引起目标用户对企业的关注，为建立企业与用户的关系、数据挖掘与分析、品牌推广等市场营销行为提供基础。企业不具备搭建大数据平台的能力时，可采用这种运营方式来实施大数据营销。

- **数据购买运营方式**。数据购买运营方式是指企业在符合法律规范的前提下，向大数据营销平台购买潜在目标用户数据，然后通过自建平台实施大数据营销的运营方式。因此，这种运营方式一般是和自建平台运营方式配合使用的，以达到企业期望的营销效果。数据购买运营方式比数据租赁运营方式更灵活，企业通过自身平台无法获取足够的数据或者需要更丰富的数据时，可采用这种方式。

根据企业发展阶段、企业产品生命周期、企业营销战略和策略的不同，企业可以采用适合的运营方式来开展大数据营销。

7.4.3 大数据营销的关键要素

大数据本质上是一种工具，只有当数据被企业利用并开始创造价值时，才有了真正的意义。企业应该如何利用大数据洞察用户行为变化、准确地分析用户的特征和偏好、挖掘产品的潜在高价值用户群体，这些是企业开展大数据营销时需要考虑的问题。

1. 用户画像

大数据精准营销的第一步是构建个性化的用户画像——针对每一类数据实体，将其进一步分解为具体的数据维度，刻画每个用户的特征，再聚集起来形成人群画像。用户画像是根据用户的社会属性、生活习惯和消费行为等信息而形成的一个标签化的用户模型，具体包括以下5个维度。

- **用户固定特征**。其包括性别、年龄、受教育水平、职业等。
- **用户兴趣特征**。其包括兴趣爱好，经常查看的网站，偏好使用的App，喜欢浏览、收藏、评论的内容，以及品牌或产品偏好等。
- **用户社会特征**。其包括生活习惯、婚恋情况、社交情况、家庭成员等。
- **用户消费特征**。其包括收入状况，消费水平，产品购买渠道、频次和偏好种类等。
- **用户动态特征**。其包括用户当下需求、所处位置、周边的商店、周围的人群等。

构建和生成用户画像一般通过采集和分析数据、用户分群和优化整理数据3个步骤实现。

（1）采集和分析数据

数据是构建和生成用户画像的核心依据，只有建立在客观数据基础上的用户画像才是真实可靠的。

（2）用户分群

用户分群就是为用户贴上标签，用标签将用户分类，以便实现"一对一"的精准营销。例如，一位"80后"用户喜欢上午11点在生鲜网站下单买菜，晚上6点回家做饭，周末喜欢吃烤肉。经过信息搜集与分析，系统就会产生一些标签，如"80后""生鲜""烤肉"等。再如，一位用户在社交网站上经常分享旅游照片，其服饰、背包等都是同一品牌的，系统就会为该用户贴上如"旅游""某品牌粉丝"等标签。

（3）优化整理数据

生成准确的用户画像后，企业便能清楚了解用户需求，在实际营销时更容易经营好与用户的关系，甚至找到扩散好口碑的机会。例如，对于前文提到的那位"80后"用户，如果有生鲜打折券、烤肉店推荐，营销人员就可以将这些信息推送给他。

除此之外，在不同阶段，企业还需要观察营销的成功率，并追踪用户反馈的信息，确认整体经营策略与方向是否正确。如果营销效果不佳，企业就应该调整营销策略，反复尝试并调整，做到循环优化。

2. 预测分析

利用大数据，企业可以预测用户的某些行为。例如，企业可依据用户交易数据预测用户下一次的购买行为。预测能力能够让企业专注于一小部分用户，而这一小部分用户能代表特定产品的大多数潜在用户。例如，企业将营销活动的目标用户锁定为20万位潜在用户或现有用户，拨出部分预算用于吸引部分用户群（如10%的用户），从而可预测特定产品的整个用户群，同时可减少营销成本。

大数据营销的预测能力与决策价值紧密相关，与被动接收和观察数据不同，预测注重分析的是用户下次购买的时间和用户的终身价值。企业收集关于用户行为的海量数据，建立模型并分析数据之间的相关性，就能够对用户未来的购买行为做出预测。当然，这些数据是海量的，超出了传统的数据库管理工具的功能范围，企业必须用到大数据存储、分析和可视化技术（如云计算）才能挖掘出数据巨大的商业价值。

3. 精准推荐

大数据最大的价值不是事后分析，而是预测和推荐，精准推荐是大数据的核心功能。例如，在个性化推荐机制方面，大多数服装订购网站采用的是用户提交身材比例、风格数据，客服进行人工推荐的模式，而某服装订购网站还结合了机器算法进行推荐，通过分析用户提供的身材比例等数据，并结合销售记录，挖掘出每个人专属的服装推荐模型。

数据整合改变了企业的营销方式，从海量业务的广播式推送，过渡到了以用户体验为中心的精准推荐。借助精准推荐功能，企业在注重用户体验的同时可达到良好的营销效果，并且可对营销过程进行全程跟踪，从而不断优化营销策略。

▍7.4.4 大数据精准营销策略

未来，企业对市场的争夺就是对用户资源的争夺。企业如果能够有效利用手中海量的大数据资源，在精准定位和数据分析的基础上，充分运用大数据技术提供更加个性化、差异化、精准化的服务，就能深入挖掘新的市场价值，实现精准营销。大数据精准营销策略主要表现在以下5个方面。

1. 广告投放

美国百货商店之父约翰·沃纳梅克曾经说："我知道我的广告费有一半被浪费掉了，但我不知道是哪一半。"这句话被誉为广告营销界的哥德巴赫猜想，也表达了很多企业的疑惑。在大数据营销思维的指导下，企业已然改变了广告投放策略，利用大数据技术定位用户，将广告投放给准确的目标用户。特别是互联网广告，企业向不同的人传递适合的广告内容。同时，谁看了广告、看了多少次广告、通过什么渠道看的广告，以及对广告内容的反应等都可以通过数据化的形式来了解、监测和追踪。这样，企业可以更好地评测广告和营销效果，从而制定更加有效的广告投放策略，获得更高的转化率。

2. 精准推广

移动社交网络的发展减少了信息的不对称性，用户能随时随地在社交平台上了解产品信息。这对企业来说，使用传统营销方式来吸引用户越来越难。而且，如果企业没有精准定位目标用户，而是盲目推广，则可能导致营销推广没有效果或者收效甚微。而品牌在制定营销策略时需要知道用户的喜好和购买习惯，甚至要比用户更清楚地知道他需要什么。为此，企业可以利用大数据技术预测用户下一步的举措或更深层次的需求，从而实现精准营销。例如，云南白药牙膏官方旗舰店在淘宝上开业，为了让公众知晓，云南白药利用阿里巴巴的大数据技术收集和分析淘宝用户的搜索、浏览、点击、购买和共享等行为，了解淘宝用户的使用习惯和偏好，并结合云南白药的特点，策划了营销互动活动。在短短几天内，该活动就吸引了成千上万名用户参与，迅速提升了云南白药牙膏官方旗舰店的名气。

3. 提供个性化产品

在如今的消费市场中，用户的个性化特点逐步显现。用户的阅读类型、交际圈及消费行为等有很大的不同，并体现在日常生活的方方面面。个性化营销是市场的需求，也是企业发展的需求。将同样包装、同等质量的产品卖给所有用户，或将同一品牌的不同包装、不同质量的产品卖给若干用户，这种传统的营销策略对用户的吸引力越来越弱，越来越不能满足用户的个性化需求。大数据的运用则成为必然。

随着科技的不断发展，生产制造向生产"智"造方向转变，同时大数据通过相关性分析，将用户和产品联系起来，对用户的产品偏好等进行个性化定位，进而反馈给企业的产品研发部门，使其推出与用户个性相匹配的产品。

4. 制定科学的价格体系

为了收集不同类型的数据，如不同的用户需求、不同渠道的数据，企业需要基于大数据技术构建跨越不同系统的大数据营销平台，从而快速、全面、精准地收集用户数据，洞察、分析和预测用户的偏好，以及用户对产品或服务价格段的反应。同时，企业应当根据不同的阶段，具体分析影响因素，如支付方式、价格、付款期限等内容都可以根据具体情况进行适当调整。此外，企业的存货地点、覆盖区域及运输方式等也会根据市场的变化而变化，价格、促销折扣、促销人员的收益、广告投放方式和公关关系都会随之发生变化，营销人员可以利用大数据技术了解用户行为和反馈，深刻理解用户的需求，关注用户行为，进而高效分析信息并做出预测，不断调整产品的功能方向，验证产品的商业价值，制定科学的价格体系。

5. 重视用户关系管理

产品同质化是很多企业都会面临的问题。企业要想在市场竞争中获得竞争优势，保持长期良好的用户关系是关键。在大数据时代背景下，如果企业拥有良好的用户关系，那么在收集和洞察用户动态时，这些用户关系可以提供大量数据信息。因此，企业应重视加强用户关系管理，发掘有效的用户资源。由于用户信息繁杂，企业应将这些用户按照已有的标准分成不同类别。按照地域、行业、购买能力等因素划分用户的方式较为常见，但是这样的分类方式依然无法精确反映用户的不同需求。因此，企业应当进一步挖掘和分析销售数据，将最大的影响因素作为划分的标准，更精细地划分用户类别。针对不同类别，企业可以制定不同的营销策略，维护和管理好用户关系。

职业素养

有的企业为了获得更多用户数据，可能会诱导用户授权，过度采集数据，导致用户在企业面前可能是完全"透明"的，毫无隐私可言。这种情形下要求营销人员具备社会责任感：一是，明确大数据技术（包括其他新兴技术）的使用应合法；二是，应保障用户的知情权，要在用户知情授权的情况下进行数据采集；三是，要主动保护用户的个人信息，并建立相应的保护和维护措施，防止信息泄露等。

7.5 社群营销

社群营销是在网络社区及社会化媒体的基础上发展起来的，是一种基于社交圈的营销方式。企业通过将有共同兴趣爱好的人聚集起来，打造一个共同兴趣圈并进行营销。

课堂讨论

你是否加入过社群？加入过哪类社群？社群成员是否经常互动？互动的内容是什么？

7.5.1 社群营销的方法

社群营销以社群为基石。社群的发展壮大非一朝一夕之功，无论社群规模如何，社群营销需要讲究一定的方法，且存在共通性，运用恰当的方法才能发挥社群运营团队及社群自身的优势。

社群营销的方法包括灵魂人物营销、社群文化营销及价值营销。

1. 灵魂人物营销

社群成员扮演着不同的角色，包括内容创造者、评论者、搜集者、围观者及不活跃者等。他们各自的诉求不同，彼此相互影响。但所有成员中，核心人物当属社群的灵魂人物。灵魂人物就是社群中占据主导地位的人，是整个社群的核心，一般是人格魅力、专业技能出众的人，如小米的雷军、罗辑思维的罗振宇等。灵魂人物可能兼任社群组织者、内容创造者、思考者等多重身份，对社群的定位、发展、成长等有长远的影响。

以灵魂人物为主体进行的社群营销，就是通过灵魂人物在某一领域的影响力，吸引感兴趣的用户加入社群，使其他社群成员活跃起来，为社群创造更多价值。这种营销方式对灵魂人物的要求较高，需要其具有独特的人格魅力和影响力。

2. 社群文化营销

社群文化即社群特有的文化，通常表现为社群Logo、规则、福利、口号、价值观、处事方式等。社群文化具有凝聚社群的作用，也对社群成员的行为具有导向作用，同时能够激励社群成员更加积极地参与互动，增强其责任感和使命感。如小米"为发烧而生"的口号满足了手机发烧友对运行速度的需求，体现了小米手机性能高、价格低的特点。小米在营销初期，通过社区论坛聚集了大量手机发烧友，让他们试用新版的MIUI系统，并为他们提供相互交流的平台，将其转化为粉丝。小米品牌文化的传递也是靠积累粉丝和粉丝传播达成的。图7-18所示为小米社区官方网站，其是小米粉丝的线上交流平台。

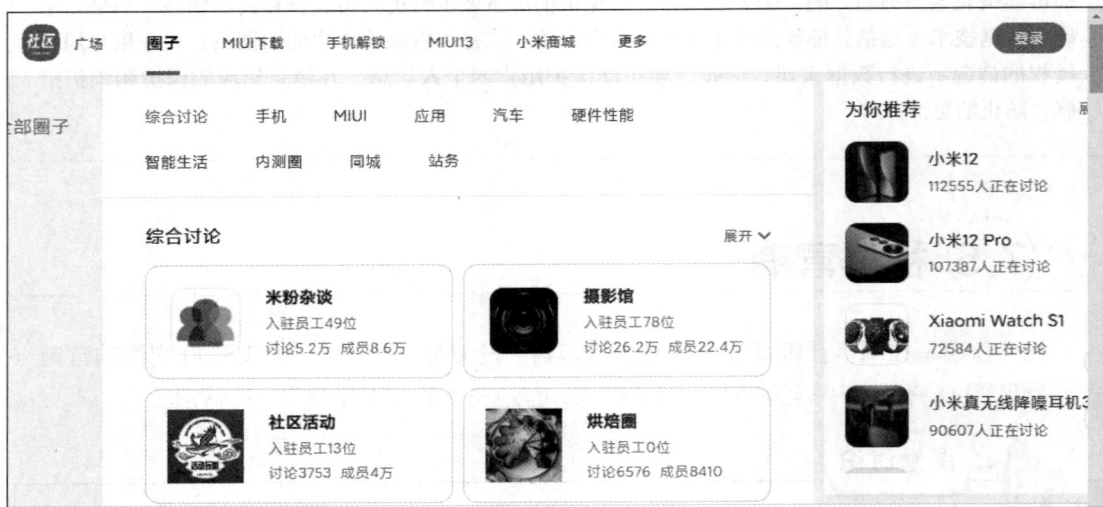

图7-18 小米社区官方网站

依靠社群文化进行营销，就是通过社群营造的文化氛围引起用户的好奇心，从而吸引用户自发了解社群，加入社群。要建立社群文化，营销人员可以从明确社群标签、树立社群价值观、加强社群成员的信任和增强社群成员归属感等方面入手。

- **明确社群标签**。社群标签是指社群给用户留下的印象，能够影响用户对社群的评价。一般来说，社群标签应当是多维度的。如一提到某个社群，用户立刻会用一些标签来评价它，如"文艺的""热闹的""有情怀的""技术含量高的"等。
- **树立社群价值观**。社群价值观是指社群成员对不同事情的认知、理解、判断或抉择。要树立社群价值观，营销人员应明确哪些行为是社群倡导的，哪些问题是违背社群理念的，如有的社群明确禁止发布广告等，从而规范社群成员在社群中的行为，方便社群成员的交流沟通，增强社群凝聚力。

- **加强社群成员的信任**。社群成员对社群的信任度会影响社群成员对社群文化的认同度。只有当社群成员对社群有足够高的信任度时，社群才能拥有好的氛围，好的社群氛围正是社群文化形成的条件之一。
- **增强社群成员归属感**。营销人员可通过举办各种各样的线上、线下活动，利用奖品等吸引社群成员参与，或制造话题让社群成员互动，以提升社群成员的活跃度，增强其归属感。

职业素养

优秀的社群文化必定需要传递正能量。积极乐观的思想才有利于激励社群成员，也才有助于营造良好的社群氛围，也才有利于树立良好的社群形象，从而提升社群的吸引力，吸引更多用户加入社群。

3. 价值营销

价值是指社群能够给社群成员提供的知识、经验或直接利益。利用价值进行社群营销，就是向用户展示能在社群中获得的价值，吸引用户加入社群。价值营销对价值的输出频率、质量等有所要求。

专家指导

上述3种社群营销方法不是相互独立和排斥的，如果一个社群同时具有有影响力的灵魂人物、优秀的社群文化和能持续产出价值的能力，那么该社群就会具有旺盛的生命力。

7.5.2 社群营销的关键要素

建立社群并不难，但要想成功运营社群，让社群持续发展，营销人员需要掌握社群营销的关键要素。

1. 清晰的社群定位

在建立社群之前，营销人员要先做好社群定位，明确社群要吸引哪一类人。社群定位能够充分体现企业的核心价值定位。例如，小米手机的社群，吸引追求高科技与前卫的用户；罗辑思维的社群，吸引追求独立思考的用户。只有当社群有了精准定位之后，才能推出契合用户兴趣的内容，并不断强化社群的兴趣标签，增强社群成员的凝聚力。

一般来说，社群定位基于社群的类型和企业的性质。按照产品形式，社群可划分为产品型社群、服务型社群和自媒体社群等；按照划分范围，社群可分为品牌社群、用户社群和产品社群。当然，不管如何划分社群，其目的都是确定社群的基调，保证社群既能满足成员的价值需求，又能为社群营销人员带来回报，形成良好的自运行经济系统。

为了更好地进行社群定位，在建立社群前，营销人员应首先考虑建立社群的目的（建群动机），如销售产品、提供服务、拓展人脉、打造品牌、提升影响力等。确定了建立社群的目的，就可以更方便地进行社群定位。

2. 持续输出价值

社群营销人员每次分享时都应该全程投入，不应有所保留。社群运营中常会遇到这类问题：分享者没有将所有内容分享出来，有的因为知识有限，有的则是害怕其他成员超越自己，造成成员分流。其实这是一个误区，要想让社群长久生存，发展壮大，分享者应当倾尽所有，将所有内容传授给成员，从而得到成员的认可和信任。如此，成员对社群的黏性才会越来越强，后续才有利于持续输出价值，带来稳定的影响力和口碑，入群成员才会越来越多。

营销人员在输出价值时，可采用以下4种输出方式。

- **讨论输出**。讨论输出是指社群成员在社群中讨论相关知识，从而输出价值。营销人员也可发布一些有讨论性的内容，引起社群成员的讨论，这样不仅能够输出有价值的内容，还能活跃社群的气氛。

- **活动输出**。活动输出即通过社群线上分享、交流活动，输出有价值的内容。

- **微信公众号输出**。微信公众号输出即通过推广社群拥有的微信公众号或与社群定位相符的微信公众号输出内容。需注意，不管是社群自身拥有的微信公众号还是其他微信公众号，都需要有值得社群成员关注的内容，这样才能起到价值输出的作用。

- **直播课输出**。直播课输出即通过直播课堂的形式，将社群中的知识、经验等分享给社群成员。该种输出方式下，社群需要拥有专业的策划团队，以及有名气的讲师。

3. 维护成员活跃度

社群成员之间的在线沟通多依靠微信、QQ等。对于社群营销人员而言，能否建立更加紧密的成员关系，直接影响着社群最终的发展好坏。同时，社群活跃度也是衡量社群价值的一个重要指标。大多数成功的社群已经从线上延伸到线下，从线上信息的输出、社群成员之间的互动，到线下组织社群成员聚会和活动，目的都是增强社群的凝聚力，提高社群成员的活跃度。

4. 打造社群口碑

好口碑是社群最好的宣传工具，社群口碑与品牌口碑一样，都必须依靠好产品、好内容、好服务，经过不断的积累和沉淀逐渐形成。一个社群要想打造好口碑，必须从基础做起，抓好社群服务，为成员提供价值，然后才能逐渐形成好口碑，并使成员自发传播，逐渐建立以社群为基点的圈子，这样社群才能真正得到发展。例如，一对年轻夫妻在小区附近经营着一家水果店，创业初期便通过微信创建了一个会员群，用户购买水果时，他们会邀请年轻的用户加入会员群。为了打造好口碑，他们每天定时发布优惠产品，群内成员不仅可以第一时间了解优惠信息，还可以在群内下单买水果。同时，对于指定的产品，他们会通过发红包的方式，确定产品折扣，如群内成员红包尾数为1可享受7.1折优惠，尾数为2可享受7.2折优惠，以此类推，而获得最大金额红包的成员可享受5折优惠，通过这种玩法增加趣味性，提高群内成员的活跃度。另外，因为群内成员大多是周边的人，所以大家会在群内进行旧物置换、信息分享等。由于群内氛围和商家口碑较好，因此有效地提升了用户复购率。通过上述案例可以看出，线下小型实体店通过社群可以优化销售形式，可以打通线上与线下。同时，社群营销一开始就需要打造口碑，以此增强用户黏性。

7.5.3 社群营销推广策略

社群营销常见的推广策略包括用户引流策略和漏斗拉新策略。

- **用户引流策略**。用户引流策略可分为"以老带新"和"裂变拉新"两种方法。"以老带新"是指由群内老成员介绍新成员，这种方法适合有一定资源优势和有较好口碑的成熟社群，如给予一个老成员1～3个推荐名额。"裂变拉新"是指采取利益刺激的方式，让群内成员或者外部人员推荐优质的用户，推广者可从中获取一定比例的提成，这种方法既适用于成熟社群，也适用于初创社群。

- **漏斗拉新策略**。"漏斗拉新"是指先用免费的方式吸引用户入群，后采用付费的方式进行漏斗转化。如一个知识型社群，通过部分免费直播课程吸引了100个用户入群，后续其推出付费直播课程，有50个用户付费购买。这种方法适合初创社群。

7.5.4 撰写社群营销文案

社群营销，会涉及社群营销文案的撰写。社群营销文案是帮助社群快速吸引用户、增强用户黏性及引导用户消费的重要手段。根据社群营销的不同应用场景，社群营销文案包括社群引流文案和促销活动文案等类型。

1. 撰写社群引流文案

引流文案常用于社群会员招募阶段。营销人员撰写高转化率的优质招募文案，可以从以下几方面入手。

- **标题引人注意**。标题的作用是使用户产生兴趣。撰写标题的方法有很多。例如，直截了当地表明主题，如"5个方法突破职业迷茫期"；用利益刺激，如"××课程免费派送中""涨薪攻略免费派送中，先到先得"；设置悬念，如"如何在微信中月售××（销售量）课程"等。

- **说明入群的好处**。说明入群的好处是社群会员招募的关键，常用的方法主要有两种。一是根据用户的痛点问题提出解决方案，如根据标题"5个方法突破职业迷茫期"，列出"总结分析自己的特性""匹配工作环境"等解决方案；二是突出社群产品的卖点。

- **权威证明**。权威证明可以提高文案的可信度，常用方法是利用名人效应，如名人推荐、名师授课，或展示社群获得的成绩等。

- **限定时间/数量促销**。限定时间/数量促销的作用是刺激用户马上行动，常用方式是提示限定名额或促销时间等。

- **设置入群入口**。入群入口即通过设置二维码或链接的方式引导用户入群。

撰写社群会员招募文案时可组合应用上述几个方面的内容，但不一定包含所有元素，其表现形式主要是海报文案。图7-19所示的两个社群会员招募文案，均包含了"标题""入群的好处""促销""入群入口"等元素。撰写完成社群会员招募文案后，营销人员可将文案发布到朋友圈、公众号、直播间等，吸引更多用户。

图7-19　社群会员招募文案

2. 撰写促销活动文案

促销活动文案的表现形式既可以是海报式促销活动文案，也可以是纯文字式促销活动文案。

（1）海报式促销活动文案

海报式促销活动文案具有较强的视觉冲击力，其撰写方法与撰写社群会员招募文案相似。例如，图7-20所示的促销活动文案，标题"60 000盒免费体验"采用利益刺激的方式，然后展示产品卖点"三色智能美颜""遮瑕立体光感"，另外还包括活动时间"1月10—1月11日"、活动规则"转发朋友圈集满28个赞（2天不删）"，并附上二维码，方便社群成员操作。

（2）纯文字式促销活动文案

纯文字式促销活动文案可以以"@所有人""产品介绍/活动规则""链接"这3个要素为中心写作。"@所有人"用于告知所有社群成员；"产品介绍/活动规则"用于介绍产品信息或活动规则；"链接"用于引导社群成员参与促销活动。以下为一篇纯文字式促销活动文案范文。

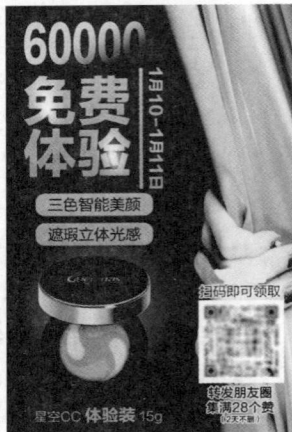

图7-20　促销活动文案

@所有人

会员们，早上好！中秋福利来咯，9月18日—9月23日晒订单赢好礼！

活动规则如下。

① 自9月18日起，将当日在本商城消费38元以上的订单详情截图并发到本群，可获得1张与订单金额首位数字等额的中秋礼盒抵扣券。将当日在本商城消费100元及以上的订单详情截图到本群，可获得1张与订单金额前两位数字等额的中秋礼盒抵扣券。例如，晒单46元，获得4元中秋礼盒抵扣券；晒单100元，得券10元；晒单200元，得券20元，以此类推。

② 9月23日20:00结束，累计晒单3天以上且每单满88元的，可参与终极大奖比拼，累计晒单

最多者可获得××中秋礼盒1份。

③ 当日所得抵扣券于次日发放，重复晒单按首单算，每人每天限参加一次；累计晒单数持平者，抢红包拼手气，金额高者获胜。

戳下方进入商城

×××××××（该栏为链接）

营销人员撰写纯文字式促销活动文案时，可在文字内容中适当插入表情符号，提升用户的阅读体验。另外，在发布促销活动文案时，可先通过发红包的方式为活动预热，如上述促销活动的时间是9月18日—9月23日，那么可在正式活动开始之前发红包，调动用户参与活动的积极性，如"9月15日—9月17日每天20:00—20:10发3次拼手气红包，每次红包个数为20个，每次抢红包手气最佳者可获得全品类20元无门槛抵扣券，当日抵扣券次日发放"。

▌7.5.5　策划社群活动

网络的存在使社群有了更为广阔的发展空间，能够将有共同兴趣的人汇聚在一起。社群成员的人数不在多，在精。即使社群成员人数多，但大部分成员不活跃，那么，社群的转化率很可能不高，营销效果就不好。为维持和提高成员的活跃度，营销人员需要策划类型丰富的社群活动。

1. 策划社群线上活动

社群线上活动的形式非常丰富，常见的活动形式有社群分享、社群福利、社群打卡、征集活动、拼团砍价活动等。

（1）社群分享

社群分享是指分享者面向社群成员分享一些知识、心得、体会、感悟等，分享者也可以针对某个话题与其他社群成员进行交流。专业的分享通常需要邀请专业的分享者，当然也可以邀请社群中表现优异的成员进行分享，从而刺激其他成员的参与积极性。为了保证分享质量，在社群分享前应该对分享内容、分享模式进行确认，特别是对于没有经验的新手分享者而言，确定内容和流程很重要。在分享期间或分享结束后，分享者可以引导社群成员宣传分享情况。社群营销人员也应该总结分享内容，并在各社交媒体平台上传播，从而打造社群的好口碑、扩大社群的影响力。

（2）社群福利

社群福利是指给予表现优异的社群成员的一些福利。常见的福利包括现金福利、学习福利、荣誉福利等。

（3）社群打卡

社群打卡是指为了使社群成员养成良好的习惯而采取的一种督促方式。对社群而言，打卡活动可以活跃社群氛围，也便于营销人员掌握群内成员的活跃数据，帮助社群筛选群内成员。常见的社群打卡方式是任务打卡。任务打卡适合大多数社群，不同类型的社群的任务打卡方式不同，如亲子类社群通过记录亲子活动打卡；课程学习类社群通过提交作业打卡；摄影兴趣类社群通过上传摄影作品打卡等。虽然社群打卡能够提高社群的活跃度，但有时社群成员很难坚持完成打卡任务，因此为了确保社群成员能够坚持打卡，可设置打卡规则。例如，"凯叔讲故事"推出的诗词打卡活动（见图7-21），要求用户每天学习1首诗词并录制完整音频保存到"我的作品"，需持续打卡140天，完成任务可获得全额现金返现，获得0元学诗词的福利。

图7-21　"凯叔讲故事"推出的诗词打卡活动

（4）征集活动

征集活动的形式十分多样，如品牌形象代言人征集、品牌口号征集、社群榜样征集、素材征集（如与活动主题相关的图片征集、故事征集）等。征集活动中往往会设置互动环节，如在社群内或社交平台上，通过投票、点赞、排名等方式，来选择出最终征集的作品及其发布者。这种方式可以让参与活动的社群成员主动邀请朋友关注活动，从而扩大活动的影响力，进行口碑传播。

（5）拼团砍价活动

社群开展拼团砍价活动，一般通过组团享优惠、老客拉新等方式进行，这样不仅可以提高社群成员的活跃度，还可以为社群引流，促进产品销售。例如，母婴社群在群内发布活动通知："邀请朋友组团（2人成团）购买奶粉可享受买一桶送一桶的优惠"。

🎓 **专家指导**

除了上述介绍的线上活动类型外，社群也可以自定义线上活动形式，需要注意的是，设置的线上活动要使所有社群成员易于参加，要能够提高社群成员的活跃度。

2. 策划社群线下活动

一个社群在从线上到线下的过程中，可以建立起成员之间的多维联系，让联系不再局限于网络。社群的线下活动根据规模，会表现出不同的组织难度。因此，为了保证活动的顺利开展，组织者在活动开始前必须进行清晰、完整的活动策划，以便更好地把控活动全局。

（1）选择线下活动的类型

对于社群而言，线下活动的类型主要包括核心成员地区性聚会、核心成员和外围成员聚会等。在这两种聚会形式中，核心成员和外围成员聚会人数较多，组织难度较大；核心成员地区性聚会则更方便组织。当然，不管是哪一种聚会形式，在聚会过程中，组织者都可以实时发布一些聚会实况到社群或社交平台。一方面可增加社群影响力，增强成员对社群的黏性；另一方面也可持续激发和保持社群活跃度，刺激更多成员积极参加线下活动。

（2）制订活动计划

无论开展什么样的活动，做好活动计划都是必不可少的，每一次活动都应有活动主题和活动目的。制订活动计划时，首先要明确活动的目的，是为了增进社群成员感情、培养社群管理运营人才，还是宣传营销内容。其次是明确活动形式，确定活动名称、举办日期、报名方式、活动地点、活动流程、费用、奖品及邀请的嘉宾。这样开展的活动才有针对性，质量才高，吸引参与的人才多。

（3）策划活动内容

要想策划一场有影响力的社群线下活动，高品质的活动内容是关键。在"内容为王"的互联网时代，只有拥有优质的活动内容，社群成员才会对活动有所期待。用心做好每一次线下活动，并为下一次活动做好铺垫，就能够在社群成员中形成好口碑，吸引更多用户加入社群，从而扩大社群的影响力。

（4）宣传推广活动

再好的活动不宣传推广，也不会有太多人知道。在确定活动相关信息后，营销人员可以组织线上管理人员推广活动，如在微信公众号、微博、知乎等平台进行宣传，并发布活动海报、邀请媒体等。营销人员也可收集活动参与人员对活动的建议，进一步优化活动方案。另外，在活动开展过程中，营销人员还可以直播活动、发布参与人员的合影照片等，以推动活动的线上传播。

（5）总结复盘

总结复盘是指对活动的效果进行总结和分析，生成复盘报告，为下一次的线下活动积累经验和教训。

课堂讨论

你知道哪些知名度较高、影响力大的社群？你加入过微信群或QQ群吗？

7.6 软文营销

软文营销是指以软文的形式推广产品、品牌，从而促进销售的营销形式。软文是一种技巧性很强的广告形式，软文相对于纯广告类的硬性广告，精妙之处在于一个"软"字，能够巧妙地植入广告，用产品故事、人物生活等进行包装，内容引人入胜，得到"润物细无声"的传播效果。一篇好的软文能使用户阅读完后才明白自己看的是广告，或者即使用户一开始知道这是一则广告，同样饶有兴致地阅读下去。时至今日，软文仍然是企业运营中强有力的网络营销手段。

课堂讨论

你是如何理解软文的？哪些为企业营销服务的软文让你印象深刻？这些软文有何特点？

7.6.1 软文的类型

软文的表现形式丰富，软文既可以是记叙文、议论文和说明文等文章体裁，也可以是诗歌、小说、戏剧和散文等文学体裁，营销人员具有广阔的创作空间。根据内容特点的不同，软文可分为新闻类、故事类和科普类软文等。软文题材包括品牌故事、企业文化、新产品上市、企业或行业重大事件、企业领导人创业故事或访谈等。

例如，图7-22所示的巧克力品牌德芙（DOVE）的品牌软文，通过莱昂和芭莎两人一波三折的故事情节，讲述了品牌的来源，并传递出德芙巧克力所代表的含义——爱他（她），就告诉他（她）。

1919 年的春天，卢森堡王室后厨的帮厨——莱昂整天都在清理碗碟和盘子，双手裂开了好多口子，当他正在用盐水擦洗伤口时，一个女孩走了过来，对他说："你好！很疼吧？"这个女孩就是后来影响莱昂一生的芭莎公主。两个年轻人就这样相遇。因为芭莎只是费利克斯王子的远房亲友，所以在王室里地位很低，稀罕的美食——冰淇淋，轮不到她去品尝。

于是莱昂每天晚上悄悄溜进厨房，为芭莎做冰淇淋。芭莎教莱昂英语。情窦初开的甜蜜萦绕着两个年轻人。不过，在那个尊卑分明的保守年代，由于身份和处境的特殊，他们谁都没有说出心里的爱意，默默地将这份感情埋在心底……

20 世纪初，为使卢森堡在整个欧洲的地位强大起来，卢森堡与比利时订立了盟约，为了巩固两国之间的关系，王室联姻是最好的办法，而被选中的人就是芭莎公主。一段时间，莱昂都等个到芭莎，莱昂心急如焚。终于在一个月后，芭莎出现在餐桌上，然而她整个人看起来非常憔悴。

莱昂在准备甜点时，用热巧克力写了几个英文字母"DOVE"——"DO YOU LOVE ME"的英文缩写。他相信芭莎一定猜得到他的心声，然而芭莎发了很久的呆，直到热巧克力融化。几天之后，芭莎出嫁了。

一年后，莱昂离开了王室后厨，带着心中的隐痛，悄然来到了美国的一家高级餐厅。这里的老板非常赏识他，把女儿许给了他。时光的流逝，平稳的事业，还有儿子的降生，都没能抚平莱昂心底深处的创伤。他的心事没有逃过妻子的眼睛，她伤心地离开了。莱昂此后一直单身带着儿子，经营着他的糖果店。

而正在此时，莱昂收到了一封来自卢森堡的信，信是一个同在后厨干活的伙伴写给他的。从信中莱昂得知，芭莎公主曾派人回国四处打听他的消息，希望他能够去探望她，但得知他去了美国。由于受到第二次世界大战的影响，这封信到莱昂的手里时，已经整整迟到一年零三天。莱昂历经千辛万苦终于打听到芭莎的所在地。

芭莎和莱昂此时都已经老了，芭莎虚弱地躺在床上，曾经清波荡漾的眼睛变得灰蒙蒙。莱昂扑在她的床边，大颗大颗的眼泪滴落在她苍白的手背上。芭莎伸出手来轻轻地抚摸莱昂的头发，用微弱到听不清的声音叫着莱昂的名字。芭莎说，当时在卢森堡，她非常爱莱昂，以绝食拒绝联姻，被看守一个月，她深知自己绝不可能逃脱联姻的命运，何况莱昂从未说过爱她，更没有任何承诺。

在那个年代，她最终只能向命运妥协，离开卢森堡前她想唤一次下午茶，因为她想在那里与莱昂作最后的告别。她吃了他送给她的巧克力冰淇淋，却没有看到那些融化的字母。听到这里，莱昂泣不成声，过去的误解终于有了答案。但一切都来得太晚！三天以后，芭莎离开了人世。莱昂听佣人说，自从芭莎嫁过来之后，终日郁郁寡欢，导致疾病缠身，在得知他离开卢森堡并在美国结婚后，就一病不起。

莱昂无限悲痛，如果当年那冰淇淋上的热巧克力不融化，如果芭莎明白他的心声，那么她一定会改变主意与他私奔。如果那巧克力是固定的，那些字永远不会融化，他就不会失去最后的机会。莱昂决定制造一种固体巧克力，使其可以保存更久。

经过苦心研制，香醇独特的德芙巧克力终于制成了，每一块巧克力上都被牢牢刻上："DOVE"。莱昂以此来纪念他和芭莎那错过的爱情，它苦涩而甜蜜，悲伤而动人，如同德芙的味道。

图7-22 巧克力品牌德芙（DOVE）的品牌软文

7.6.2 软文营销策划

软文营销策划是指企业的营销人员或第三方网络策划（公关）企业根据企业的产品或服务

特征，结合企业经营管理过程中的具体情况，以及当前及未来一段时间的市场需求变化趋势而制订软文营销计划的过程。

1. 软文营销策划的准备工作

进行软文营销策划时需要做好以下3个方面的准备。

- **明确行动目标**。行动目标是指软文营销要达到的目的。软文营销的常见目标包括树立品牌形象、促进销售、对竞争对手采取的策略做出回应、配合企业的重大战略部署等。在进行策划时，营销人员一定要明确目标，如果有多个目标，可以排出优先顺序，按重要性先后执行，否则，目标将不明确。

- **明确实施策略**。明确行动目标后，营销人员就需要明确软文营销的实施策略，包括实施时间、软文数量、投放渠道等。

- **确定软文撰写角度**。营销人员还要明确软文的撰写角度。撰写角度既可以以标题的形式展现，也可以是简单记录的撰写思路。只要前期调研充分，有了行动目标和实施策略，围绕行动目标，建立一个清晰的写作框架，将写作分解成不同的面或角度，通过划分，就能迅速确定软文撰写角度。

2. 软文营销策划的注意事项

软文营销策划与其他营销策划一样，需要考虑多方面的问题，软文营销策划的注意事项如下。

- **企业市场营销整体战略**。软文营销必须与企业的整体市场营销战略结合起来，才能实现战略目标的最大化。在大多数企业中，软文营销是企业市场营销整体战略中的一部分，软文营销策划往往伴随着企业其他营销活动的展开。

- **新闻媒体眼光和意识**。新闻类软文容易实现病毒式传播效果，且会进入搜索引擎的新闻源系统。所以，在进行软文营销时，营销人员要用新闻媒体的眼光和意识思考，然后结合网络媒介的特点来写作软文，以取得尽可能好的营销效果。

- **品牌意识**。树立企业良好的品牌形象是软文营销的主要目的之一，因此，营销人员必须具备品牌意识。在软文营销策划的过程中，营销人员要考虑到企业品牌元素的植入，否则不利于树立企业良好的品牌形象。

- **熟悉尽可能多的网络媒体特点**。软文营销基于网络进行传播，因此，在进行软文营销策划时，营销人员还要了解各种网络媒体（包括综合门户网站、地方行业门户网站、个人媒体等）的特点，以写作出有针对性的软文和发布方案。

7.6.3　撰写软文

撰写一篇好的软文，并不需要营销人员有深厚的文学底蕴。营销人员需要通过不断练习来提升撰写软文的能力，同时撰写软文有技巧可寻，掌握一定的技巧将会事半功倍。

1. 软文写作的切入点

明确软文写作的要求后，营销人员还要厘清软文写作的思路，找到软文写作的切入点。切入点是指软文写作的主题。软文的主题范围广、开放性强、限制少，人、事、物、理等常见的素材都可以作为软文写作的主题，但要遵守角度小、立意新、挖掘深的原则，通过细化主题，对软文写作的范围加以限制，以免出现切入点宽泛、无法明确写作思路的情况。

2．设计具有吸引力的标题

设计一个有吸引力的标题是软文营销的基础，只有标题引起了用户的阅读兴趣，用户才会阅读软文，才可能实现营销目的。有吸引力的标题能给用户展示软文的感染力和可读性，刺激用户的阅读欲望。

取一个有吸引力的标题并不意味着成为"标题党"，而是通过一定的标题写作技巧来提升标题的可读性和对用户的吸引力。以下为一些经典软文标题，可借鉴。

- 借"流行"。《××抽奖进行时，你怎能忍得住》（××活动软文标题）、《厉害了微信！原来可以这样清理"僵尸"好友》（××公众号软文标题）。
- 借"名人"。《××，你值得拥有》（××化妆品的软文标题）。
- 借"热点"。《神六采用爱国者U盘 能重复擦写百亿次》（××数码产品的软文标题）、《第一张黑洞照片的秘密》（××科技网站的软文标题）。
- 以"险"吓人。《高血脂，危险!》（××保健品的软文标题）、《30岁的人60岁的心脏》（××保健品的软文标题）。
- 以"趣"绕人。《赶快下"斑"，不许"痘"留》（××护肤品软文标题）、《有"锂"讲得清》（××手机电池软文标题）。
- 以"悬"引人。《十年里发生了什么》（××红酒的软文标题）、《我是如何从失败中奋起，进而走向成功的》（××培训的软文标题）。
- 以"事"感人。《一个襄樊汉子和他的装饰品牌梦想》（××装饰公司软文标题）、《我和采茶姑娘的邂逅》（××茶叶软文标题）。
- 以"情"动人。《19年的等待，一份让她泪流满面的礼物》（××礼品软文标题）。
- 以"新"馋人。《记者观察：网上项目外包风生水起》（××网站新项目的软文标题）、《终于，多功能车开始用安全诠释豪华》（××轿车软文标题）。
- 以"利"诱人。《××不是梦——我的奋斗历程》（××网站培训软文标题）、《注册××网站会员，即送100元现金券》（××网上商城软文标题）。

3．撰写软文正文

正文是软文的核心，只有保证正文的质量才能吸引用户阅读完软文，产生后续的裂变效果。撰写软文正文的思路与网络广告文案创意所采用的方法相似。在文案的框架范围内，一篇完整的宣传性文章就是软文，但和零散的广告文案不同，软文是一篇完整的文章（即围绕一个主题详细展开，能让用户获得这个主题的详细信息）。具体而言，撰写软文正文可以从以下几方面入手。

（1）内容精准定位目标用户

营销软文服务于企业的目标用户，因此软文的内容，包括写作风格、词汇等都要精准定位目标用户。例如，目标用户是年轻群体，可通过使用网络流行语增加软文的趣味性；目标用户是科技产品爱好者，软文可融入新奇的科技元素等。

（2）借助热点

热点不仅适用于标题，在正文中使用也不失为一个吸引用户注意力的好办法。例如，在推荐衣服时，从最近的红毯活动、电影节入手，分析名人穿搭，再引入自己推荐的单品；在推广品牌时，借助节日、新闻热点等撰写宣传软文等。借助热点的软文阅读量一般较高，也比较受用户欢迎，所以写作正文时可以适当地借助热点。一般来说，从微博热搜获取热点信息是比较快的方法，从今日头条、百度热搜榜、搜狗热搜榜、360热搜榜、知乎等平台也可获取热点信息。图7-23所示为搜狗热搜榜的实时热点。

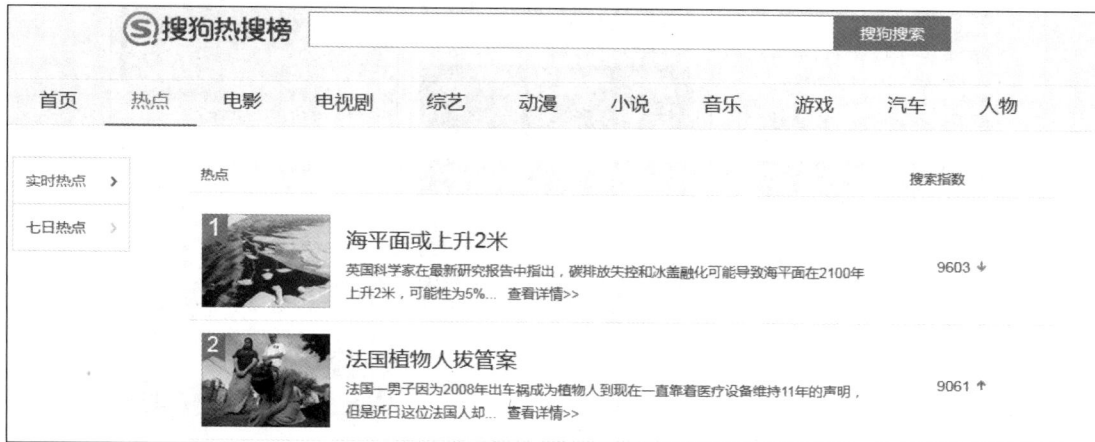

图7-23 搜狗热搜榜的实时热点

（3）巧用故事

故事性软文是用户感兴趣、容易接受的一种软文形式。故事性软文能够拉近企业与用户之间的距离，让用户不自觉地被故事吸引，并留下深刻的印象。稍有实力的企业几乎都有自己的品牌故事，这些故事为企业品牌的传播做出了巨大的贡献。对于很多中小企业来说，营销人员可以从品牌或产品的故事上进行创意。

（4）自然植入广告

写作软文是为了推广企业的产品或服务，提高企业的知名度。但如果在软文中加入太多产品或服务信息，更容易引起用户的反感，反而不利于营销推广。那么，怎么保证合理植入广告呢？营销人员可先确定正文的写作方向，然后按照一般的文章来写，写完后再回过头读一读文章，思考如何才能不着痕迹地将广告信息植入文章。而故事引导、借助热点等都是常用的植入广告方法，可以提高用户对广告的接受度，达到很好的宣传推广效果。同时，软文之后的广告内容一般篇幅不应太长，并且广告内容应放在软文中间靠后的位置，因为位置靠前，用户会产生排斥感而不愿意继续阅读，广告内容放在最后，如果广告内容不够吸引人，用户可能不等读完就关闭了网页。

图7-24所示的华为为推广某款手机而撰写的软文中就自然植入了广告。在该文中，作者用通俗的语言、轻快的语气讲述了有一天突发奇想，用一只猫设置手机指纹解锁密码的经过，还附上了猫和手机的照片。文章不仅生动有趣，而且极具感染力和说服力，加上吸引人的标题、有趣的事件、可爱的猫，让大多数人看完后印象深刻。同时，该软文也让人注意到华为这款手机以及其指纹解锁功能。

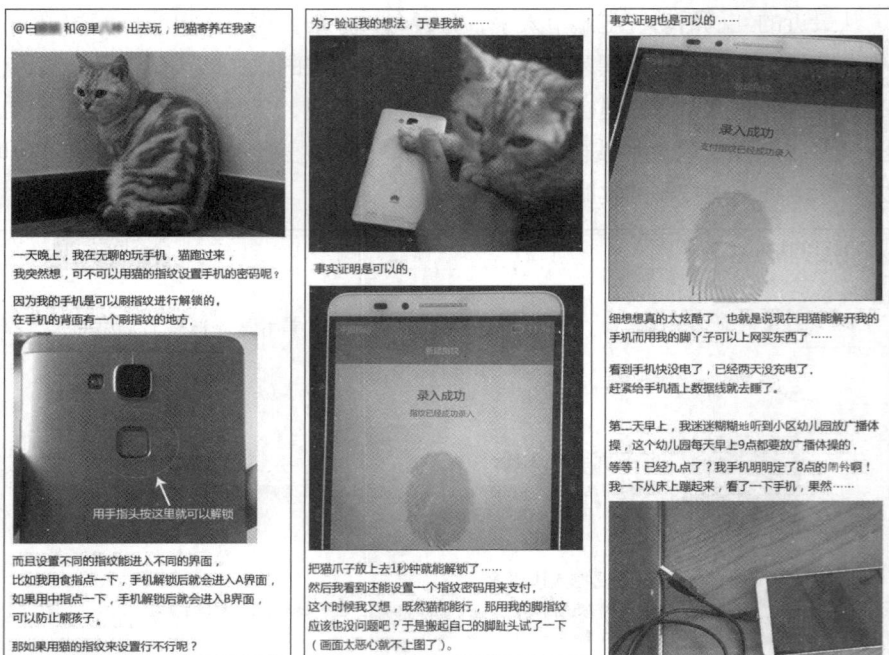

图7-24 自然植入广告的软文

（5）融入情感

软文能够传达很多信息，且针对性强，若是加入了情感元素，则容易激发用户的情感共鸣。只有抓住了用户的内心，撰写出充满真情实感的软文，才更容易创造出营销佳绩。

一则励志漫画软文《对不起，我只过1%的生活》就展示了情感在软文营销中的巨大作用。这则漫画的主人公从小就有画家梦，却经历了许多磨难：家里经济状况差、妈妈患心脏病没钱住院、爸爸出了车祸不能工作，这位主人公只能自强奋斗，用柔弱的肩膀扛起家庭重担。但她依旧坚持了下来，实现了自己的梦想。对于这种生活与梦想的碰撞，许多用户感同身受。加上人有梦想，且想实现自己的梦想，但其中大部分人迫于生活选择了放弃，主人公却能坚持并一步步实现自己的梦想，不仅传达了正能量，还激发了用户追求梦想的情感共鸣。

这篇软文感动了许多人，引起广大网友的广泛转发和讨论，在该软文推出后的一天时间内，便有超过40万次的转发量。软文中推荐的App也创下了单日30万次的下载量。

（6）原创声明

原创是内容创作非常重要的一项要求。原创度高的软文不仅能体现营销人员的写作能力，还能使软文区别于其他同类型的软文，提升自身竞争力。

专家指导

　　完成软文的撰写后，营销人员可根据企业的需求选择在合适的平台发布软文。目前，微博和微信是软文推广的主流平台，其他常用平台还包括新浪、腾讯等门户网站，简书、今日头条、搜狐号、百家号等新媒体写作平台，以及知乎、百度知道、搜狗问问等问答平台。

7.6.4 软文营销效果评估

软文营销需要长时间才能见效，为了更好地监测营销的方向与效果，营销人员需要及时评估软文营销的效果。在评估时可以直接以目标效果作为评估的标准，对达成目标的某些数据进行统计分析。

软文营销的效果评估可以通过以下6个基本指标来判断。

- **软文点击量**。其是指软文被用户点击的数量，这个指标反映的是软文的受关注度。
- **软文评论数**。其是指软文被用户评论的数量，这个指标反映的是软文的影响力。
- **软文转载量**。其是指软文被转载的数量，这个指标反映的是软文的新闻价值，即可读性。
- **搜索引擎收录量**。其是指软文被百度、搜狗等搜索引擎收录的数量，这个指标反映的是软文的质量和用户喜好度。
- **直接IP数量**。其是指用户通过软文发布地址直接访问软文链接网站（通常是企业官方网站或产品推广网页）的数量，或者用户在浏览软文的过程中，点击相关关键词进入链接网站的IP数量。
- **有效IP数量**。其是指用户通过软文访问网站的IP数量中，达成了营销目标的IP数量。例如，下载了相关软件的数量、留下手机号码的数量、留下电子邮件地址的数量、直接在线下单的数量等。

📈 本章实训——策划推广某App的软文

【实训背景】

App是当下常用的工具之一，许多手机上都有多个App，涉及学习、生活、娱乐、工作等各个领域。

大学生是一个易接受新鲜事物、乐于尝试的年轻群体，是很多App的潜在用户。App也成了大学生信息来源的主要渠道之一。基于此，某企业新推出一款为大学生量身制作的App，该款App是服务于大学生在校教育、生活、求职、技能学习、闲置物品交易等多方面的综合信息平台。该款App的功能介绍如下。

- **生活服务**。该App提供校园周边的餐饮美食、娱乐场所、商场特价、出行路线等信息。
- **技能培训**。该App提供学校周边各大培训机构，比如技能培训、商业培训的信息，还提供学校周边书店、书城的信息，方便大学生及时了解所需信息。
- **求职**。该App提供各类企业的兼职、实习等招聘信息。
- **校园期刊**。该App向大学生推送学校电子版期刊。
- **校园社交**。该App提供互动交流平台，如校园周边餐饮、休闲娱乐场所的交流群，证件考试、各类公益活动的交流群，以及二手市场交流群等。同时，为各项技能爱好者、活动爱好者等提供展示平台。
- **闲置物品交易**。该App提供书、笔记本电脑、手机等闲置物品的交易信息等。

在App正式上线各个应用商店前，首先撰写App的推广介绍信息，以期达到"一鸣惊人"

的效果。其次为该款App撰写营销软文，用于App上线后的推广活动，以增加App的用户量，提高品牌知名度。

【实训要求】

本实训的具体要求如下。

（1）撰写App的推广介绍信息，包括撰写标题、副标题和描述内容。

（2）撰写用于推广App的营销软文。

【实施过程】

本实训分为撰写App介绍信息和撰写App推广软文两个部分。

（1）撰写App介绍信息。

构思并撰写App的标题、副标题和描述内容，具体操作如下。

① 撰写标题。撰写App的标题，可分别从"校园"和"学生"的角度构思。

示例：校园帮、校园通、校易通、易校园、我的e校园、点点智慧校园、云校园、乐校通、快乐学士、启程、青春驿站、青春学园。

你撰写的标题：＿＿＿＿＿＿＿＿＿＿＿＿＿＿＿＿＿＿＿＿＿＿＿＿＿＿＿＿＿＿＿

＿＿＿＿＿＿＿＿＿＿＿＿＿＿＿＿＿＿＿＿＿＿＿＿＿＿＿＿＿＿＿＿＿＿＿＿＿

② 撰写副标题。为App撰写副标题，通过简洁的短语阐述App的功能，体现亮点。

示例： 生活、学习帮手；校园一站式服务；校园招聘、培训、社交、二手交易；校园服务助力成长；贴心校园服务，急你所需；随时随地，校园互通；便捷、周到的学生服务平台；智享校园，移动生活服务平台。

你拟定的副标题：＿＿＿＿＿＿＿＿＿＿＿＿＿＿＿＿＿＿＿＿＿＿＿＿＿＿＿＿＿

＿＿＿＿＿＿＿＿＿＿＿＿＿＿＿＿＿＿＿＿＿＿＿＿＿＿＿＿＿＿＿＿＿＿＿＿＿

③ 撰写描述内容。撰写App的描述内容，尽量在内容中体现标题和副标题中的关键词。图7-25所示为校园类App的描述内容参考示例。

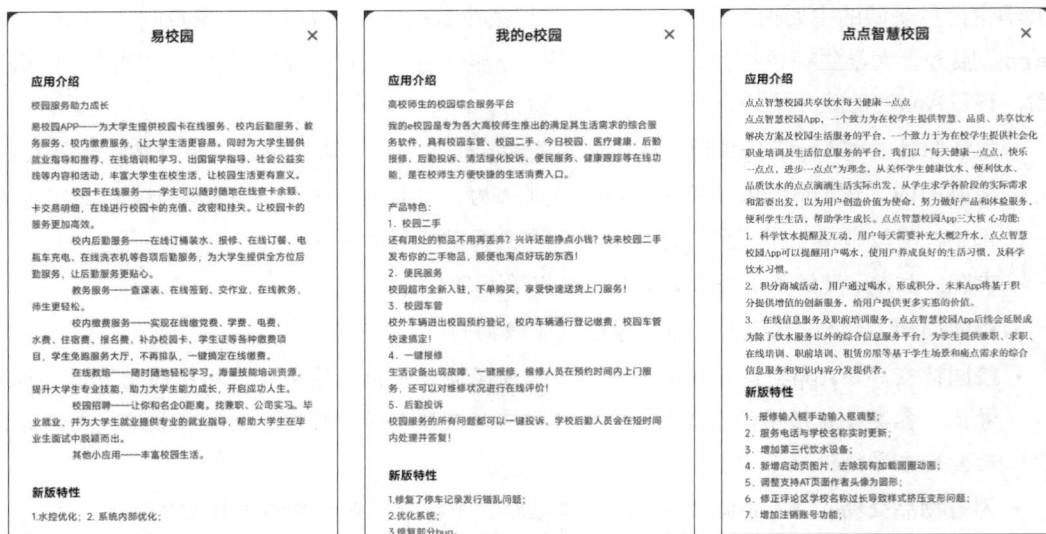

图7-25　校园类App的描述内容参考示例

你撰写的描述内容：_____

_____

_____

_____

（2）撰写App推广软文。

下面撰写推广该款App的软文。通常，App推广软文有3种常见的写作方式。第一种是故事性软文，通过故事情节的描述引入产品，说明产品的功能、亮点、使用场景等。第二种是新闻稿式软文，多用在产品上线、版本更新时发布，新闻稿式软文写作的技巧相对来说较少，基本上只要文字流畅、语言准确、层次清晰、逻辑性强，能把产品表述清楚、表达完整即可。第三种是测评类软文，撰写测评类软文时需站在用户的角度去分析产品，结合产品功能，突出产品特色，从而使表达出来的内容和理念更具亲和力、吸引力和感染力。图7-26所示为故事性校园类App推广软文。

> 2018年9月，中国计量大学为了向学生提供一卡通充值服务及缴费、保修等服务，上线了一款由正元智慧集团提供的专门服务学生的校园App——易校园。学生可以在食堂门口、一卡通充值中心等地方通过扫描二维码的方式下载体验，一天内下载人数就突破了2000人。
>
> 易校园是正元智慧集团根据多年服务于高校的经验，倾力打造的一款依托于移动通信网络、移动支付、校园一卡通系统，为中国校园广大师生提供集学习、生活、就业、娱乐于一体的校园全场景服务平台。
>
> 易校园是将传统一卡通应用与移动支付技术和移动互联网特征相融合的一次大胆尝试和创新。易校园直接在移动端实现了校园服务、智慧应用、一卡通基础功能、在线教育服务、在线招聘、娱乐消费等多场景的应用，目前已开通线上60多种缴费方式，方便师生实施线上缴费。此外，为方便学校管理，易校园管理中心后台还提供了数据实时查询、实时使用、实时分析、实时整理等功能。
>
> 易校园于去年9月在中国计量大学试点以后，快速在西安财经大学、长沙学院、塔里木大学、福建商学院等300家学校全面部署上线，充分实现线上充值，线下消费，多种应用平台全场景使用。很多学校一开始选择易校园就是希望能为学生提供线上一卡通充值、查询交易明细等功能，在学生安装下载使用后，这个平台非常稳定。同时，多种应用功能陆续上线，包括四六级缴费、缴电费、缴网费等缴费功能以及智慧保修、校园订餐、公寓管理等生活服务功能。现在更多的学校已经对一卡通、门禁、水控、电控等硬件进行了更换，将易校

图7-26　故事性校园类App推广软文

拓展延伸

在进行搜索引擎营销时，如何判断关键词的竞争程度？在应用商店发布App后，如何提取App的下载链接？下面针对这两个问题进行解答。

1. 在进行搜索引擎营销时，如何判断关键词的竞争程度

在进行搜索引擎营销时，需要判断关键词的竞争程度。竞争程度大虽然意味着用户的搜索次数多，但也代表着竞争对手多，并不利于企业的网站获得靠前的推广排名。因此，要学会判断关键词的竞争程度，以更合理地选择和定位关键词，然后采取合适的优化策略来提高搜索结果的曝光率。关键词竞争程度的判断方法主要包括通过搜索结果判断、通过竞价排名数量判断和通过搜索指数判断等。

（1）通过搜索结果判断

在搜索引擎中输入需要判断竞争程度的关键词，查看该关键词的搜索结果返回数量，返回结果数量越多，表明该关键词竞争程度越大，返回结果数量越少，表明竞争程度越小。竞争程

度可以根据一定的标准来判断：一般来说，搜索结果返回数量少于30万个为弱词，竞争程度较小；搜索结果返回数量在30万～100万个为中等偏小热度关键词，竞争程度有待升高；搜索结果返回数量在100万～300万个为中等热度关键词，竞争程度较大；搜索结果返回数量在300万～500万个为高热度关键词，竞争程度很大；搜索结果返回数量超过500万个则为超高热度关键词，不建议选择这种关键词。图7-27所示为"猕猴桃"关键词的搜索结果，可看到其搜索相关结果大约有100 000 000个，竞争程度非常大，不利于开展营销，因此需要优化处理关键词，可以具体到某个地区、某项事件。图7-28所示为"宝鸡眉县猕猴桃"关键词的搜索结果，大约有1 200 000个，该关键词属于中等热度关键词。

图7-27　"猕猴桃"关键词的搜索结果

图7-28　"宝鸡眉县猕猴桃"关键词的搜索结果

（2）通过竞价排名数量判断

为了快速获得更靠前的搜索结果排名，资金实力较为雄厚的企业会直接选择竞价推广的方式来进行搜索引擎营销。这些企业通常属于强力竞争对手，因此可以通过查看搜索结果页中的竞价排名数量来判断关键词的竞争程度。一般来说，搜索结果页中带有"广告"二字的即竞价排名搜索结果，如果一页中的竞价排名数量为0个，表示该关键词的竞争程度较小；竞价排名数量为1～3个，表示该关键词的竞争程度中等偏小；竞价排名数量为4～6个，表示该关键词的竞争程度中等；竞价排名数量7～10个，表示该关键词的竞争程度中等偏上；竞价排名数量超过10个，则表明该关键词的竞争程度非常大，该关键词属于高难度关键词。

（3）通过搜索指数判断

搜索指数是指用户搜索关键词的频率，搜索指数越大，表明该关键词的商业度越高，越符合用户的搜索习惯，竞争程度越大。关键词搜索指数可以通过搜索引擎的数据分析工具进行查看，如百度的百度指数。登录百度指数并输入需要查看的关键词，设置查询的时间段即可在"趋势研究"板块的"搜索指数概览"栏中看到关键词在所选时间段的整体搜索指数数据。其中，日均值表示一段时间内搜索指数的每日平均值；同比表示与去年同期的变化率；环比表示与上一个相邻时间段的变化率。图7-29所示为"低热量水果"关键词搜索指数，可以看出最近7天内其整体日均值为457，移动日均值为386，整体同比上升39%，整体环比下降9%。

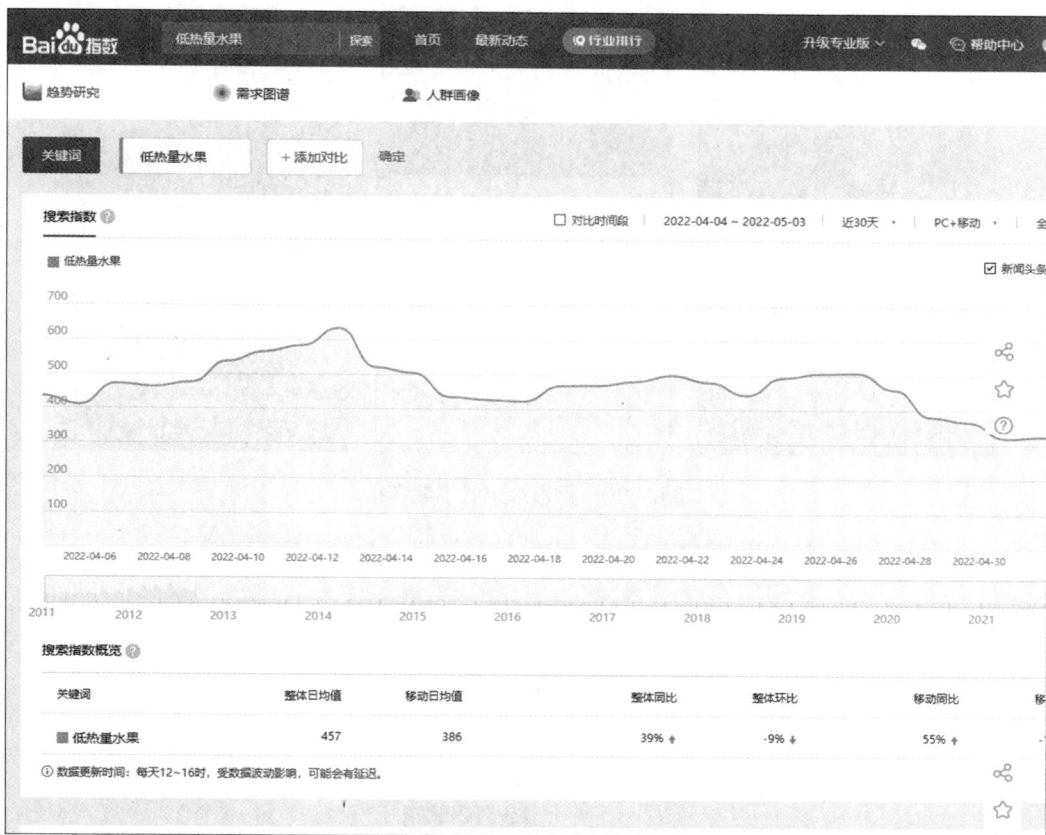

图7-29 "低热量水果"关键词搜索指数

一般来说，当搜索指数小于100时，关键词竞争程度较小；当搜索指数在100～300时，关键词竞争程度中等偏小；当搜索指数在300～500时，关键词竞争程度中等；当搜索指数在500～1 000时，关键词竞争程度中等偏上；当搜索指数大于1 000时，关键词竞争程度大。

2. 如何提取应用商店中App的下载链接

App在应用商店发布后，如何提取App的下载链接或将链接制作成二维码，以便通过其他渠道推广App时植入链接或二维码方便用户下载？一个比较简单的方法是，在应用商店找到所需App，在App的详情页点击 ⋮ 按钮，在打开的列表中点击"分享"选项，然后选择分享到微信或QQ，即可获取App的下载链接，如图7-30所示。

提取App的下载链接后，可通过二维码制作工具，如草料二维码、二维工坊等在线生成一个二维码。例如，打开草料二维码官方网站，单击"网址"选项卡，在下方的文本框中输入链接网址，单击 生成跳转活码 按钮生成网址跳转活码，如图7-31所示。以网址跳转活码生成二维码，后期修改目标网址时，二维码图案不变；而以网址静态码生成二维码，生成二维码后无法修改网址，适用于网址无须变更的情况。

图7-30　提取App的下载链接

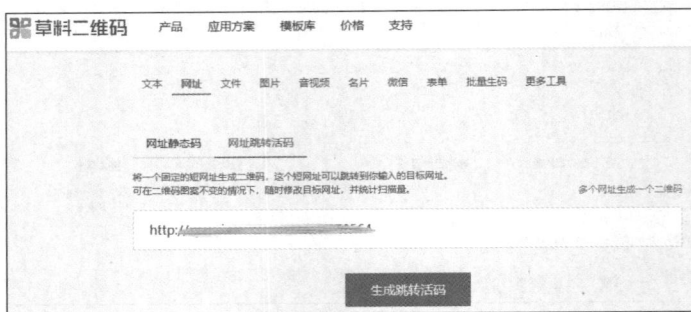

图7-31　通过草料二维码制作二维码

📖 课后练习

针对很多人工作忙没有时间去健身房，家里又没有健身器械，不知道如何安全、正确地开始健身的情况，某企业推出了一款健身类App。该款App针对上述问题，提供了以下解决办法。

- 根据用户场景、健身目的、有无器械编制各种训练计划。
- 所有健身动作均配有视频，标准的动作演示和通俗、准确的语言描述让用户快速入门。
- 健身专家把控内容，为每个人制订科学的健身计划。
- 选择跑步、骑行、步行等出行方式，可以实时记录运动量，轻松完成当天的运动目标。

该款App的核心功能如下。

- **量身定制，可自由选择多种健身训练计划**。根据用户身体状况、有无器械和运动目标，量身定制个人专属训练计划，适用于广泛的健身场景。
- **陪伴式跑步**。跑步过程中全程语音指导用户呼吸和配速；在热门城市提供丰富、有趣的跑步路线图，让跑步更有乐趣。
- **多维度记录训练数据**。多维度记录用户运动数据，包括运动规律、运动偏好、累计数据、平均数据、训练部位强度等，并形成数据中心，帮助用户全面了解自己的运动情况。
- **体能测试与动态分享运动成果**。阶段性地进行体能测试，帮助用户查看身体的变化，同时，用户可在App的"社区"频道发表图文、视频动态，记录身体变化，与好友相互勉励。

根据该款App的介绍内容，完成以下练习。

（1）为该款App拟定标题、副标题和描述内容。

标题：_____

_____

_____

副标题：_____

_____

_____

描述内容：_____

_____

_____

_____

_____

_____

_____

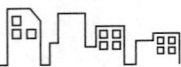

（2）该款App通过"社区"频道开展社群营销。请根据话题分类，设计话题内容并将结果填入表7-1，引导平台上的用户生产内容，活跃社群氛围，增强用户黏性。

表7-1 社区话题设置

分类	话题
饮食	
跑步	
瑜伽	
体态	

（3）为社群设计线上活动，如"每日跳绳打卡"活动，要求说明具体的活动内容，包括活动时间、要求、奖励规则等。

线上活动1：_____

_____

_____

线上活动2：_____

_____

_____

（4）为该款App撰写一篇故事性软文，以推广该款App。

（5）企业为该款App购买关键词进行竞价广告投放，提高该款App的搜索排名，以吸引目标用户进入该款App的官方网站，引导用户下载该款App。下面请采用"人群相关词"关键词策略设置搜索引擎竞价的关键词。

关键词：_____

_____

_____

第8章

网络舆情管理

随着互联网在全球范围内的迅速发展，网络成为反映社会舆情的主要载体之一。网络舆情传播快、信息多元，具备传统媒体无法比拟的优势。企业进行网络营销，不管是通过何种渠道、采用何种方式，都要做好舆情管理。否则，一旦引发舆情危机，处理起来非常麻烦，甚至会导致企业品牌价值清零。

学习目标

- 认识网络舆情管理及其重要性。
- 掌握网络舆情监测与分析的方法。
- 掌握网络舆情危机的应对原则与方法。

素养目标

- 培养敏锐的新闻意识，培养信息分析、情报分析、社会大众心理与热点事件分析的能力，以及良好的心理素质和责任心。
- 不制造、不传播谣言，以合理、合法、高效的手段应对网络舆情危机。

案例导入

钉钉以退为进

2020年，钉钉从一个协助在线办公的应用演变为教育领域"兼职"网课平台，为各学校的老师和学生提供教学和学习平台。由于用户使用钉钉时需要签到、打卡，不少学生感觉自己时刻都在被"监控"，表示很不满，于是，众多学生在各大应用商店给钉钉刷起了"1星好评"，以发泄他们的不满情绪。钉钉的评分从原来的4分多一度跌至1分多，这件事不仅让钉钉面临被推荐机会减少的风险，还使其口碑受到严重影响，这次"翻车"事故让钉钉猝不及防。

为此，钉钉先发布官方微博文案，在线"求饶"，如图8-1所示。通过"相识是一场缘""不爱请别伤害""我还是个5岁的孩子，求求手下留情"等文案，用孩子的语气和孩子对话，初步得到用户的理解。接着，钉钉在哔哩哔哩发布视频《钉钉本钉，在线求饶》，该视频符合哔哩哔哩平台的"二次元"风格，钉钉戏谑地讲述了自己的心路历程，用可怜的形象向各位学生"求饶"，成功度过了这次舆情危机，不少用户甚至表示要给钉钉5星好评。该视频发布后成为哔哩哔哩当时的热门视频，分享视频的微博转发量也达到4万多次，同时钉钉在应用商店的评分逐步上涨，网络好感度逐步回升。

钉钉以退为进应对舆情危机的策略显然已经奏效。在这次事件中，钉钉体现了其极高的情商，它并没有选择强硬地解释，而是选择向公众"示弱"，用自嘲的方式消解了学生们的怒气。另外，钉钉投放文案的渠道也很讲究，哔哩哔哩的主要用户是喜欢"二次元"文化的年轻一代，在该平台发布搞怪视频不显得突兀，而且还精准定位目标用户，用目标用户习惯和喜欢的方式与其进行良好的沟通。

图8-1 钉钉在线"求饶"微博文案

【思考】

（1）结合上述案例，谈谈负面舆情会对企业产生什么影响。

（2）上述案例中，钉钉是如何应对负面舆情的？

8.1 网络舆情管理概述

在互联网高速发展的背景下，用户在遵守相关法律法规和平台规则的前提下可以在网络中自由发言，尤其是在当下的信息化时代，微博、微信、抖音等平台的用户众多，信息传播渠道广、传播速度快，舆情危机可能随时爆发，任何一个账号都有可能引发一场舆情危机，并产生巨大的社会影响。所以，对企业而言，网络舆情管理尤其重要。

课堂讨论

我们经常会在网络上看到网友对企业发表一些评价，这些评价有好有坏，你认为不同评价会对企业带来哪些不同的影响。

8.1.1 网络舆情与网络舆情管理认知

网络舆情有广义和狭义之分。广义的网络舆情是指在互联网上流行的对社会问题存在不同看法的网络舆论，是社会舆论的一种表现形式，是通过互联网传播的有较强影响力、倾向性的言论和观点；狭义的网络舆情是指网络上针对企业的不同看法，包括态度、意见、观点等。

网络舆情具有自由性、交互性、突发性、难预测、难控制等特点，所以网络舆情处理不当，就有可能引发公众的不良情绪，从而给企业带来负面影响，使其声誉受损。

网络舆情管理就是对公众意见和态度的收集、分析、处置、总结，强调及时掌握苗头性、倾向性问题，进行有针对性的正确引导。也就是说，网络舆情管理是集网络舆情监测、网络舆情分析、网络舆情引导、网络舆情处置、网络舆情总结于一体的一项系统性工程。不论是事前的网络舆情风险防范，还是在舆情危机发生后的科学处置，都可称为网络舆情管理。

8.1.2 网络舆情管理的重要性

对于不同的主体，网络舆情管理的意义是不一样的。站在企业的角度，网络舆情管理在以下几方面发挥着重要作用。

- **纠正错误和不正确的舆论**。网络舆情管理可以帮助企业及时了解舆情的动态发展，及时纠正错误和不准确的舆论。

- **维护企业形象**。对企业来说，有效监测、及时了解和处理网络上的相关负面信息尤为重要。通过网络舆情管理，企业可以预警负面舆情，及时发现和处理企业负面信息，维护企业健康良好的形象。

- **提供决策依据**。网络舆情除了负面信息，还有正面和中性的信息。企业通过网络舆情管理捕捉和收集信息，并将信息进行分类（可将信息分为正面、中性和负面3种），然后通过分析和整理信息，及时了解负面信息可能引发的舆情危机，以及行业趋势、竞争环境、品牌现状、产品动态和用户画像与需求等，评估企业在市场竞争中的真正实力，进而为企业经营提供科学的决策依据。

- **提升企业管理水平**。加强网络舆情管理是企业发现问题、持续改进、不断提升企业管理水平的有效手段。
- **健全舆情管理系统**。网络舆情管理有助于健全舆情管理系统，从网络舆情的监测、分析、引导再到网络舆情处置，最后形成一整套有效的日常舆情管理、协作办公的舆情管理系统。

8.2 网络舆情监测与分析

网络舆情管理的重点内容是网络舆情监测与分析，即营销人员对网上与企业相关的舆论进行监测与分析，以提供详尽的分析报告和舆情应对策略，帮助企业应对负面舆情。下面分别介绍网络舆情监测和网络舆情分析。

> **课堂讨论**
>
> 网络信息庞杂，既有大量健康、有益的信息，也有一些偏激、低俗的信息。同时，互联网是开放的，每个人都有表达个人想法的自由。你认为在这种环境下，企业应该如何进行有效的网络舆情管理？

8.2.1 网络舆情监测

受互联网特性的影响，网络舆情具有突发性，所以网络舆情监测是企业做好网络舆情管理工作的前提。网络舆情监测主要是指企业对互联网上公众的言论和观点进行监测，实时全面地掌握相关的网络舆论动态的过程。

1. 网络舆情监测渠道

网络环境下，网络舆情的传播渠道有很多，而其传播渠道也是监测渠道。目前，网络舆情监测的主要渠道有：微博、微信等社交媒体平台；今日头条、一点资讯等自媒体平台；天涯社区等知名论坛；百度知道、360问答、搜狗问答、知乎等问答平台；爱奇艺、腾讯视频、优酷、哔哩哔哩等视频网站；抖音、快手、西瓜视频等短视频平台；传统媒体新闻网站。在监测舆情时，营销人员需要重点关注舆情的首发渠道和该渠道的影响力，以此判断舆情下一步的走向。

2. 网络舆情监测内容

明确网络舆情监测渠道后，营销人员需关注传播渠道上与企业相关的内容，包括以下几个方面的内容。

- **品牌内容监测**。监测与企业相关的品牌、产品、服务、售后等受影响的程度，以及代言人和领导人相关信息等。
- **竞品内容监测**。监测行业竞争对手的市场规模、产品、服务、上下游企业等，收集并整理竞争对手的信息，并分析竞争对手的竞争策略。
- **行业内容监测**。监测企业所处行业的产业动态、法律法规、行业政策等方面的动态变化，包括企业所关注的行业招标信息、用户需求、知识产权风险、供应链信息等内容，帮助企业实现业务创新。

- **营销内容监测**。监测企业网络营销的效果，对营销信息的传播情况、口碑变化、用户互动等进行量化分析，并监测竞争对手的网络营销动向，以便及时调整营销决策。

专家指导

企业网络舆情监测的一个简单方法是重点关注监测渠道中和企业名称、企业领导人、产品名称、行业名称、竞争对手名称等关键词相关的内容。

3. 网络舆情监测方式

目前，企业网络舆情监测的方式主要有两种：自建监测系统和借助监测工具。

（1）自建监测系统

随着互联网的发展和信息技术的进步，为了有效预防舆情危机，很多企业都自建了舆情监测系统，用于监测和收集实时信息，以便及时发现和辨识舆情，对舆情进行研判，从而获得更多时间来处理舆情危机。

（2）借助监测工具

借助监测工具的常见方式是利用搜索引擎人工定向检索信息来源，以此了解某一领域的舆论情况或具体舆情事件的最新动态。这种方式的优点是能发挥工作人员的主观能动性。但是网络舆情信息量大、更新速度快、传播速度快，依靠人工开展舆情监测费时且效率不高，且人工对突发舆情事件的反应速度慢。

随着互联网技术的不断发展，舆情服务行业开始兴起。国内诞生了多家从事舆情监测系统开发的舆情服务机构，其主要为企业提供舆情监测工具，如人民网舆情数据中心、百分点舆情监测系统、蚁坊软件舆情监测系统等。近年来，伴随着大数据计算和人工智能技术的飞速发展，单纯依靠人工浏览查询的网络舆情监测模式已转变为大数据技术辅助加持下的网络舆情监测模式。

职业素养

营销人员需具备敏锐的新闻意识，具备信息分析、情报分析、社会大众心理与热点事件分析的能力，同时需具备良好的心理素质和强烈的责任心。

8.2.2 网络舆情分析

网络舆情分析，是指以网络舆情监测为基础，运用系统科学的程序与方法对监测和收集的网络舆情信息进行甄别、分析和归纳，去伪存真、删繁就简，提炼并整理出具有趋势性、指导性和预警性的信息的过程。

网络舆情分析是网络舆情管理的重要组成部分，一头连接着舆情的监测与收集，另一头连接着舆情的引导与应对，起着承上启下的作用。

1. 网络舆情分析的程序

通常，网络舆情分析可按照信息甄别、信息归类、判断趋势与走向、形成对策建议的步骤进行。

（1）信息甄别

网络信息庞杂，网络上也存在着商业博弈，这使得舆情信息有真有假。因此，营销人员在进行网络舆情分析前需要甄别信息的真假。

（2）信息归类

首先，预处理舆情信息，如转换格式、清理数据、统计数据等。例如，针对新闻评论，剔除无关信息和删除重复信息后，记录新闻的标题、发言人、发布时间、内容、点击次数、评论人、评论内容、评论数量等，形成格式化信息，概括主要问题、内容和观点，并以此为基础写出网络舆情信息摘要。

然后，对舆情信息进行分类，以便针对不同类型的网络舆情采用不同的应对方法与技巧。按照不同的标准，舆情信息可以分为不同类型，可以按地域划分，也可以按内容涉及的行业划分。在具体的网络舆情分析过程中，舆情信息分类并不是固化的，而且有些舆情事件在发展过程中，其所属类型是动态变化的。

（3）判断趋势与走向

判断舆情趋势与走向是网络舆情分析的核心，判断结果是网络舆情引导与应对的依据。根据归类的舆情信息，通过系统的分析，做出关于舆情发展趋势与走向的基本判断。例如，舆情是否会继续扩大、影响是否会升级、影响是否可控、大规模群体事件是否会爆发等。营销人员需要根据判断选择正确的应对策略。需注意，网络的互动性和即时性使得网络舆情的变化非常快，每个时间段的舆情可能不同，其会有不同的特征，也会呈现出不同的发展趋势。

（4）形成对策建议

在判断网络舆情发展的趋势与走向后，营销人员应提出具有针对性和可操作性的对策供企业决策者参考，对策包括：信息发布的方式、信息发布的时机、信息发布者、信息发布的渠道、信息发布的基调（道歉、认错或澄清事实）等。

🎓 **专家指导**

网络舆情分析一般分为两种情况。一种是进行日常性和持续性的网络舆情分析，一方面用于发现苗头性、倾向性的问题；另一方面是建立网络舆情信息库，用于宏观层面的社会思潮、意识形态等方面的分析，具有长期性、稳定性、系统性的特点。另一种是有针对性地分析某一突发事件或某一特定任务，一旦任务完成，则舆情管理活动便随之结束，具有针对性、临时性、专题性的特点。一般来说，企业网络舆情分析更侧重对突发事件的分析。

2. 网络舆情分析的方法

网络舆情分析的方法可以简单地分为技术分析与人工分析。

- **技术分析**。目前，网络舆情分析的一些关键技术已经很成熟了，许多舆情服务机构的网络舆情监测系统不仅可全天候地监测微博、微信等网络舆情主要传播渠道，还可专业地统计和分析监测结果，形成监测分析研究报告。同时，这些监测系统在识别出负面舆情后可自动发送消息给决策者，以供参考。

- **人工分析**。计算机对信息的处理能力始终存在一定的滞后性和简单化，虽然很大程度上提高了舆情管理的效率，但在更深层次的信息分析如情感判别和影响力评估等方面，技术分析还不能完全取代人工分析，计算机处理的数据和结果在实践中的有效性和可行性还有待进一步检验。人工分析就是在技术分析的基础上，进一步对信息进行分析，特别是对情感、情绪等进行分析。

事实上，网络舆情监测与分析是一项人机高度合一的工作，既需要扎实的系统数据与广泛的监测来源作为基础，也需要营销人员客观进行观察和发掘。只有结合二者的优势，才能保证网络舆情监测的效果。

8.3 舆情危机的应对与防范

虽然企业并不会经常遇到舆情危机，也可以通过日常的舆情管理来预防舆情，但是，危机的到来往往出其不意。如果对危机事件处理不当，将会对企业造成严重的负面影响，最糟糕的是使企业陷入"塔西佗陷阱"——当一个企业失去公信力时，无论企业说真话还是说假话，都会被认为是在说假话。

所以，企业必须科学有效地应对与防范舆情危机，以使企业化险为夷，达到"转危为机"的效果。

> **课堂讨论**
>
> 你认为企业的哪些行为可能引发舆情危机？你知道近年来哪些企业的舆情危机？这些企业是如何处理舆情危机的，对企业有何影响？

8.3.1 舆情危机的概念与成因

舆情危机是相对于负面突发事件而言的，是指面对突发事件，特别是负面事件，作为主体的民众对客观存在的事件或现象表达自己的信念、态度、意见和情绪等，当这些信念、态度、意见和情绪汇总时，其舆论影响范围空前扩大，并给当事人造成危机感的信息现象。

互联网的开放性，使用户能即时发表对企业的产品、服务等方面的意见，并在网络中迅速传播，形成一种舆论，并影响企业的发展。如果不利于企业的言论在网络上迅速扩散，将会对企业产生不利的影响，进而形成企业网络舆情危机。

站在企业的角度，舆情危机的成因主要有以下几种。

- 产品质量不佳、价格过高、售后拖沓等与产品和服务有关的成因。
- 管理不善、产生劳资纠纷、违背企业伦理等与企业管理有关的成因。
- 产权交易、企业上市、企业竞争等与企业经营有关的成因。
- 环境污染、发生安全事故等与公共安全有关的成因。

8.3.2 舆情危机的应对原则与方法

企业遭遇舆情危机时，应遵循一定的舆情危机应对原则，根据企业面临的实际情况，采取合理有效的舆情危机应对方法，才能达到转危为安的效果。

1. 舆情危机的应对原则

过去，企业往往采取"瞒、拖、拒、删"等消极的舆情应对方法，不正视舆情、积极应对，因此常常导致舆情愈演愈烈，直至失控。很显然，在信息化时代，信息传播迅速，无论是瞒还是拖，都解决不了问题。在当下，应对舆情危机，企业需遵循一定的应对原则。

（1）不卑不亢，从容应对

企业要破除传统的"瞒、拖、拒、删"的思维定式，积极应对危机，与公众沟通，在舆论压力面前不卑不亢，做到不慌、不躲、不瞒、不拖、不抗、不纵。

- **不慌**。舆情突发后，企业会处在公众的监督之下，面对舆论压力，企业如果畏惧，慌张应对，容易乱中出错，使自己处于被动状态。要化解舆情危机，首先要保持镇定，坦然接受现实，勇敢面对。

- **不躲**。舆情突发后，企业会面对各媒体记者的种种质疑，推三阻四、避而不见，只会加重公众质疑，使谣言愈演愈烈，丧失引导舆论的主动权。

- **不瞒**。事实说明，在突发事件面前，封闭和隐瞒消息的做法不但不能使纷乱的信息得到有效引导，反而可能会将舆论引入混乱之中。事实上，突发事件演变为舆情危机，多数时候是真实信息未及时传播引起的。企业使信息公开透明，既可以满足公众的知情需求，还可以杜绝谣言传播，维护企业的公信力。

- **不拖**。企业装作看不见、不知道舆情危机，并不能真正解决问题，沉默、拖延只会让自身陷入舆论漩涡，使自身的公信力和品牌形象受损。

- **不抗**。舆情突发后，视舆论呼声于不顾，固执己见，不接受质疑、批评，与公众对抗，这种方式有违民心民愿，极其不可取。

- **不纵**。面对舆论带来的压力，或划清界限，或推卸责任，放纵负面信息的传播，不仅损害企业形象，还有可能使企业成为众矢之的。

（2）还原事实，客观公正

应对网络舆情应站稳立场，客观还原事实，尊重用户的知情权，用证据说话，以法律为准绳。

- **实事求是**。实事求是是应对舆情危机的根本，也是调查事件过程中必须坚守的原则，更是化解恶意的诋毁与攻击、消除信息不对称带来的误解和争议的有力手段。企业要尊重客观事实，及时准确地调查、还原事实，消除公众的质疑和误解。

- **以人为本**。积极应对舆情是对公众追求事实的尊重和交代。妥善处理舆情危机，必须坚持以人为本。首先要以平等对话的方式，加强与网络用户的沟通。其次要以网络用户认可的方式澄清事实，增强公众信任，化解公众的不满。最后要保障具体舆论事件中的具体当事人的权益。

- **依法进行**。企业在客观还原事实的基础上，要用证据和法律说话。依法应对是企业不受媒体和舆论裹挟的根本，彰显法治和公平公正是确保公众不被少数人制造的网络舆论假象迷惑的正确选择。

（3）回应关注，灵活多样

在应对网络舆情危机的过程中，企业要积极与公众沟通，消除猜疑。这一过程中，企业应坚持舆情应对的"时、度、效"原则。

- **掌握时间**。一要速度快，传统危机应对有"黄金24小时"的说法，新媒体的兴起加速了信息的传播，"黄金24小时"演变为"黄金4小时"。企业在舆情应对的黄金时间里及时澄清事实、正面回应，是应对舆情危机的关键；二要适时，企业在表明立场和态度之时，坚决不能拖沓，但对于有争议的焦点问题并非回应得越快越好，而是要慎重对待，根据调查情况，选择合适时间节点适时回应。

- **把握尺度**。一要注意广度，向公众提供全方位信息，满足不同社会群体不同层次的信息需求，消除可能产生负面舆论热点的信息盲点，真正遏制危机，引导舆论走向；二要严把精度，回应要解决公众关心的焦点问题、热点问题和盲点问题，进而有效地引导舆论。

- **注重效果**。一要见到成效，当下，网络舆论逐步趋于理性，企业要调整舆情应对和舆论引导方式，运用网友能接受的用语，加强沟通交流，获得理解和包容；二要建立长效机制，企业要整合资源，发挥各种媒体优势，多渠道展开舆论疏导，不断提高应对网络舆情危机的水平。

2. 舆情危机的应对方法

应对舆情危机并不是一件简单的事。在把握舆情危机应对原则的基础上，企业还需要针对舆情事件的类型、舆论群体的特征等有针对性地采用不同的合理有效的应对方法。下面介绍一些企业舆情危机的应对方法。

（1）以诚动人

"以诚动人"是企业应对舆情危机的常用方法。这种方法的核心是"态度诚恳、承担责任、真诚沟通"。

值得注意的是，如果企业在相同或类似的问题上屡次犯错，那么即使采用再好的公关手段、再诚恳的道歉也无法获得公众的包容和谅解。所以，企业应对舆情危机，不能只停留在采取应对方法上，最根本的还是要提高产品或服务质量。

（2）以退为进

企业采用"以退为进"的方法应对舆情危机，一般是向公众"示弱"，积极与公众沟通，通过角色反差争取公众的理解和包容。

（3）铿锵有力

以退为进并不适用于所有舆情事件，需要根据具体的情况来决定处置措施。如面对谣言或诽谤等，企业就要态度明确、铿锵有力，有必要时还应当以用法律武器来维护自己的合法权益，安抚员工、用户、投资者、合作伙伴等利益相关者。

（4）借力打力

借力打力是一种技巧性很强的处理舆情危机的方式。这种方式下，企业要顺势而为，抓住事件热点做文章，正面应对舆情危机，化解负面影响。

职业素养

营销人员不能通过编造、散布网络谣言吸引公众注意，以应对舆情危机，也不能通过雇用网络"水军"、恶意抹黑舆情事件的有关方，来应对舆情危机。纸包不住火，当真相大白时，对企业造成的危害将更大。同时，网络不是法外之地，散布网络谣言和雇用网络"水军"有悖常理，不利于我国网络空间的治理，相关人员也很可能面临法律制裁。

8.3.3　舆情危机的防范措施

互联网的便利性，一方面为企业的营销推广提供了有利条件，另一方面也使得企业出现舆情危机的概率上升。从根源上来看，这是由网民的活跃性、复杂性和多样性决定的，但也有企业缺乏舆情危机防范意识和舆情危机应对经验的因素。当网络上出现了舆情危机的苗头时，企业若无法及时有效地处理，当其愈演愈烈时，势必影响到企业的平稳发展。因此，企业需做好舆情危机防范工作。通常，舆情危机的防范可从以下几个方面着手。

- **增强舆情危机防范意识**。企业不能仅在事后被动应对网络舆情，而是应该增强企业全体人员对舆情危机的防范意识。尤其是企业管理者，要具备强烈的舆情危机意识，并提前做好舆情危机防范工作，并为应对舆情危机做好人员、措施、资金上的准备。
- **加强舆情监测**。面对网上纷杂的信息，依靠人工逐一进行检索是十分困难的。企业应加强舆情监测，将人工监测与专业舆情监测系统相结合，密切关注网络上所有涉及自身的舆情，及时发现危机。重点监控舆情首发渠道和网民活跃程度高、影响较大的网络平台，密切跟踪舆论动态，及时关注舆情进展情况。做好记录、疏导负面舆情等工作，并及时预警，做到早发现、早报告、早处置。
- **建立舆情应急管理机制**。受到互联网特性的影响，网络舆情具有突发性，所以，为应对舆情危机，企业要建立、完善舆情应急管理机制，重点是组建专业的舆情管理团队，可以从外部招聘，也可以直接从内部的市场、公关、宣传等部门挑选人手，并做到分工明确（如有的负责操作舆情管理软件监测舆情、有的负责撰写网络评论等），确保当负面舆情发生后有人员迅速跟进，避免舆情失控，确保舆情管理工作的高效、有序开展。
- **与媒体建立合作关系**。与外部媒体、新闻单位建立正常的业务合作关系，形成有效协作、沟通、交流机制，加强正面宣传报道等。

专家指导

一般来说，大中型企业基于网络营销的角度，应当尽可能引导公众更加关注企业的品牌信息。无论是正面还是负面的新闻，都会对企业品牌的检索量产生一定的影响，但对网络营销人员而言，应该从理性的角度，重点监测负面信息对企业的影响。

本章实训——策划网络舆情危机处置方案

【实训背景】

由于工作人员的疏忽，某品牌的网店在电商节期间不小心向用户发出了一批不合格的产品，直到不少用户向平台投诉，品牌才获悉此事。然而，此事已在网络上发酵并进一步扩散，对品牌形象造成了一定的负面影响。为此，品牌须立即进行舆情信息分析，策划舆情危机处置方案，应对舆情危机，以获得公众谅解，挽回品牌形象和声誉。

【实训要求】

本实训的具体要求如下。

（1）根据舆情信息制定舆情危机处置流程。

（2）写作品牌危机公关文案。

【实施过程】

（1）制定舆情危机处置流程。

该品牌此次网络舆情是由产品不合格引发的，舆情危机处置流程主要分为3步。

① 快速响应。快速了解事件前因后果；了解用户情况，诚恳道歉，安抚用户，避免矛盾激化；了解用户的诉求。

② 制订补救方案。稳定内部员工情绪，保证内部团结；根据用户要求与品牌情况，及时制定补救方案。

③ 与公众沟通，化解危机。通过微博、微信、官方网站等渠道发声，及时、积极与公众沟通，表明态度、诚恳道歉，公布补救方案，并同步实施补救方案。

（2）写作品牌危机公关文案。

依据品牌制订的补救方案写作危机公关文案，解答公众的疑惑，化解公众的不满，重塑品牌形象，重新赢得用户信任。表8-1所示为危机公关文案写作结构。

表8-1　危机公关文案写作结构

步骤	说明
1	标题简明扼要，表明回应对象
2	说明事件起因
3	承认过错
4	诚恳道歉
5	表明态度
6	给出解决方案
7	表示感谢，再次表明态度
8	表示诚恳接纳各方建议，并提出愿景
9	落款并加盖公章

危机公关范文如下。

×× 针对×× 的声明（标题简明扼要，表明回应对象）

针对×××××××××××××的问题（说明事件起因），我们高度重视，并充分意识到自己×××××××××（承认过错），对于给××带来的困扰，我们表示最真诚的歉意（诚恳道歉）。

×× 一直高度重视×××××××××××××××××××××（表明态度），对于××指出的问题，×××××××××××××××××××（给出解决方案），最后非常感谢你们的监督与批评，我们将×××××××××××（表示感谢，再次表明态度），同时也欢迎提出建议与意见，我们将不断×××××××××××××××××××××，继续×××××××××（表示诚恳接纳各方建议，并提出愿景）。

××（公司）
××××年××月××日

拓展延伸

如何使用百度指数查询舆情指数，如何查看微博话题阅读量？下面针对这两个问题进行解答。

1. 如何使用百度指数查询舆情指数

百度指数除了可用于在搜索引擎营销中判断关键词竞争程度外，也可用于查询舆情指数。市场上多数可供查询舆情指数的工具都是需要付费的，而百度指数可免费使用。

（1）趋势研究

登录百度指数并输入舆情信息关键词，在"趋势研究"板块的"搜索指数"栏可查看关键词在所选时间段的总体搜索指数数据。在"资讯关注"栏可查看关键词的资讯指数，如图8-2所示。资讯指数以百度智能分发和推荐内容数据为基础，加权求和得出用户的阅读、评论、转发、点赞、不喜欢等行为的数量。该数据显示了用户对特定关键词的关注度变化。

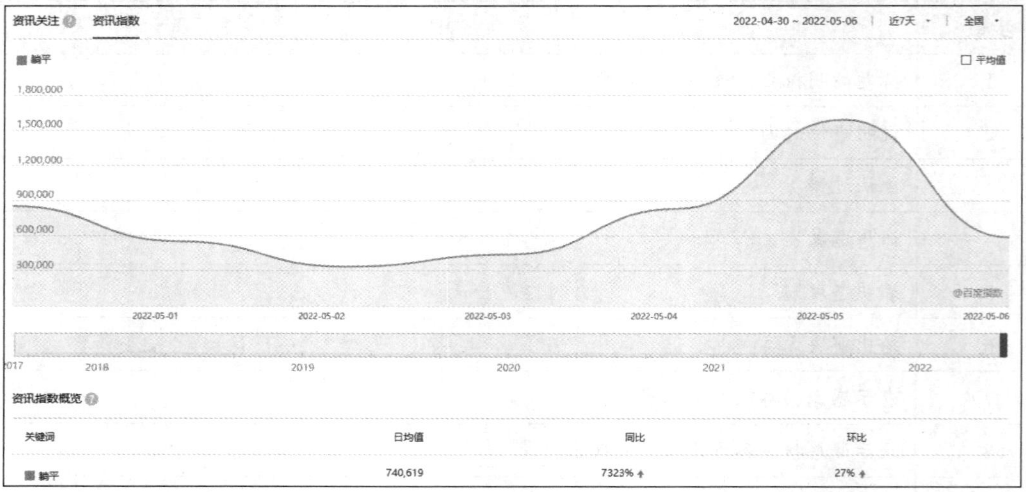

图8-2　查看关键词的资讯指数

（2）需求图谱

在"需求图谱"板块的"需求图谱"栏可查看用户检索关键词的相关词的需求强弱分布，如图8-3所示。

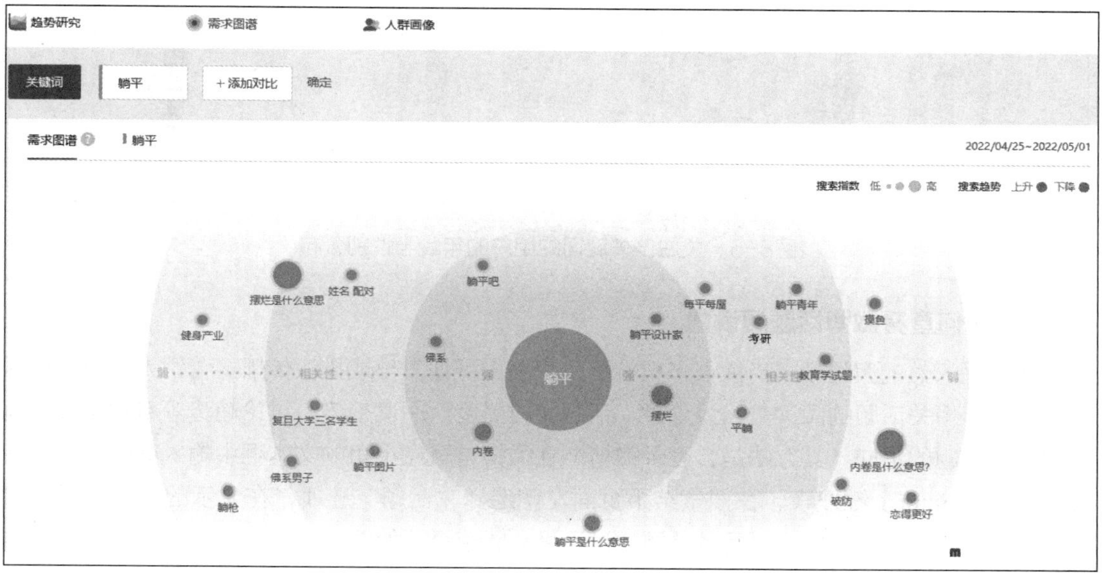

图8-3　查看用户检索关键词的相关词的需求强弱分布

在"相关词热度"栏可查看相关词的搜索热度和搜索变化率，如图8-4所示。其中，搜索热度对应搜索指数，搜索变化率表示相关词的搜索指数的变化，并以变化率的绝对值降序排列。

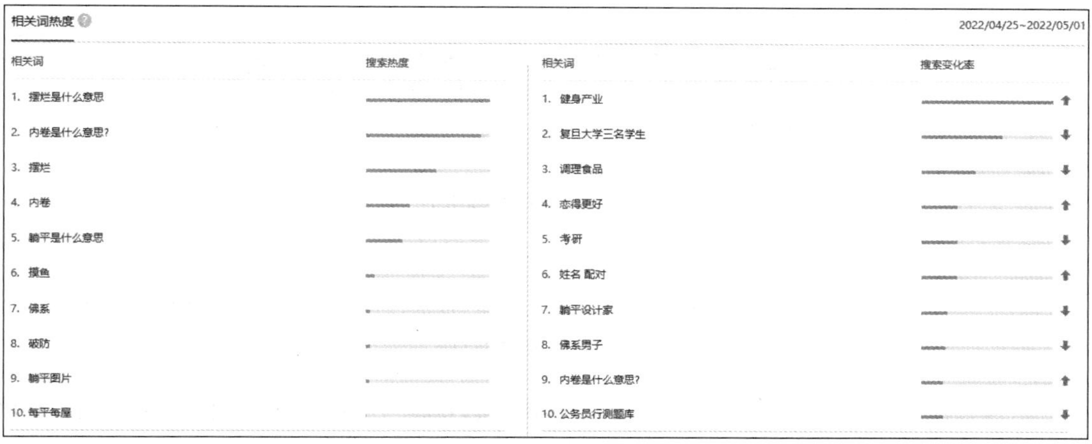

图8-4　查看相关词的搜索热度和搜索变化率

（3）人群画像

在"人群画像"板块中可查看关注该关键词的用户的地域分布、年龄分布和性别分布，图8-5所示为关注该关键词的用户的年龄与性别分布。

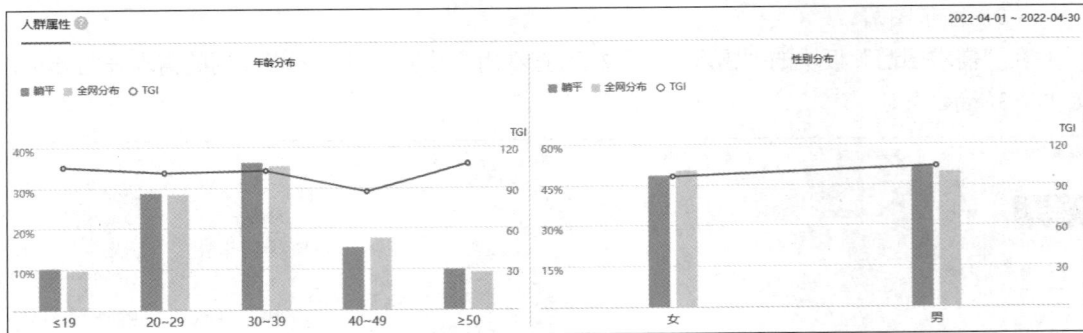

图8-5　关注该关键词的用户的年龄与性别分布

2.如何查看微博话题阅读量

微博是天然的舆论场，当前很多舆情信息都经由微博发出或扩散传播。营销人员可在微博上查看舆情相关话题的阅读量、讨论量、话题实时热度、阅读趋势、讨论趋势等数据指标，监测和分析话题的走向。其方法是：登录微博，在微博首页左上角的文本框中输入舆情信息的关键词，按【Enter】键搜索，在搜索结果页面左侧选择"话题"选项，在显示的搜索结果中可查看与关键词相关的话题，以及各话题的讨论量和阅读量，如图8-6所示。

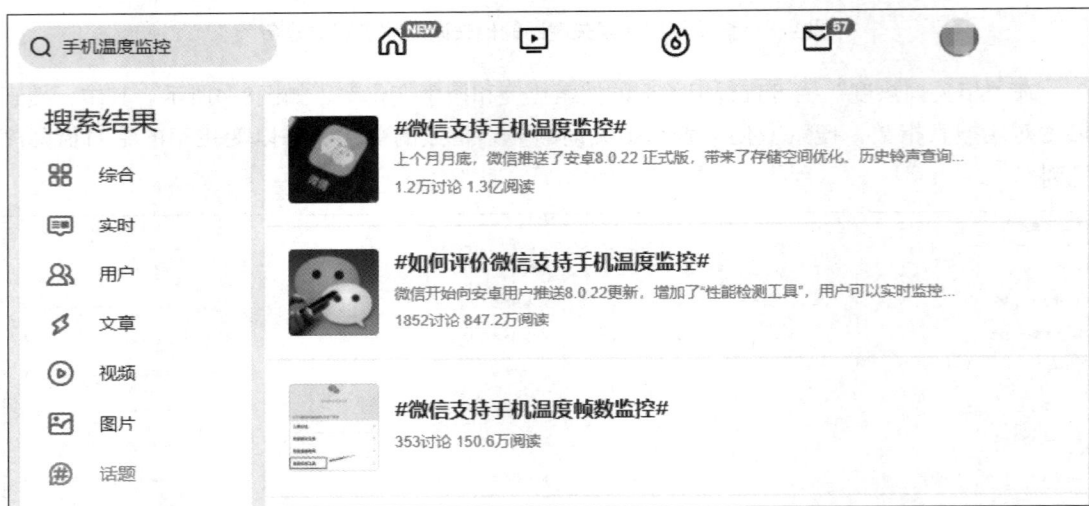

图8-6　搜索话题

选择具体的话题，在打开的页面可查看添加了该话题的热门微博，在页面上方则可看到该话题的今日阅读量和讨论量（见图8-7）。单击"详情"超链接，在打开的页面中可查看话题总览和话题趋势（见图8-8），以及讨论趋势（见图8-9）。其中，话题总览包括阅读次数、讨论次数和原创人数3个数据指标，阅读次数指该话题被阅读的次数总量，讨论次数指附带该话题参与讨论的微博总量，原创人数指附带该话题发布原创微博的用户总量。话题趋势指一段时间内话题被阅读的次数的变化趋势，讨论趋势指一段时间内附带话题参与讨论的微博量的变化趋势。

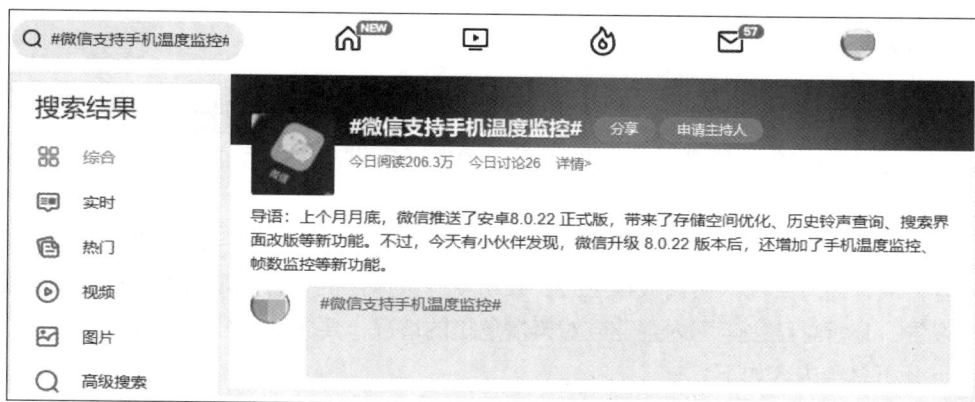

图8-7　查看话题的今日阅读量和讨论量

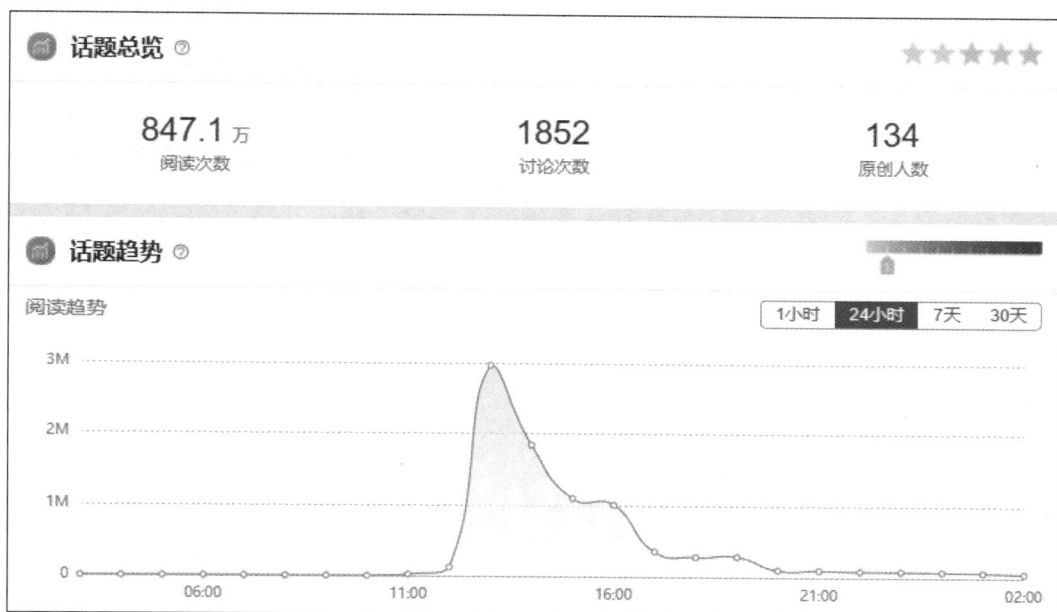

图8-8　查看话题总览和话题趋势

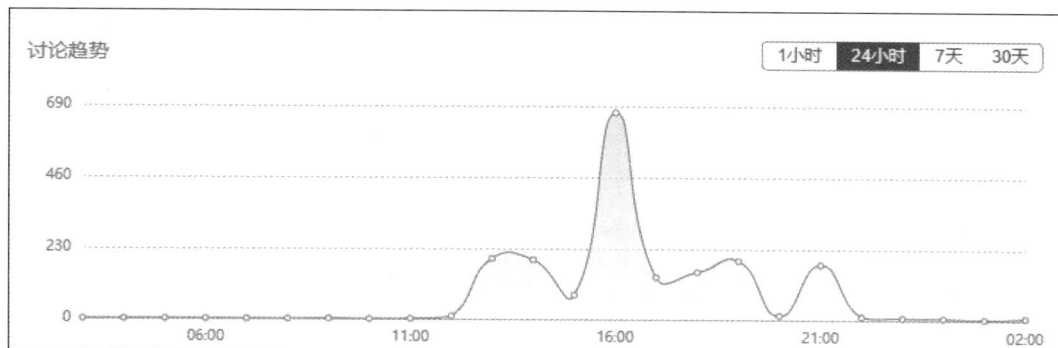

图8-9　查看话题的讨论趋势

📖 课后练习

某企业进行网络舆情管理，首先想通过分析总结去年国内企业应对负面舆情的现状，了解一些知名企业的网络舆情管理的方法和策略，为自己提供决策参考。为此，请回答下面2个问题。

（1）通过互联网搜集去年国内企业应对负面舆情危机的相关资料，如通过搜索引擎检索相关内容，或者通过人民网舆情数据中心、蚁坊软件舆情监测系统等工具查找行业和企业的网络舆情报告，分析总结去年国内企业应对舆情危机的情况，要求形成分析报告。

重点分析总结内容如下。

- 遭遇舆情危机的企业类型有哪些。
- 舆情危机的成因主要是什么。
- 舆情危机爆发对企业造成了哪些影响。
- 企业处置舆情危机时主要通过哪些渠道发声，处置方法有哪些，效果如何。

（2）在百度、腾讯、京东、淘宝、拼多多、360等知名企业中任选一家企业，通过互联网搜索了解该企业的网络舆情管理相关案例，对案例进行分析后做出评价，要求形成分析报告。

第9章

网络营销创业实践

我国庞大的网民数量为开展网络营销提供了坚实的基础。与此同时，网民的年龄结构在不断变化，网民素质也在不断提高，这为很多行业提供了广阔的网络营销发展空间。交通、房地产和服装行业，都走上了网络营销之路。网络营销已成为人们业余或全职创业的重要途径。大学生自主创业一直是社会关注的话题，本章主要站在大学生的角度进行网络营销创业实践探讨。

学习目标

- 了解网络营销的变现方式及网络营销创业优势。
- 掌握网络营销创业常见模式，能够通过这些模式启动创业项目。
- 通过网络营销创业案例学习成功创业的经验，学会分析创业成功的要素，并投入创业实践中。

素养目标

- 利用所学到的知识、才能、技术和各种能力，充分利用有限的条件，努力创新、寻求机会，不断创造价值。
- 努力提升自己的实力，积极进取、脚踏实地。

案例导入

大学生创业者的营销变现之路

小戴自家酿造的糯米酒受到街坊四邻的好评，品尝过的人都赞不绝口。于是，毕业之后，经过再三思考，并与父母商量后，小戴决定自己创业，销售自家的糯米酒。小戴具有敏锐的商业眼光，在发现微信营销的作用后，注册了微信公众号，投入较低成本，通过微信朋友圈和公众号来推广糯米酒。

小戴家的糯米酒定价是50元/斤（1斤=500g），无论是品质还是价值，与市场上20～30元/斤的米酒有很大差异。为了确定目标用户群体，并将其转化为粉丝，小戴首先花了半个月的时间调查当地的中高档酒楼、饭店，以及酒商等，最终确定了10个大品牌和20个中端品牌。之后，他精挑细选了部分店铺，并和同事用了近半年的时间深入每家门店现场与用户互动、建立感情，最后这些用户大多成为小戴微信公众号的粉丝。

半年多过去，小戴微信公众号已有近30 000名粉丝，每月有近6万元的销售额，因糯米酒定价50元/斤，而多数粉丝一次性会购买5～10斤，因此每单价格在250～500元。为了回馈这些粉丝，小戴会定期在朋友圈发红包，开展优惠促销活动。

当短视频、直播兴起的时候，小戴跃跃欲试。他在短视频平台上注册了账号，开起了网店，以此拓宽糯米酒的销路。小戴经常在短视频平台上分享酿造糯米酒时发生的一些趣事，也会发布一些与自家糯米酒酿造过程有关的视频，让用户近距离观看自家酿造糯米酒的独特之处和酿造过程的严格，增强用户信任感。这些短视频内容让小戴收获了不少粉丝。除了拍摄短视频为糯米酒引流外，小戴也会不定期地进行直播，直播场地一般选择在酿酒坊，并通过各种方式与粉丝互动，将粉丝引入网店，购买糯米酒。当然，为了呈现好的直播效果，在设计直播话术、互动等环节方面，小戴和同事不断摸索和实践。在酿酒坊直播的形式吸引了不少用户观看。但同时小戴意识到，不少用户对物流安全性仍会有些顾虑，因此他还在直播中着重展示了糯米酒打包时的保护措施，消除了很多用户的顾虑。经过小戴和同事的努力，小戴家的糯米酒销售到了全国各地，销售额不断上涨。

在积累了大量的优质粉丝和营销经验后，小戴不只推销自家的产品，还会推销家乡的特色农产品，帮助老乡们将农产品卖出去，也向他们传授拍摄短视频和直播的经验，为共同致富出一份力，向社会传递一份正能量。

【思考】

（1）结合上述案例，你认为网络营销与创业有何关系？网络营销为创业提供了哪些支持？

（2）网络营销如何实现变现？网络营销作为创业重要的途径，有何优势？

（3）你认为现在是通过网络营销创业的好时机吗？为什么？

9.1 网络营销与创业

电子商务和现代物流的快速发展，推动了网络营销的发展，也为创业者提供了一种新的创业途径。通过了解网络营销与创业，创业者可以为自己选择创业模式提供科学的、合理的依据，把创意转变为实践。

课堂讨论

什么是创业？开展网络创业并非一件容易的事情，需要哪些必备条件？又需要规避哪些风险？

9.1.1 网络营销变现方式

网络营销的本质是经营流量，从而获得商业价值，而流量无法变现，就无法带来真正的经济价值。所以，进行网络营销的企业或个人不仅要懂得引入流量，还要掌握流量变现的方式。

互联网催生出了很多种营销变现方式，但无论是采用哪一种营销方式变现，用户和内容都是变现主体应该要具备的要素，当变现主体通过这些要素成功吸引流量后，即可依靠流量实现营销变现。下面对基于用户变现、基于内容变现和基于个人魅力变现的内容进行介绍，以便创业者掌握基本的变现思路。

1. 基于用户变现

用户是实现营销变现的基本前提，在用户思维和粉丝经济流行的今天，是否拥有足够的用户在根本上决定了是否能够有效地变现。

说到用户，不得不提一个词——流量。在网络时代，流量是产生网络消费的基础和重要因素。从本质上来说，互联网产品就是将虚拟流量转化为真实收入的"转换器"。一般来说，流量越多，可能产生的消费就会越多。

在电子商务平台，流量是各大企业竞相争夺的对象，流量几乎直接与销售额挂钩，电子商务平台的盈利基本都靠流量。而在非电子商务平台，如门户网站、视频网站等，流量代表着人气，人气就是热度，热度也可以变现。

互联网一直是一些大型互联网企业的变现工具。例如，在互联网开始发展的时期，网易以搜索引擎、免费邮箱、软件开发起家，从建立起自己的门户网站开始，就确立了"门户网站+广告"的变现模式，凭借着邮箱等功能集聚起来的大量用户资源，吸引了很多广告主在网易上投放广告。对于广告主而言，网易的众多用户就是其变现基础，在网易上投放广告也是非常有效的宣传方式。

2. 基于内容变现

基于内容变现是内容营销环境下十分流行的一种变现形式。不少企业和个人在进行营销时，都将内容作为营销的主要方向，这种现象也促进了更多内容创业者的产生，微信公众号、微博、各大视频网站、媒体写作网站等都是产出内容的渠道。

内容变现的落脚点是内容，内容创业者需要通过产出内容聚集用户，吸引其阅读内容，甚至一起创作内容。所以只有有名气、有阅读量、有用户基础的内容创业者才能实现变现。与其他变现方式一样，内容变现的主流方式依然是吸引广告主投放广告，以及将用户引至电商平台下单，除此之外，开展线下活动、跨界合作等也是内容变现的有效途径。

从文字到音频、视频、直播、VR等，内容的形式越来越多样化，用户可选择的接触内容的方式也越来越多样化，然而不管内容形式如何变化，足够的用户数量和优质的内容，才是内容变现的核心。例如，黎贝卡因为爱买、爱分享，在公众号上分享了大量与购物、搭配等内容相关的文章，聚集了大批喜欢购物并且具有一定购买能力的忠实粉丝。黎贝卡在拥有用户基础后，与很多知名品牌合作，其推广的产品在很短的时间内就会卖光。

3. 基于个人魅力变现

在新媒体营销时代，魅力也可以量化成个人价值。基于个人魅力变现实际上就是依赖用户对变现主体的认可进行变现的一种形式。基于个人魅力变现的案例非常多，典型的案例就是"网络红人"变现。

"网络红人"，指因为个人的某种能力、特质或魅力在网络上知名的人，其主要依靠名气变现。随着网络环境的不断变化和发展，"网络红人"依靠丰富的媒体形式吸引了大量用户。所以，在网络营销环境下，只要变现主体在某个领域有能力、有个性，就能基于自己的个人魅力实现变现。

- **幽默型"网络红人"**。幽默型"网络红人"是指依靠在网络中发布一些有趣、个性、诙谐的内容引起大量粉丝关注的人，比如留几手、天才小熊猫等，他们通过犀利或幽默的言辞博得用户的好感，然后通过广告和电商等形式变现。图9-1所示为幽默型"网络红人"的广告变现。

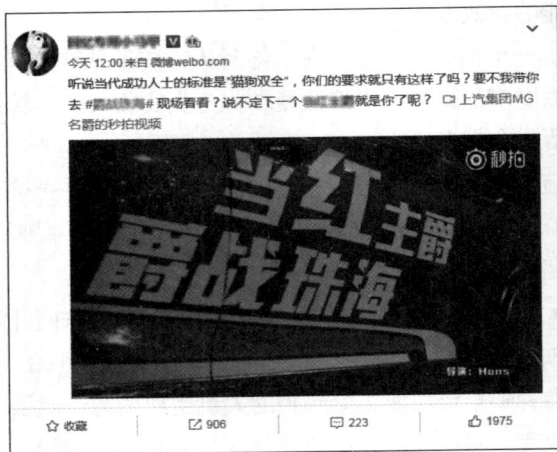

图9-1 幽默型"网络红人"的广告变现

- **知识型"网络红人"**。知识型"网络红人"是指将个人的知识、能力等打造成独特的魅力，吸引用户关注的人。知识型"网络红人"通常比较注重内容的输出和分享，为用户提供实在的价值。罗辑思维的罗振宇就是比较具有代表性的知识型"网络红人"，在培养了一批忠实粉丝后，通过收会员费、出售图书、举办线下活动等方式实现了变现。

　　"网络红人"的特质并不是单一的，很多"网络红人"身上同时具备两种或两种以上的特质，如同时具备知识与幽默，既可以进行知识分享又可以编写段子等。除此之外，分享正能量、生活、情感等的自媒体账号也可以打造出相关领域的"网络红人"，如现在有很多分享情感故事的自媒体账号，也积累了相当多的忠实粉丝，实现了营销变现。

■9.1.2　网络营销与创业的关系

　　网络营销与创业的关系较为复杂，有时候网络营销与创业是无法区分的。例如，通过网络营销变现本身就是一种创业方式，如自媒体账号通过营销内容获取广告收益。但是，有时候网络营销只是作为给创业提供各种支持的工具，主要表现在以下两个方面。

- **给予创业机会**。网络营销在满足用户和创业者的个性化需求方面拥有传统营销方式不可比拟的优势，为创业的模式与成长提供了全新的舞台，也为创业者开展营销活动提供了极大的便利。
- **为创业提供助力**。网络营销能够丰富创业的资源，提供创业之初所需的渠道、资讯等。网络营销可较大限度地支持和满足创业者创业初期的需求。例如，创业者通过网络营销活动，可与用户双向沟通，获得用户对产品或服务的反馈，了解用户的需求，这样可让创业的难度有所降低，让创业的管理问题得到有效解决，从而提高创业的成功率。

■9.1.3　网络营销创业的优势

　　基于互联网的特性，网络营销创业具有以下优势。

- **市场广阔**。国内网民数量庞大，网络消费需求旺盛，市场潜力巨大。同时，互联互通的全球网络通道消除了距离的阻隔，为创业带来了更广泛的市场。
- **创业进入门槛较低**。网络营销创业的进入门槛较低，如网上开店，"一键注册"即可完成开店，操作简单便捷，创业者只需一台计算机或一部手机就可以完成对店铺的经营与管理。
- **创业成本较低**。一是创业费用低，相比于传统创业，网络营销通过网络虚拟空间完成交易，创业初始可省去房屋租金和装修费用等；二是生产成本低，网络营销的产品可以分为有形与无形两类，对于与无形产品有关的创业类型来说，其成本近乎于零，而对于与有形产品有关的创业类型来说，网络营销可助创业者实现按需生产，减少库存。
- **自由度高**。创业者既可以选择业余创业，也可以选择全职创业，且受时间限制小，经营时间自由。
- **机会均等**。传统创业模式下，一般资源更丰富的人能优先占得市场先机。而网络营销为每一个创业者提供了迅速发展品牌的机会，不论是大企业还是小企业，也不论其品牌影响力，这种机会是均等的。

课堂讨论

你认为网络营销创业有哪些缺点？这些缺点对大学生开展网络营销创业活动有何影响？

9.2 网络营销创业模式探索

随着电子商务的高速发展，网络营销更新了传统的市场营销模式。一些新兴品牌依靠网络营销手段快速打响品牌知名度，让更多人见识到了网络营销的力量。现在，大量企业也采用网络营销开展营销活动，一些在校生、毕业生、待业者等也会通过这种方式积极进行创业实践，从传统电商到社交电商、内容电商再到直播电商，这都是新兴创业浪潮此起彼伏的表现。

网络营销丰富的形式使得创业模式多种多样，如有的通过知识分享赚取收入，有的通过建立网站赚取广告费，有的通过直播获得用户打赏或销售产品等。目前，常见的网络营销创业模式可以归纳为网络零售、自媒体、直播电商3类。

> **课堂讨论**
>
> 你认为开一家销售饰品的网店、在线提供课程培训内容或通过直播销售农产品等是适合学生的创业模式吗？

9.2.1 网络零售

网络零售即交易双方以互联网为媒介的产品交易活动，即通过互联网进行信息的组织和传递，实现有形产品和无形产品所有权转移的活动。网络零售的开展需要技术平台的支持，创业者在创业的不同阶段可以采用不同的模式，主要分为网上开店和自建电子商务平台。

1. 网上开店

网络零售的初级阶段是网上开店，即利用现有的电子商务平台（包括网站和App）注册账号，建立一个属于自己的网上商店，在线销售产品或服务。与开设实体店相比，网上开店可以节省很多资源和时间。很多人想创业，但苦于没有能力进行大范围的市场调研，或者创业资源有限，不能大展拳脚，实现自己的商业梦想。但是网上开店不一样，创业者在网上开店不需要租赁房屋，即使没有自己的产品，也可以代为销售他人的产品以赚取佣金收入。创业者重点需要做的事情是，借助电子商务平台现有的用户流量，利用平台的各种服务，推广、销售产品。所以，网上开店是学生网络营销创业主要的途径之一。

另外，随着电子商务商业模式的不断完善和发展，市面上涌现出了很多不同类型的电子商务平台，这就为创业者网上开店提供了更多选择。目前，常见主流的网上开店电子商务平台有淘宝、拼多多、京东等。

- **淘宝**。淘宝创办于2003年，是一个消费者对消费者（Consumer to Consumer，C2C）的电子商务平台，是国内具有较强影响力的综合购物网站，产品品类丰富。截至2022年，淘宝已运营近20年，商业体系完善、用户流量大、易操作，对于个人而言，入驻要求较低，是很多创业者首选的网上开店平台。淘宝支持开设个人店铺或企业店铺，个人店铺面向个人用户，开设个人店铺只需提交个人身份证信息并完成支付宝实名认证；企业店铺面向企业、个人工商户等，开设企业店铺，除了需要提交店铺负责人的身份证信息，还要提交营业执照等材料。

- **拼多多**。拼多多创办于2015年9月，是一个专注于拼团购物的电子商务平台，主打"社交+电商"模式，为用户提供物有所值的产品和有趣的互动购物体验。截至2021年6月，拼多多年度活跃用户数超过8.4亿人，是国内用户规模较大的电子商务平台。拼多多支持开设个人店铺或企业店铺，个人店铺面向个人用户或个体工商户，企业店铺面向企业、个体工商户等。开设个人店铺只需提交个人身份证信息，以个体工商户或企业为主体开设店铺，都需要上传营业执照。与淘宝一样，拼多多也适合新手开店创业，拼多多流量虽然大，转化率却相对低一些。

- **京东**。京东是一个融合平台自营和第三方商家入驻的企业对消费者（Business to Consumer，B2C）的电子商务平台，适合以企业为主体的创业者开设网店。相对于淘宝和拼多多来说，京东入驻门槛和运营成本是比较高的，不过品牌推广作用比前两者更好。京东的核心在于品牌，对于一些知名品牌来说，京东可以为其提供许多优质用户。

除了淘宝、拼多多、京东，其他支持开设网店的电子商务平台还有快手、抖音、有赞等，这些电子商务平台都支持开设个人店铺或企业店铺。虽然这些平台的影响力、用户流量等不及淘宝、拼多多、京东，但是竞争相对要小得多。另外，还有速卖通等跨境电商平台也支持网上开店，但跨境电商平台一般不面向个人用户开放，只支持个体工商户、企业等开设店铺。

2. 自建电子商务平台

网络零售的深入阶段是自建电子商务平台，淘宝、拼多多、京东就是创业者通过自建电子商务平台发展起来的。电子商务平台分为3种类型：第一种是自营型电子商务平台，即通过自建平台销售自己的产品；第二种是平台型电子商务平台，即通过自建平台搭建网上交易市场，自己不参与产品交易，只为第三方商家提供服务支持；第三种融合前两种类型，即通过自建平台销售自己产品的同时允许第三方商家入驻销售其产品，并为其提供服务支持。

理想的电子商务平台应该具备产品展示、订货、支付、配送、产品评论及交流等功能。显然，自建电子商务平台比网上开店的难度大得多，仅靠创业者个人难以实现，需要组建创业团队。同时，自建电子商务平台无疑给了创业者更大的展示个人能力、实现创业梦想的空间，但比起网上开店的模式，自建电子商务平台的创业风险要大得多，创业者需要做好充分的准备。

> **课堂讨论**
>
> 你认为学生网上开店适合销售哪些产品？网上开店的进货渠道有哪些？

▌9.2.2　自媒体

通俗地讲，自媒体就是个人媒体。微信公众号文章、今日头条文章、抖音上的短视频等，都是由自媒体人创作出来的，而供自媒体人创作发布内容的微信公众号、今日头条、抖音、快手、喜马拉雅等平台就被称为自媒体平台。

自媒体主要依托于互联网，相对于传统媒体严格的审核标准和权威性，自媒体更加个性化和大众化。只要愿意，每个人都可以成为自媒体人。同时，自媒体的内容呈现形式多种多样，包括文字、图片、音频、视频等。因此，自媒体为学生创业提供了一条很好的途径，学生可以利用业余时间创业，以自己感兴趣或擅长的领域为出发点，选择适合的自媒体平台入驻成为自媒体人，通过输出内容，展现自己的才华，并赚取收益。

1. 自媒体的盈利模式

虽然自媒体的进入门槛低，但想通过自媒体实现盈利，就需要弄清楚自媒体的盈利模式。这样才能在正式开始运营前，找到适合自己发展阶段的盈利模式，并有针对性地输出内容。自媒体的盈利模式很多，主要包括广告分成、商业广告收益、付费服务变现、产品销售收益和打造个人品牌获得长期收益。

（1）广告分成

各大互联网企业看到了自媒体的发展趋势，纷纷推出了自家的自媒体平台。创作者通过自媒体平台发布作品，不论是文章还是视频，只要有一定的阅读量或播放量，平台就会根据作品的阅读量或播放量给予创作者相应的流量补贴。有的企业会在平台上投放广告，付给平台相应的广告费，而平台就会把这些广告分配到创作者的作品上，当用户点击了作品并且看到或点击了广告，平台就会给予创作者相应的广告分成。

广告分成是自媒体的核心盈利模式。该模式下，创作者的作品阅读量和播放量越多，收益就越多。同时，大多数平台支持原创内容，优质的原创作品会得到平台更大的流量扶持力度和更多补贴。很多新手刚开始做自媒体就主要通过这种模式实现盈利。常见的自媒体平台，如百度的百家号、阿里的大鱼号、今日头条的头条号等都给予了创作者不少广告分成。

专家指导

　　创作者在百家号上发布的作品将通过手机百度、百度搜索、百度浏览器、百度新闻等渠道进行分发；在企鹅号上发布的作品将通过QQ浏览器、腾讯新闻客户端、微信新闻插件和手机QQ新闻插件等渠道进行分发；在大鱼号上发布的作品，将通过UC浏览器、优酷、淘宝、神马搜索、豌豆荚等渠道进行分发；在头条号上发布的作品，将通过今日头条、抖音、西瓜视频、抖音火山版等渠道进行分发。

（2）商业广告收益

商业广告收益即创作者通过在作品中给企业推广广告赚取的收益。这种模式下，创作者需要拥有一定的粉丝量，只有拥有足够多的粉丝，才会有企业前来咨询合作事宜。创作者需根据粉丝量来跟企业洽谈广告费，一般粉丝越多，广告费越多。

（3）付费服务变现

付费服务变现的常见方式：为用户提供咨询、写作教学等收费服务，也就是知识付费。创作者要想通过付费服务模式变现需要有专业技能，能够教授用户所需的知识、技能等，只要内容优质，就会有目标用户为知识付费。

（4）产品销售收益

产品销售收益即创作者通过在作品中插入产品链接，通过销售产品获得的收益。这种模式下，首先需要创作者有一定数量的粉丝；其次，创作的内容要有吸引力；最后，销售的产品应该与创作的内容相关。

（5）打造个人品牌获得长期收益

打造个人品牌就是创作者把自己打造成某个领域的"达人"，通过持续输出价值，以获得他人的青睐和认可，让自己正确的价值观和个人魅力影响更多人。当创作者在某个领域拥有出众的专业能力，打造个人品牌就会得到更多资源（包括流量和用户），获得更多有价值的信息，也会增强粉丝对自己的信任，减少沟通成本，这样，创作者就可以获得长期收益。事实上，基于人格魅力变现就是个人品牌实现盈利的一种途径。

🎓 **专家指导**

> 创作者可在多个自媒体平台注册账号，进行多平台运营，将同一个作品在多个平台上发布，让作品的价值最大化。

2. 打造自媒体个人品牌的方法

过去，互联网上涌现了很多被大众熟知的个人品牌，如秋叶大叔、罗振宇。打造个人品牌也成为一些自媒体人奋斗的方向。那么，如何打造自媒体个人品牌？需注重两个核心点：定位和内容。

- **定位**。清晰的定位是打造个人品牌的基础，创业者应选择自己擅长的领域，这样更容易成功。例如，擅长美食烹饪的创业者应定位于美食领域，教大家制作美食；拥有丰富历史知识的创业者，应定位于历史解说、历史故事分享等。明确定位后，要取一个与定位密切相关的账号名称，而且要方便记忆，使用户对创业者有清晰的认知，通过账号名称就能知道创业者会提供的内容。另外，所有自媒体平台的名称要统一，以加深用户印象，形成鲜明的个人标签。

- **内容**。内容是打造个人品牌的核心，它是连接用户和创业者的桥梁，也是吸引用户和实现变现的重要因素。持续不断地输出专业、优质的内容是保证个人品牌旺盛生命力的先决条件之一。没有稳定输出的内容，个人品牌就很容易被人遗忘。另外，内容还要有助于解决用户的问题，满足用户的需求。

📣 **课堂讨论**

你通过自媒体平台发布过文章或视频吗？根据你的认识和操作经验，你认为怎样才能提高文章的阅读量或视频播放量？

9.2.3　直播电商

直播电商丰富了学生创业的选择。直播电商创业主要有两种途径：一种是与网上开店相结合，通过直播销售自己店铺的产品，促进产品销售；另一种是注册成为"达人"主播，通过销售其他店铺的产品获取佣金收益。严格来说，直播电商涉及直播场地布置、直播产品选择、直播脚本设计、直播互动设计、直播预热等环节，要想在直播行业中有所作为，不能靠一个人的单打独斗，需要组建直播团队，通过团队成员之间的默契配合，保证直播活动的有条不紊。一般来说，直播电商的标准团队人员配置包括主播1名、助理1名、场控1名、策划1名和招商1

名，直播团队人员职能分工如表9-1所示。

表9-1　直播团队人员职能分工

人员	职能
主播	负责直播，介绍、展示产品，与粉丝互动，引导粉丝关注团队账号，参与策划与直播复盘等
助理	协助主播工作，准备直播产品与道具，担任临时主播等
场控	负责软硬件调试及整场直播的后台操作，直播间数据检测与反馈，处理询单、答疑、解决售后问题等
策划	负责策划直播方案，设计产品脚本、活动脚本、话术脚本，直播预热宣传策划、引流方案策划、粉丝福利方案策划等
招商	负责商务合作、产品招商、产品信息整理、对接店铺等

如果创业者的预算不高，那么可以组建一个比较精简的团队，但至少应配置1名主播和1名运营人员。该配置对运营人员的要求较高，运营人员需同时承担助理、场控、策划、招商等岗位的工作。

职业素养

创业是一个漫长的过程，要想获得成功也不是一件容易的事情。大学生自主创业时应利用所学到的知识、技术和各种能力，充分利用有限的条件，努力创新、寻求机会，不断创造价值。

9.3 网络营销创业案例分析

网络营销创业拥有非常有利的市场条件和非常大的潜力。近几年，许多毕业生大胆开拓，敢于创新，开辟了丰富多样的创业方法和途径，创业成功者也大有人在。下面分享一些学生网络营销创业成功的案例，希望给创业者带来启发。

课堂讨论

如果你想通过网络营销创业，你认为你的创业优势和劣势是什么？

9.3.1　用土鸡蛋创业，把产品卖到互联网上

小曹的创业之路可谓一波三折，好在经过多次创业实践，他最终找到了适合自己的项目。

小曹从某工商大学化学工程系毕业后选择留在当地创业。在小曹看来，互联网市场投入成本低，网络创业成为其创业首选。于是他组建了创业团队，并投入3万元创业启动资金。

彼时国内移动广告平台市场前景不错，小曹决定开发一款社区消费App，在App上聚合社区的"吃喝玩乐"信息，为社区居民提供服务，靠投放广告实现盈利。由于资金限制，App的支付功能还未完善，小曹将App推向市场后，App的用户寥寥无几。最终，小曹的第一次创业以失败告终。一款优质软件从研发到在市场上站稳脚跟，耗时长、成本高，这是小曹总结出的经验。

第一次创业失败并未让小曹灰心，半年后，他再次组建创业团队，并投入5万元创业启动资金，做起了文创等咨询策划。很快，合伙人之间就出现分歧，因为大家所处年龄段不同，所以彼此间存在代沟。另外，大家又不懂商务谈判，为获取用户信任，承诺用户完成项目后再收取其款项，导致中途一些项目资金常常无法落实。一年后，公司被另一家公司收购。

"年轻人创业，不能眼高手低。"受到父亲的启发，连续创业失败的小曹很快又有了新的想法：把土得有价值的东西，靠着互联网卖出去。经过实地走访，小曹选择进入电商领域，把土鸡蛋从生产源头直接卖给北京、上海、广州等大城市的用户。因为大城市很难买到真正的土鸡蛋，把土鸡蛋从生产源头直接送到用户手上，可以省掉运营成本。说干就干，一个月后，小曹再次组建创业团队并创建了互联网生态农场服务平台，开始售卖土鸡蛋。

为了保证货源稳定，小曹联系了当地的一些农户或农场主，与他们签合同订立标准，采用分包形式。为了保证鸡蛋在运输途中不损坏，团队设计出了独特的包装，用谷糠保护鸡蛋，将鸡蛋装在特别设计的箱子里，然后和物流公司签订运输合作协议，控制物流成本。在产品和定价方面，鸡蛋3元1个，40个起送，1个鸡蛋成本控制在2元内，注重质量，依靠用户口碑促进销售。

同时，小曹通过之前创业积累的资源，利用现有的App向用户推送信息，扩大用户覆盖范围并开展营销活动。为了提高服务平台的知名度，团队还会做一些线上与线下活动，既能提高用户活跃度，又能收集用户的反馈信息，用于改善经营环节。

目前，小曹的公司每月鸡蛋的销量都在增长，他找到了适合自己、适合市场的创业项目。

案例分析

创业因人、因时、因地而不同，社会经验是否丰富和对市场是否了解都会影响创业成功与否。从小曹的创业历程，可以了解：①大学生创业，如果资金、能力、资源等有所欠缺，可以组建创业团队，共同承担风险，进行创业管理运营；②网络营销创业给了每个人均等的机会，学生创业前要进行市场调研，获取原始资料或二手资料，找准市场，选对行，创业就成功了一半；③创业之路难免不平坦，面对创业过程中的困难，不要轻易放弃，通过各类实践活动积累创业相关经验，培养创业能力，可以提高创业成功的概率。

9.3.2　淘宝汉服店"兰若庭"

教育部为鼓励高校毕业生自主创业，已明确把"开网店"纳入就业统计指标。如今，越来越多学生把网上开店作为其创业的起点。

"95后"张静雯，还在读大三时就秉持着"只要做出好看好玩的东西，一定会被人发现"的观点创立了淘宝汉服店"兰若庭"。开设汉服店，源于张静雯与汉服的缘分。高中毕业典礼上，张静雯看到同学穿着汉服拍毕业照，第一次接触汉服的她就被"洒脱飘逸"的汉服深深吸引。在大学开学前的暑假，张静雯便开始钻研汉服文化，还专门去博物馆看出土的汉服，越深入研究，越有兴趣。大学期间，她为了推广汉服文化，担任了学校汉服社社长，还积极牵头举办中秋汉服灯会、古典舞比赛等社团活动。但当时市面上的汉服并不便宜，每套均价四五百元，贵的每套达八九百元，这对学生而言有些贵，创立一个平价的汉服品牌的想法驱动了张静雯的汉服创业之路。

创业初始，寝室就是张静雯的办公场地，其用一台小型家用缝纫机边看书边学着做样衣。"兰若庭"正式上线后，张静雯一个人当客服、发货、弄样衣，早晨五六点起床，工作到凌晨一两点是她当时的常态。在没有任何推广的情况下，张静雯的首款汉服销售了1 000件。其汉服最先在学生的圈子中流行起来，这让她看到了商机。

兰若庭受到市场欢迎的原因，第一点是兰若庭有价格优势，普通商家100元左右的产品，兰若庭要便宜20～30元，而普通商家售价300元的产品，兰若庭的价格约在150元。很多人第一次在兰若庭购买汉服就是因为价格实惠。这得益于兰若庭的汉服以基础款为主，布料和工艺相对基础和简单，降低了生产成本，售价也就能降下来。第二点是兰若庭能很好地把握汉服流行趋势，紧跟市场热销汉服产品类型推出创新产品。第三点是兰若庭将汉服日常化、生活化、场景化。例如，张静雯设计了运动汉服、机车汉服、宠物汉服等，适应用户不同的生活场景。

值得一提的是，兰若庭第一年的销售额就超过100万元，上线3年，累计销售几百万件汉服，销售额最高时超过1亿元。

案例分析

从上述案例，可以了解：①网上开店是一个很好的创业选择，但对于资源有限的大学生而言，找准商机至关重要；②网上开设的店铺需要具有一定的特色，有所创新可以提高创业成功的概率；③创业者在创业初期是非常艰苦的，要想取得成功，必须具备吃苦耐劳、孜孜不倦的精神。

■ 9.3.3　自媒体："创业最前线"

"创业最前线"是由王卓然和合伙人盖克创办的自媒体品牌，主要由王卓然负责运营。王卓然从北方工业大学通信工程专业毕业后，曾有3年新媒体营销的工作经历，积累了不少新媒体运营经验，之后，开始运营"创业最前线"，从事自媒体工作。

"创业最前线"定位于创业领域，目标用户主要为投资人、创业者和准备创业者，"创业最前线"主要为他们提供一些与创业相关的服务性文章，扶持创业者创业，与创业者共同成长。"创业最前线"的运营主要依托于微博，其次是微信公众号，运营模式是每天发10条左右微博，发6篇左右微信公众号文章。其他运营平台还有今日头条、百度百家、一点资讯、腾讯新闻客户端、搜狐新闻客户端等。关于内容，除了原创，"创业最前线"也会整合一些在互联网上传播数据较好的创业文章，征得作者同意，标明消息来源和作者后分享出去，为了使文章得到更多曝光，"创业最前线"常与行业名人合作，让他们帮忙转发优质文章，并与他们建立良好的社交关系。"创业最前线"的盈利模式主要是"广告+增值服务"，即通过微博和微信公众号推送硬广和软文，同时，与用户合作时也会提供一些增值服务，如撰写传播策划方案、新媒体营销培训方案等。

截至2022年6月，"创业最前线"在微博上有130多万名粉丝，在创业领域影响力较大。

案例分析

从上述案例，可以分析出自媒体运营的两个关键信息：①自媒体运营需要持续不断地稳定输出内容，重视行业内的社交关系，扩大内容的传播范围和影响力；②自媒体创业，要有合适的盈利模式，否则，就算阅读量或播放量高，也不能实现盈利。

9.3.4 "直播带货"带动大学生创新创业

现在大学生创业的氛围较好，每年有自主创业想法并付诸实践的大学毕业生比比皆是。由于近年来线下实体店经营困难，电商直播受到了更多人关注，一些大学毕业生把直播带货作为创业目标，小朱就是其中一员。

小朱在大学期间学习的是运动科学专业，他的梦想是帮助更多人实现运动减肥。因为肥胖本身并不可怕，可怕的是肥胖引发的糖尿病、高血压、脂肪肝等疾病。小朱毕业时，正是直播带货火热的时候，于是，他与同学组建了直播团队，准备进入直播带货领域，在帮助他人减肥的同时实现盈利。

小朱入驻抖音平台后，便全身心投入专业减肥的内容生产与运营中。由于小朱定位于健康减肥这一垂直细分领域，从肥胖人群的需求出发，持续稳定地产出便于用户学习和实操的短视频和直播内容，对用户进行专业性的指导，很快就收获了大量粉丝。

接下来就是考虑直播商业变现的问题。在此，小朱选择以"达人"主播的身份进行直播带货，直接与品牌合作赚取佣金。与品牌合作，在保证产品质量的同时，省去中间代理商的费用，而省下的费用又可以当作红包、奖品等福利送给直播间里购买产品的粉丝，这样既能够活跃直播间氛围，又能增强粉丝对他的信任。同时，他的带货逻辑是，粉丝需要什么产品就推荐什么，而不应该采取一些营销手段，让粉丝觉得需要这些产品。他认为，能够真正地为粉丝带来有用的、性价比高的产品是实现盈利的前提。

在直播产品的选择上，小朱严格把控，对于一些不科学、不健康的减肥类产品，即使品牌给的佣金再高，小朱还是会拒绝。"不忘初心，守住底线"是小朱遵守的基本原则，比起赚钱，他更想要尽可能延长自己作为"达人"的生命周期。

案例分析

从上述案例，可以了解：①直播电商不是一个人的战斗，其背后有着一个团队；②直播带货的基础是足够多的粉丝量，以及不断输出的优质内容；③主播想要延长作为"达人"的生命周期，就需要为粉丝考虑，说到底，直播电商是基于粉丝变现的一种方式，没有粉丝的认可，实现盈利就无从谈起。

职业素养

创业没有捷径，讲究实力。不要因为某些原本默默无闻的创业者突然凭借一篇文章或一条短视频火了，就觉得网络营销创业可以投机取巧。其实，一篇文章或一条短视频火热，是创业者不断积累经验、不断打磨作品的结果，过硬的实力始终是创业成功的必要条件。依靠炒作博眼球的人，终究只是昙花一现。

本章实训——开启自媒体获利的第一步

【实训背景】

小文是一名在校大学生，从初中起就对历史产生了浓厚的兴趣，用零花钱买了很多历史书来看。上了大学，小文更是喜欢通过微信公众号、今日头条、QQ浏览器等阅读历史类的文章，偶尔也会写一些历史类的杂记。他发现平台中有的文章内容是自己非常熟悉的历史故事，自己创作出来的文章不一定比这些文章差。于是，他便有了通过自媒体创业的想法，其自媒体账号定位是历史领域。下面请你为小文搭建实现自媒体盈利的大致框架。

【实训要求】

本实训的具体要求包括选择自媒体平台、设置账号与策划内容以及规划盈利路径。

【实施过程】

本实训的实施过程如下。

（1）选择自媒体平台。例如，选择在今日头条的头条号上发布文章，因为今日头条的流量大，并且平台以文章起家，文章是其主要的内容之一。

你的建议：_____

_____

_____

（2）设置账号。设置账号主要包括设置昵称、头像、个人简介。昵称尽量向用户展示自己创作的领域，以精准"吸粉"；头像没有严格的要求，可以设计个人品牌Logo，或使用真人照片、卡通图片；个人简介要通过简短的语言展示账号内容的特色。

你的建议：_____

_____

_____

（3）策划内容。策划内容可重点关注以下5个方面的事项：①内容风格，首先确定内容风格，是相对轻松的历史内容戏说还是相对严肃的历史评论，建议写作通俗易懂、趣味性强的内容，创作难度低的同时受众也更加广泛；②内容来源，包括原创和内容整合，建议以原创为主，以内容整合为辅，自媒体平台对原创内容的扶持力度大，但原创内容会耗费大量时间，不利于高效稳定地输出优质内容，发布一定量的整合内容的文章可以缓解持续输出原创的压力；③标题设计，标题是影响文章阅读量的重要因素，软文标题的设计方法同样适用于历史类文章；④创作技巧，我国是一个历史悠久的国家，历史涉及的领域非常宽泛，创作中获取更多流量的一个重要技巧是"蹭"热度，建议平时多留意时事热点，将热点巧妙融入文章标题或正文；⑤注意事项，写文章时不胡编乱造、不过分夸大，这样才能持续创作下去，同时，创作历史类文章时一定要回避一些特定时期、特定事件、特定人物，也不要触碰敏感话题。

你的建议：_____

_____

_____

_____

（4）规划盈利路径。历史领域创作者建议通过以下几种方式实现盈利：首先，作为新手创作者，以赚取广告分成为主；其次，积累一定粉丝量后，一是可通过文章销售图书类产品实现盈利，二是可以通过知识付费实现盈利；最后，可以通过出版历史类图书实现盈利，到了这一步也基本上成功打造了个人品牌，后续实现盈利将变得轻松许多。

你的建议：_____

_____

在设置账号与策划内容时，可参考自媒体平台上其他优质历史领域创作者（见图9-2）的做法。例如，在今日头条上，"历史其实挺有趣"是一个优质历史领域创作者，账号昵称中的一个"趣"字就直接向用户表明其内容输出的特色——有趣。同时，"历史其实挺有趣"以人物为主线创作文章，讲的是历史人物及围绕历史人物发生的重要事件，在标题设计方面"历史其实挺有趣"采用了设置疑问、使用数字等方法。

图9-2　优质历史领域创作者

拓展延伸

学生创业应具备哪些条件？组建创业团队应遵循哪些基本原则？网上开店如何进货？下面针对这些问题进行解答。

1. 学生创业应具备哪些条件

创业是一项复杂的活动，创业者具备广泛的知识、丰富的经验，才容易创业成功。如果说想创业、敢创业是学生网络营销创业成功的前提，那么能创业就是学生网络营销创业成功的保证。一般来说，学生创业应具备的条件包括：熟悉并能较好地利用网络；可靠的货源；可以依托的良好网络服务平台；充足的创业资金；默契合作的团队；准确的经营定位；良好的创业氛围等。具备的条件越多，创业成功的概率越大。创业者如果一个条件都不具备，就要认真考虑自己目前是否适合创业等问题。

《网络创业的必胜攻略》一文对网络创业提出了较深刻和全面的建议：要清楚地知道，哪些产品适合在网络销售；选择合适的销售平台，并进行大量的宣传推广工作；选择信誉可靠并能满足网络创业者需求的供货商；要有优质的服务，要真心、诚心对待顾客；要有持之以恒的信心，坚持就是胜利。当然，《网络创业的必胜攻略》针对的是电商，自媒体创业者还要保证有足够的时间和能力稳定生产优质内容。

2. 组建创业团队应遵循哪些基本原则

创业者组建创业团队前需要了解基本原则，然后按照一定的步骤来进行，这样才能最大限度发挥团队的作用。创业者组建创业团队时，需遵循以下几个原则。

- **互补原则**。只有当团队成员在知识、技能、经验等方面互补时，才有可能发挥出"1+1>2"的协同效应。
- **精简高效原则**。为了减少创业期的运作成本，应在保证企业高效运作的前提下尽量精简创业团队人员。
- **动态开放原则**。创业是一个充满不确定性的过程，团队中可能因为能力、观念等多种原因不断有人离开，同时也可能不断有人加入。因此，创业者在组建创业团队时，应注意保持团队的动态性和开放性，使真正合适的人员能被吸纳进创业团队。

3. 网上开店如何进货

低价进货、控制成本对成功创业来说非常重要。要做好这些，创业者就要选择好的进货渠道，并与供应商建立良好的合作关系。网上产品的进货渠道很多，阿里巴巴等很多批发网站都提供产品批发服务。此外，创业者也可选择从线下实体批发市场进货，或选择从厂家处直接进货等。货源的质量、性价比等是影响产品销量的关键因素。初涉电子商务的人员在开设网店的过程中，找到合适的货源往往是第一步。由于淘宝的广泛性和包容性，进货渠道也是多元化的，创业者不必拘泥于某一个进货渠道。创业者找到合适的、有竞争力的货源是网上开店的重要环节。

📖 课后练习 ●●●●●·

　　小季是一名在校大学生，平时省吃俭用、勤工助学，攒下了几万元。现在，他想把这些钱作为创业启动资金，在淘宝上开店进行创业实践。下面请结合你的认识并通过收集资料制作一张网上开店的思维导图，梳理网上开店创业的相关事项，如图9-3所示。

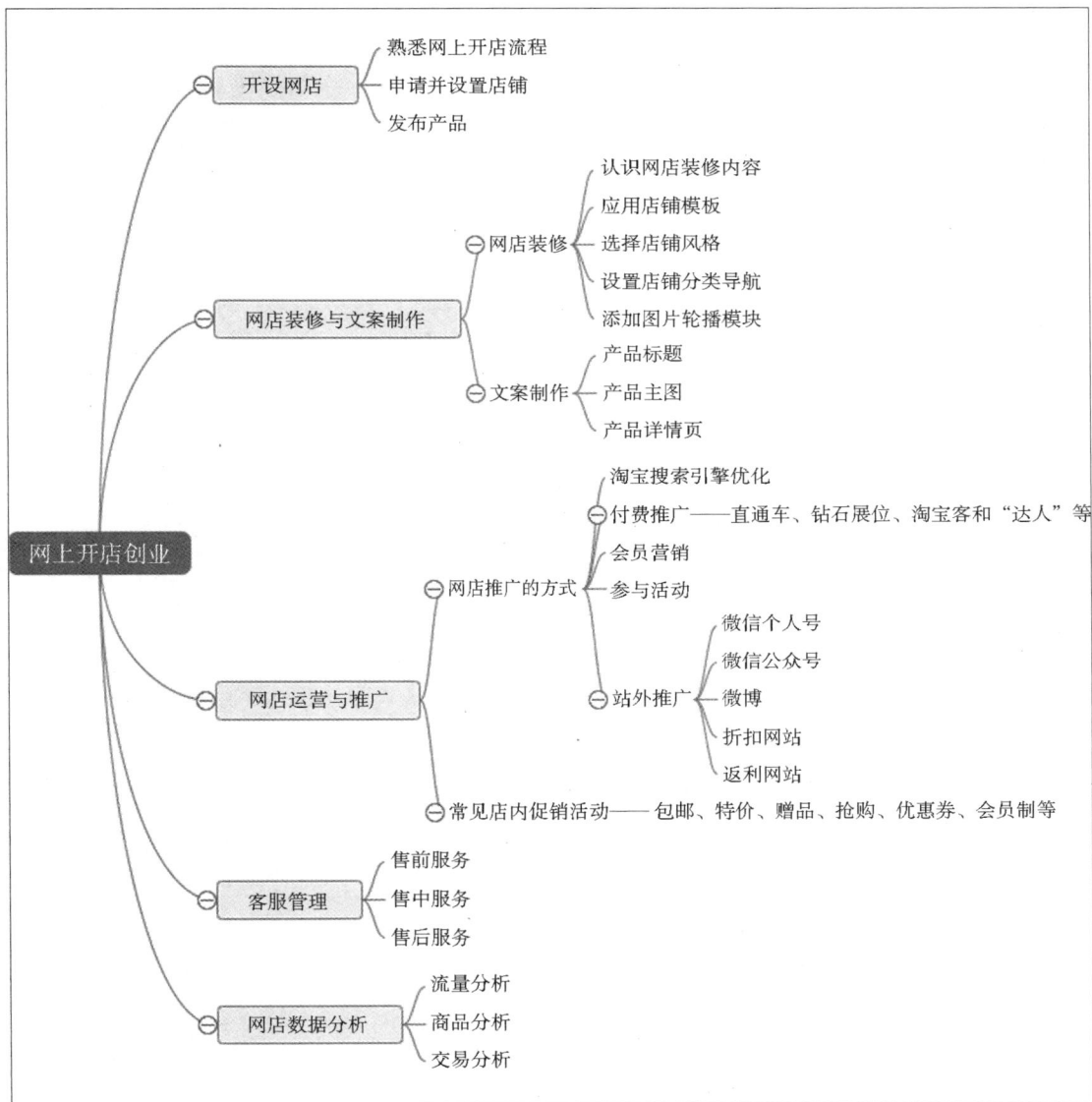

图9-3　网上开店创业思维导图